Ten Questions:
A Sociological Perspective

Joel Charon

一个社会学家的十堂公开课

（第8版）

［美］乔尔·查农 —— 著　　王娅 —— 译

著作权合同登记号　图字：01-2016-9809

图书在版编目(CIP)数据

一个社会学家的十堂公开课：第8版/（美）乔尔·查农（Joel Charon）著；王娅译. —北京：北京大学出版社，2018.11
（培文通识大讲堂）
ISBN 978-7-301-29859-6

Ⅰ.①一… Ⅱ.①乔… ②王… Ⅲ.①社会学 Ⅳ.①C91

中国版本图书馆 CIP 数据核字(2018)第 202633 号

Ten Questions: A Sociological Perspective, 8e
Joel Charon
Copyright © 2013 by Wadsworth, a part of Cengage Learning.
Original edition published by Cengage Learning. All rights reserved.
本书原版由圣智学习出版公司出版，版权所有，盗印必究。
Peking University Press is authorized by Cengage Learning to publish and distribute exclusively this simplified chinese edition. This edition is authorized for sale in the People's Republic of China only (excluding Hong Kong, Macao SAR and Taiwan). Unauthorized export of this edition is a violation of the Copyright Act. No part of this publication may be reproduced or distributed by any means, or stored in a database or retrieval system, without the prior written permission of the publisher.
本书中文简体字翻译版由圣智学习出版公司授权北京大学出版社独家出版发行。此版本仅限在中华人民共和国境内（不包括香港特别行政区、澳门特别行政区及中国台湾）销售。未经授权的本书出口将被视为违反版权法的行为。未经出版者事先书面许可，不得以任何方式复制或发行本书的任何部分。
Cengage Learning Asia Pte. Ltd.
151 Lorong Chuan, #02-08 New Tech Park, Singapore 556741
本书封面贴有 Cengage Learning 防伪标签，无标签者不得销售。

书　　　名	一个社会学家的十堂公开课（第8版）
	YIGE SHEHUI XUEJIA DE SHITANG GONGKAIKE
著作责任者	［美］乔尔·查农（Joel Charon）著　王娅 译
责 任 编 辑	徐文宁　于海冰
标 准 书 号	ISBN 978-7-301-29859-6
出 版 发 行	北京大学出版社
地　　　址	北京市海淀区成府路 205 号　100871
网　　　址	http://www.pup.cn　新浪微博：@北京大学出版社 @培文图书
电 子 信 箱	pkupw@qq.com
电　　　话	邮购部 010-62752015　发行部 010-62750672
	编辑部 010-62750112
印 刷 者	三河市国新印装有限公司
经 销 者	新华书店
	650 毫米 × 980 毫米　16 开本　22.25 印张　260 千字
	2018 年 11 月第 1 版　2022 年 1 月第 3 次印刷
定　　　价	58.00 元

未经许可，不得以任何方式复制或抄袭本书之部分或全部内容。
版权所有，侵权必究
举报电话：010-62752024　电子信箱：fd@pup.pku.edu.cn
图书如有印装质量问题，请与出版部联系，电话：010-62756370

目 录

序　言　　　　　　　　　　　　　　　　　　3

第一课　社会学家如何研究社会？
　　　　探讨社会的世界　　　　　　　　　1

第二课　成为人是什么意思？
　　　　人的本性、社会和文化　　　　　　25

第三课　社会是怎样成为可能的？
　　　　社会秩序的基础　　　　　　　　　45

第四课　社会中的人为什么不平等？
　　　　社会不平等的起源和持久化　　　　71

第五课　人类是自由的吗？
　　　　社会权力对人类思想和行为的影响　99

第六课　为何不能人人皆同？
　　　　价值判断、种族主义和人类差异　　137

第七课　世上为何会有苦难？
　　　　社会作为人类问题的重要来源　　　　157

第八课　个体真的会产生影响吗？
　　　　社会变化简介　　　　195

第九课　有组织的宗教对社会来说是否必要？
　　　　传统、现代化和世俗化　　　　227

第十课　世界正在变成一个社会吗？
　　　　全球化和一个世界社会的诞生　　　　259

附　录　为什么学习社会学？
　　　　理解、质疑和关心　　　　297

后　记　我们是否应该对人一概而论？
　　　　概化、分类、成见和社会科学的重要性　　　　317

参考文献　　　　338

序　言

　　社会学是一种视角，即一种思考方式，或者也可以说是一种观看和探究世界的方式。它关注的焦点是将人视为社会的一员，所以想要了解我们是谁，思考一些社会学问题也就具有非同寻常的重要性。

　　本书既是写给学习社会学入门课程的学生、想要了解社会学家如何思考但却没有时间去接受系统学习的人们，也是写给社会学家，尤其是那些已在日常教研中遗忘了社会学曾带来的激情的社会学家，写给那些经常提出无根之论的社会学批评家们的。同时，它还是写给英语老师、物理学家、心理学家、艺术家、诗人，以及其他许多学者的，他们在生活中也会遇到同样的问题，但却选取了不同的解决路径。本书更是写给所有尊重教育的人，因为他们同古希腊人一样相信"未经审视的人生不值一过"。

　　本书提出十二个问题来介绍社会学对这些问题的看法。社会学家经常琢磨这些问题：

（1）社会学家如何研究社会？我们如何"观察"社会？我们的偏见是否会妨碍我们的理解？社会学有可能是科学的吗？"科学的"是什么意思？

（2）成为人是什么意思？什么是人性？人之为人的关键特质是什么？社会、语言、文化和社会化在塑造人的过程中分别扮演什么角色？

（3）社会是怎样成为可能的？是武力还是合作的意愿？众多性格各异的人如何放弃部分自身利益和期望，为了群体的存在而努力？

（4）社会中的人为什么不平等？是否人性使然？不平等是否已是社会本质的一部分？不平等过度滋生会带来何种不良后果？我们是否有可能创建一个人人基本平等的社会？

（5）人类是自由的吗？我们的思想真的是我们自己的吗？我们是否真应为自身行为负责？社会力量如何影响我们的生活？自由是真实存在还是雾里看花？或者说它是一种意识形态？

（6）为何不能人人皆同？当他人与我们自身有不同之处时，尊重彼此缘何如此困难？种族主义是什么？它为何会存在？人与人之间的种种差异缘自何处？

（7）世上为何会有苦难？人类的苦难由何而来？为何大多数人的生活都是如此不堪？社会如何给它自身造成这么多困扰？我们能否打造一个更好的社会？苦难是否不可避免？

（8）个体真的会产生影响吗？这是否只是一种主观意愿？何时个体才能真正发挥其重要性？是什么阻碍了个体发挥作用？社会变化的真正诱因是什么？

（9）有组织的宗教对社会来说是否必要？什么是宗教？传统上，宗教对社会有何贡献？宗教是否对社会有害？在现代社会，宗教还是那么重要吗？

（10）**世界正在变成一个社会吗？**全球化是什么？世界变为一体的步伐已经进行到何种程度？我们是在朝着一个秩序、民主和平等的社会前进？还是在朝着一个由少数寡头操纵的资本主义世界前进？在我们称自己是一个世界社会之前，我们必须培养哪些特性？

（11）**为什么学习社会学？**社会学如何帮助学生理解社会？社会学在文科中有何作用？为何说社会学是一种关于民主的研究？社会学有哪些重要方法可以帮助我们去理解、质疑、关心社会和个体？

（12）**我们是否应该对人一概而论？**把每个人都当成独一无二的个体来对待是否更好？如何做到一概而论？什么是偏见？社会科学家在研究人时都会尽可能怎样去做？

这十二个问题也是社会学在帮助我理解社会和我的人生时最重要的问题。

* * *　　* * *

我非常享受写作本书的过程，也很高兴它能得到许多学生的喜欢。我所有的知识都来自与他人之间的社会互动，是他们启发了我的批判性思维。本书预定了一个基本假设：学生们很喜欢讨论这些问题并想知晓这些问题的答案。他们会在阅读本书的过程中意识到：教育并不只是搜集事实；一旦需要就对人类有启发性的问题展开辩论，他们就会发现那些常被忽视的学习的乐趣。

乔尔·查农

[第一课]

社会学家如何研究社会?

探讨社会的世界

介 绍

在我的年轻时代（1950年代），我认为男女有别；我真的不相信女人也能踢足球、打篮球、练拳击或玩冰球，我也不相信女人能当经理、数学家、士兵或工程师。我从小就相信男人就是要控制女人，童贞对女人很重要但对男人却不是。我还相信不结婚的女人就是"老处女"，不生娃的女人一辈子都会过得没意思。我还相信上大学对男人要比女人更重要，女人只能当好护士、幼教、秘书和空姐。当然，并非当时每个人都这么想，我只记得自己当初确实是这样认为。

但是，慢慢地，我开始质疑起这些观点。周围的反证比比皆是——通过提问、观察、阅读、讨论和反思，我无法再固执己见。我的观点受到心理学家、社会学家和人类学家的挑战，尊师和友朋也动摇了我的想法。他们为我树立了良好的榜样，我终于意识到男女之间没有区别。我与人争论过，我倾听过，我思考过，我意识到有些差异可能真实存在，但它们只具有偶然性，而不具有全面性和典型性。我曾追问：为何性别差异如此重要？后来我才明白，与社会影响造成的差异相比，自然差异都不过如此。

如今，我的思想更加活泛并接受了更多想法，每种想法背后都有相同的故事。回望过去，我很想知道：为何我会接受这种想法而不是那种想法？更重要的是，我如何才能真的知道我的想法是真实的？

我的求学经历、我当高中老师的12年经历，以及我在大学任教的30多年经历，让我深刻地明白：想要洞悉与人相关的一切，谈何容易！我知道人类有多种探索真理的方式，他们获得真理的方式对我是否愿意倾听他们的诉说至关重要。如果一个人极其固执，我会试着找出：他的偏见是什么？它们是如何形成的？有什么证据可以证明？他的争论是否合乎逻辑？是否带有傲慢情绪？如果我想洞悉与人类有关的一切，我就应该持有一种开放、谨慎、批判的态度——不仅是对影响我的人如此，就是对我的想法也不例外。我所受的教育经常是我和他人讨论的话题——通过评价、提问，寻求更多理解。我非常佩服那些能够理解他人难处的人，但要让我去相信那些宣称他们业已知晓人类"真理"的人，想都不要想。

社会学

我接触社会学的时间比较晚，但因我喜欢历史、心理学和哲学，这为我的学习打下了良好基础。社会学是一门专业学科，在探求知识、达成理解的过程中需要坚持不懈的努力和批判性思维。社会学在处理问题时是谨慎的、思辨的和不确定的。本书是我对社会学的理解；对许多社会学家来说，书中所讲可能略显浅薄；对另外一些人来说，我的分析可能也不尽如人意。但随着时间推移，我认为本书并非旨在解释回答问题；它讲述的更多是关于如何思考。虽然书中答案无法引起所有社会学家的共鸣，但我认为大多数人都会同意：本书描述了社会学家如何进行思考，以及他们如何处理出现的问题。我思考的问题也恰是社会学家研究的那些最重要的问题。这些问题以其独特的魅力吸引了许多人终其一生的探索，严谨的教育正应以其为研究探索的基础。

你很快就会发现，社会学看待现实的角度与很多人（包括你）都不同。我们的社会过于强调个体，趋向于找出个体行事的动机。宗教及政治遗产和主流趋势则过多地聚焦心理而忽视了社会在人类生活中所起的重要作用。在讨论自身时，人们越是强调个性、人格、遗传和个人选择，社会学家就越是会冲着他们大声疾呼："不要忘记社会！要记住，人类是具有社会性的，这对我们的存在非常重要。"

我无法摆脱社会学对我思维方式的影响。与大多数人一样，我也憎恨暴力，不公平和非人性也会让我义愤填膺。战争和谋杀、剥削和虐待、种族和性别歧视、盗窃和破坏财产、引诱他人吸毒、拒绝帮扶弱者——这些事情都会激起我的愤怒，而也正是这些愤怒促使我成为一名社会学家。不过，社会学家对这些问题的解答则与众不同，我们会追问："这些问题发生在什么样的社会中？是什么社会状况导致人们丧失人性？贫困、犯罪和暴力的社会起因是什么？"

每次读到或听到一桩可怕的罪行，我的第一反应就是："发生了一件多么可怕的事情啊！"我的第二反应则是："怎会有人干出那种事情？他们身上哪点出了问题？"但接下来我还会有第三反应，一个更自律也是更关爱的反应："发生这种事情的深层原因是什么？什么样的社会能引发如此非人性的事情？"作为一名社会学家，我情不自禁地想要去了解社会（包括我自身）的本质，社会塑造人类的种种方式也让我肃然起敬。当然，这并非理解人类行为的唯一方式，但我相信这一方法确实行之有效。

六大思想家

我在本书中借鉴了六位重要社会学家的著作，他们六个人对我形成自己的思想体系有巨大影响，他们的观点既激动人心又意味深长，下面我就先来对他们做一简要介绍。

社会学的形成，很大程度上应该归功于马克思（1818—1883）的著作。马克思以《共产党宣言》（1848）和《资本论》（1867）而广为人知，这两本书都是他对其自身所理解的资本主义和社会的批判。马克思对他当时所处社会的运作极为不满，进而发展出一套聚焦于社会阶级、社会权利和社会冲突的理论；他意识到经济在社会中的重要性，社会的方方面面几乎都可用经济力量来加以解释。他的分析对绝大多数美国人来说都是一个挑战，他在社会学中引入了一种批判思考方法来理解社会；其理论伏笔是：社会不平等是理解社会的关键所在，现代社会建立在资本主义发展的基础上。他对资本的理解有别于大多数美国人，他创造了一个可供所有人思考的批判社会模式。

若论对社会学视角发展的影响，无人能及韦伯（1864—1920），这位德国社会思想家最著名的作品是《新教伦理与资本主义精神》（1905）。他的重要观点在这本书中一览无余：新教伦理思想是西方资本主义发展的一个重要因素。该书还展示了韦伯的兴趣在于描述文化在影响人类行为上所具有的重要性。韦伯认为，人们行为处事的方法源自一个共享的信仰体系，社会科学家想要理解人们行为的唯一方式就是理解他们的信仰体系和他们的文化。而这也是韦伯在宗教研究中占有重要地位的原因。

从韦伯的观点来看，现代化、法治权威、官僚化、科学、领导艺术、社会行为和传统（所有这些独特的思考方式），都是各种不同社会环境和社会的典型表征。如果将马克思称作批判不平等和资本主义的社会学家，那韦伯就是文化社会学家，他聚焦的是人们在社会中产生的观点。当然，这一区分很容易误导人，因为韦伯的研究领域要比单一的文化视角宽广得多；跟马克思一样，他对社会阶级、社会权力和社会冲突也有浓厚兴趣。

当我们谈及涂尔干（1858—1917）时，我立马想到了社会秩序。涂尔干考量的是能让社会作为一个整体运作的各种不同方式，他坚持认为：社会并不只是一群个体的集合，它是一个更大的整体，而非个体的简单加和。是什么将这些个体凝聚在一起？这一整体又是如何得到维持的？涂尔干证明了宗教、法律、道德、教育、仪式、劳动分工乃至犯罪这种种因素对维持社会整体性做出的重要贡献。他的著作都触及这一问题，他最有名的著作是《自杀论》（1897），他在这本书里提出，自杀率反映了一个社会的团结度（人们之间的关联程度如何）和管束度（社会对人们生活的控制程度）。他的《宗教生活的基本形式》（1915）则证明了，宗教、仪式、圣物和其他一些神圣世界里的元素对维持社会团结的重要性。涂尔干在促进我们理解社会力量对个体的影响这方面做出了不朽贡献。

社会学视角方面的许多洞见都要归功于马克思、韦伯和涂尔干的工作。另外三位社会学家则来自美国，他们三位在人类的社会本质，特别是社会生活对我们思维方式的影响上给了我不少教诲。乔治·米德（George Mead，1863—1931）是芝加哥大学社会心理学家，他在帮助我理解社会与人类之间的复杂关联方面对我启迪颇多。他对社会学最重要的贡献是《心灵、自我与社会》（1934），书中探讨了：人性是什么？人类作为一个物种的本质特征是什么？社会如何塑造人类？个体又如何反哺社会？米德的解释令人信服：人类独一无二的原因是他们能用符号进行交流，并能反思自身和他人的行为。米德认为，人类能够改变社会但却不会轻易被社会改变，其基本特性是符号的使用、自我认同和心灵。个体与社会的关系极其复杂，正是由于我们是社会的一员，社会特性才有可能创造符号、自我和心灵。

经过细致、有条理且诚实地梳理过的观点。正确步骤应该是：先看它的假设，找出它的矛盾之处，对照已有的相关证据，进而将它分解成若干组成部分加以检验。如果一个观点经得住这一系列检验，那它离真理就无限接近了；否则，不管是谁提出的这个观点，不管你有多么喜欢它，也不管它是否是你心中已有的想法，你都应该抛弃它。

古希腊文明最终还是走向了衰落，它在西方世界的影响被全能的基督教会所替代，后者成为之后许多世纪所有真理的源泉。公元300年到公元1400年，信仰的力量成了寻求真理最重要的手段。人们期望接受的是教会灌输给他们的一切，而非自主地去追寻智慧的力量。批判精神和理性分析精神都被视为异端并受到了惩罚。

后来古希腊哲学精神在知识分子群体中再次回归。随着15世纪批判哲学和科学的兴起，古希腊哲学再次成为西方世界里一股强大的力量；它们的兴盛还促进了18世纪社会科学的发展和19世纪社会学作为一门社会科学的建立，并使之与这一批评传统融为一体。

证明、科学和社会学

批判性思维

每当我想向一位数学系的朋友解释社会学时，他都会大呼不要不要："我认为研究高数比研究人类要简单。"正是由于人类的复杂特性，每次遇到事关个人、社会和世界的难题，都很难对人类一概而论，而这还不是让社会学成为一门如此艰深学科的唯一原因。与数学不一样，人们初次接触社会学就会认定，他们对"人类和社会"这一话题有很深的了解。这还有什么不熟悉的？很难让人们去质疑他们"已有的知识"，更难让他们去认识到那些已有的知识不一定是正确的。

理性证明的核心是要承认：真理的基础建立在理性之上，藏身于对观点的仔细评价中。苏格拉底就很好地认识到了这一点。苏格拉底式研究方法就是向人们不断地提出问题；通过这一方法，他向人们展示了他们那些考虑欠佳的假设、不合逻辑的结论、软弱无力的证据。在不断的质疑中，虽然苏格拉底否决的伪论比他发现的真理要多得多，但他却是在引领大众从一个更加周全的角度去寻求真理。

实证证明

社会学的目的就是提问。法国思想家孔德（1798—1857）创造了社会学一词并提议将古希腊人的批判方法应用到社会身上。实际上，这些方法还应更进一步：它们应该建立在严格的科学方法之上，应该是一把比理性证明要求更严的量尺。科学上也需要这样一把衡量观点真伪的中立的量尺，但是必须逻辑严密且经过细心观察。孔德认为他创立社会学旨在通过细心观察来谨慎客观地分析社会的本质，而不是被动接受历史遗留下来的陈旧理念。自从创立之日起，这一观点就一直是社会学的首要目标——抛开人们的一厢情愿，致力于探讨社会的真实本质。这既是社会学的动因，也是社会学的力量之源。

理性证明为现代科学奠定了基础。从哲学思想发展出的观念认为，证据最终必须经历实证证明或观察的考验：首先，通过理性思考提出观点；然后，让其接受实证的测试，看看是否违背了我们身边所观察到的事物。这一想法是否与实验室中或与显微镜和望远镜中观察到的现象相一致？这一想法是否与自然环境、实验条件、日常生活、历史记载或选举结果中所看到的相一致?

古希腊人偶尔也会用到实证证明,事实上,还有人将此追溯到了阿基米德。阿基米德是古希腊著名思想家和人类历史上最早的科学家之一。他想要测出皇冠的体积。皇冠这样的物体因为形状不规则,很难仅凭一把尺子就测出它的体积。有一天,阿基米德在洗澡时注意到,当他迈进澡盆,水就上升,当他跨出澡盆,水就下降。就在那一刻,一道灵光闪现,问题得到了解决:要测量任何物体的体积,只需测量它排出了多少水!故事的结尾是,无比兴奋的阿基米德光着身子就冲上了大街,大声喊道:"找到了!找到了!我找到了!"

阿基米德是怎样找到答案的?简单说,他是通过观察得到的。这个例子极好地展示了什么是实证证明,即观察得到的证明。非常重要的一点是,一个观点一旦得到实证的支持就可与人分享,他人可以接着在不同的条件下观察它并将最新结果与最初的观察进行比对。这一证明方法最终成为所有学科的基础。

理性证明和实证证明都是用来测试一个观点是否准确的方法。哲学家和数学家更倚重理性证明,科学家则更青睐实证证明。不过,这只是获得证据的途径不同:一个取决于仔细思考,另一个则需要细心观察。例如,有段时间我特爱玩轮盘游戏,我自认为有法打败它,因为我熟悉统计学,包括概率论。我决定将概率论用到我的那套方法中去打败轮盘机,但却发现长远看我是赢不了的。建立在概率学上的理性证明告诉我,我最终会输得一文不剩。但要亲眼看见我才服气,否则我怎么都无法相信么高超的方法竟会败给轮盘机。当我看到一个随机号码表中八个奇数成对出现时,我意识到概率论是正确的:我的方法会让我输得精光!概率论就是理性证明,计算奇数出现的频率则是实证证明。当然,赶上运气好我也会赢上一两次,但就长远而言,大多数跟我采用类似方法的人都会在轮盘机上赔得只剩下裤衩。

实证证明是社会学的基础，本书中的许多观点都建立在它之上。社会学中的各个不同专业领域，从对家庭和宗教的研究，到对革命和文化的研究，它们的结论都建立在实证证明的基础上。观察是科学的基础，也是社会学的基础。可接受的证据是指，能被某一个体观察到并能被他人分享，以便他们能够观察它、检查它、批判它、发展它或反驳它。观察既可在实验室中进行，也可在自然环境下进行；既可观察杰出人物，也可观察问卷上的选项或日记和书信；既可观察帮会、公司、宗教团体、球队或军队中的人，也可观察政治领袖的演讲和报纸上的文章。因此，相对来说，观察是比较容易进行的——比如，问卷中有多少人选择了第七项，或2012年明尼苏达州有多少21岁以下青少年自杀。但有时观察也会异常艰难，调查者需要在观察中极具想象力和细心谨慎：穷人如何四处寻找工作？有钱人怎样对政府施加影响？小男孩对小女孩讲的什么事情能反映出他们对性别角色有不同理解？不管提出什么问题，只要想进行社会学研究，研究者就必须拿出实证证据来支撑他们的观点——这些证据都应该是能被观察到并能被他人检验的。

下面我们就来举两个社会学实证工作的例子，它们可以告诉你社会学家是如何"观察"的。第一个例子是涂尔干对自杀诱因的研究。涂尔干对19世纪末欧洲许多团体和社会中出现的高自杀率（特定人口中每10万人中自杀者人数）非常关注。他找出了长久以来法国自杀率的一种连贯性；与其他社会相比，法国的自杀率比一些社会高，又比另一些社会低。随后他想找出，为什么在不同社会乃至在同一社会的不同团体中，自杀率会有如此不同。他推测，一个团体的社会团结度会极大地影响它的自杀率。团结的程度是"看不见"的，所以他就把通过逻辑思考得出的有关团结度的想法应用于各种不同团体；比如，他认为天主教社区的社会团结度之所以比新教社区更高，是因为天主教徒更深地融入他们的教会，而新教徒则更强调个人与上帝的关系。他还进一步提出，相较于天主教社区和新教社区，犹太社区的团结度则要更高（因为在19世纪的欧洲，犹太人与主流社区被隔离开，而且他们的宗教早已渗入他们日常生活中的方方面面）。

接下来，涂尔干便准备去"理解"关于自杀率的证据。他如愿以偿地找到了：新教社区的自杀率最高，犹太社区的自杀率最低。他还对比了其他团体，如城市与农村、上过大学的和未上过大学的。在每一组例子中，越是强调个人主义的社区其自杀率就越高。涂尔干也观察了政府收集的数据——虽然是一些不完美、不完整乃至有失偏颇的数据。诚然，我们也不必非要相信涂尔干关于社会团结度与自杀率之间的关系，但科学的魅力就在于，我们知道他是如何思考和观察的。我们既可以依葫芦画瓢去调查和观察同样的数据来检测他的看法是否正确，也可以从另一个角度对同样的数据进行不同的阐释。如今我们还可以对美国或世界上其他任何地方的数据进行检测，我们并不必对涂尔干的话言听计从。

第二个例子是坎特（Kanter, 1977）发表的一项研究。坎特感兴趣的是，一个大型的有组织的系统如何在其本质上是反对男女平等的。她知道可以使用许多方法去"观察"企业中的男人和女人：既可以做全国调查，也可以采访公司老总，还可以根据现有数据调查有多少女性处在管理岗位上或董事会中。但她选择的是对一家公司进行深度研究：她给抽样选中的销售工人和销售经理发送了调查邮件；她就工作与职位问题采访了许多雇员；她系统地筛查了100份关于文秘工作表现的评价表格；她参加了小组讨论，观察了培训计划，检查了许多公司内部文档；她还在午餐时间，在大楼走廊和任何能碰到他们的地方进行了非正式访谈。当然，她的研究成功与否，取决于在多大程度上她能说服其他社会科学家相信她的方法是细心的、客观的和全面深入的。她这项研究的优点在于她可以非常深入地去调查一家公司，以及她所采用的观察手段的多样化；缺点则是她只有有限的时间和经费对一家公司进行研究。我们不必一定相信她的调查结论，我们也完全可以做另一个个案研究；我们可以将她的观察结果与别人的研究结果相比较；我们可以检验那些全国调查或者做一个自己的全国调查；或者我们还可以利用那些关于所有企业的现有官方数据。

上例并非社会学中最好的研究，而只是实证证据方面的极好例子。1918年，托马斯和兹纳涅茨基（Thomas and Znaniecki）通过考察移民的日记和信件，发表了一项关于定居在美国的波兰农民的研究；1920年代，思拉舍等人（Thrasher et al., 1927）研究了芝加哥的黑帮，他们观察了黑帮在街上的行为，并采访了那些黑帮成员；林德夫妇（Robert and Helen Lynd, 1929）则研究了印第安纳州的曼西社区，他们通过挨家挨户访谈，借以了解该社区中的阶级和权力情况。1940年代，缪达尔（Myrdal, 1944）出版了《美国的困境》，这是一部有关种族关系的里程碑式研究，记述了美国的民主信条与非洲黑人遭遇之间的冲突，该研究建立在观察，浏览文档记录，考察博物馆、日常社会互动和社会事件之上；斯托夫等人（Stouffer et al., 1949）出版了大量关于美国二战士兵的问卷调查研究。1950年代，阿多诺等人（Adorno et al., 1950）根据他们在采访和问卷调查中所听到和观察到的人们对待少数族裔的态度，出版了《威权人格》；贝尔斯（Bales, 1950）通过仔细观察小的实验群体的对话，研究了小群体中的领导权问题；米尔斯通过观察各种名单或报纸上的人名，研究了美国社会中的权力问题。1960年代和1970年代,休厄尔(Sewell,1970)连着数年给学生发放问卷调查,借以了解在美国的教育系统内,社会阶级如何影响学生们的成功。1980年代,威尔逊(Wilson,1987)通过观察全美各个城市的人口和就业数据,研究了内城的机会缺失问题;法恩(Fine,1987)则通过观察男孩们在少棒联队的表现,研究了青春期前的社会化问题。1990年代,通过密集调查,盖勒斯和斯特劳斯(Gelles and Straus,1990)更好地弄清楚了家暴的性质和起因;科泽尔(Kozol,1991)观察了全美的学校,采访了校长们和老师们,描述并解释了学区内部和学区之间"野蛮的不平等行径";克拉克(Clark,1998)则针对"日常生活中的同情"进行了一项有趣而复杂的研究,他广泛地运用了各种研究技巧:(1)分析小说和贺曼卡片,描述《纽约时报》上"最贫困的案例";(2)"广泛偷听";(3)进行关于同情的集中讨论;(4)学生就与其情感相关的主题进行"自由写作";(5)问卷调查访问超过1 000名成人和60名学龄儿童;(6)60多次集中采访。社会学中实证研究的例子数不胜数,上述例证仅仅展示了在美国如何将观察应用于各种各样的研究技术中。

医学社会学家菲利普斯和巴克(Philipps and Barker,2010)发布了一项关于医疗失误的研究,他们在致命的医疗事故中发现了事关死亡的"七月之穗"。他们研究了美国1979—2006年间244 388份死亡证明,其中特别关注那些因医疗事故而造成的死亡案例。他们发现,七月份死于医疗事故的案例最多,正常情况下能比其他几个月高出10%;他们还发现,七月份的死亡高峰只发生在有新医生入职的教学型医院的县郡。所以他们的假设也就得到了确认:致命医疗事故造成的"七月高峰"与成千上万新上岗的医学院学生紧密相连,这些资历尚浅的医生压力巨大且缺少对他们的监管。

社会学中的观察

社会学是一门特殊类型的科学。我们不太容易去观察群体、社会、权力、社会互动或社会阶级，因为这些事物不像树叶、皮肤、岩石或星星那样具有物质形态；我们也不太容易去观察人们的想法或价值观、他们的道德品质、他们的愿望，因此，科学家一定要留心人类是如何向他人展示自己的：他们做了什么，他们说了什么，他们写了什么；然后超越事物表象，推导出一个更加抽象的社会现实。当人们在一起行动时，我们可以推导出一个群体的存在，并根据我们的观察总结出这些群体的特性、它们的组成方式和运行机制，以及它们对个人行为的影响。比如，当涂尔干试图了解社会时，他观察的焦点就是人们的仪式、他们对某些个体表现出的道德愤怒和他们崇拜的物品。他展现了这些行动和信仰如何揭露了社会权力对人类行为的影响，以及它们对确保社会持续存在下去的必要性。

社会学家认为，科学应该是开放的，其研究方法应该是多变的。他们意识到，在科学中下定论是不可能的，必须保持想法的不确定性。韦伯主张，所有科学家都要做好自己的观点会在有生之年被新证据推翻的心理准备，特别是那些研究人类的科学家。他还重点强调，我们得出的每个结论都可能会有例外，但这并不是否定该结论。这确实会让事情充满不确定性和复杂性，比如，人们出生时的社会阶级通常都会决定他/她的一生——但也并非人人如此。我们必须追问：为什么阶级定位如此重要？为何仍有例外发生？我们每得出一个新结论，都会引出一些新问题和指出新的研究方向，都会有一些持怀疑态度的人决定用一种不同的方法去检验它。社会学（及其他科学）中永远都不存在终极真理；这是科学家们之间一场持续不断的辩论：他们出版著作，提出观点，摆明证据，等待他人的认同或反驳。

社会学家拒绝采纳狭隘的科学观，这在他们的各种创造性研究中也可窥见一斑。通常，他们不会设立实验室、使用显微镜、让老鼠跑迷宫或用试管做化学实验，因为这样做用处不大；他们只会在有需要时使用实验室，但这样做的频率在社会学中明显要少于其他科学。对环境有充分的掌控，对结论有十足的把握，这样的情况固然求之不得，但却可遇而不可求。事实上，很难对人们进行系统观察，我们必须尊重被调查对象（人类社会）的复杂性，进而发展出一套具有创造力的研究技术。人类常会受到想法、价值观、态度、道德关注的驱动，但这些东西很难通过观察得到，只能通过问卷调查、采访、分析其言辞和写作等途径去理解。为了理解冲突、合作、不平等、协商和权力，社会学家会观察任何他们能找到的群体，他们会花上数年时间去融入这一社区并研究这些对象，或者把从报纸上搜集到的数据输入电脑。他们通过研究犯罪率、自杀率、离婚率和失业率，来了解某一社会的特征是什么；他们通过观察日常仪式和更为正式的宗教仪式，来了解人们对宇宙和生活的感悟。对社会学家来说，人类每一个不经意的行为都是有目的的，因为它能帮助我们从无法轻易察觉的更大的框架中理出头绪。最终，我们就会接受观察得来的任何可靠的东西，保存我们信以为真的数据，而摒弃那些毫无根据的证据。

科学中的客观性

科学不只是观察，而更是细心的观察。它的目的是控制我们的观察，帮助我们确定我们看到的是真实"存在"的。韦伯将科学（包括社会学）描述为一种"中立的"调查，即尝试对世界"本身的面貌"

进行细心客观的观察，而不是按照我们想象中的模样去进行观察。他的意思也就是说，我们唯一能够遵循的就是科学的调查；我们所得出的结论要经得起进一步检验。

保持客观，其字面意思就是将世界当成有别于我们自身的一个"物体"来看待，让它尽量远离我们的主观感知。但这却是说起来容易做起来难，这也是为什么科学家要立下许多规定且在"提出问题、抛出假设、验证假设、得出结论、利用结论首尾呼应"这一过程中都愿遵守这些规定的原因。严格的规定能够指引科学家如何提出好的理论，如何抽取样本，如何准确地进行观察，如何将研究控制在既定方向上，如何仔细诠释数据，如何以证据为基础完善理论。严格的指导方针则能告诉科学家如何向其他研究者汇报观点的形成、如何进行测试、观察到了什么、如何阐释结果。遵守以上规定的目的只有一个，那就是尽可能确保所做的工作是客观的，并将科学家的个人偏见降到最低。

当然，没有人能做到百分之百客观，特别是当研究主体是社会和人类时。在社会科学中比在自然科学中更难做到完全客观，此中尤以社会学为甚。每位科学家都有许多自身难以充分察觉的偏见，在他们的研究中或多或少都能找出一些蛛丝马迹。就像心理学只研究个体的发展是一种偏见，社会学不研究生物世界而只研究社会世界也是一种偏见。因此，我们提出的问题、我们研究的手段、我们阐释的方式、我们得出的结论，都有可能充满偏见。合格的科学家会坦诚地面对工作；如果他们警惕性够高，就能通过批判评估彼此的工作来不断找出偏见。尽管不可能做到完全客观，但也不可否认，客观性依然是我们追求的目标。

科学的两个假设

宗教对宇宙做了若干假设。大多数宗教都假设存在一个上帝，是上帝给人类定下一套需要恪守的道德规范；它们还假设人类肉身寂灭后灵魂不灭，并假设真理一直都是由上帝赐予人类的。

科学也对宇宙做了若干假设。第一条假设是，自然是有规律可循的；第二条假设则是，一些自然事件是由另一些自然事件引起的。

科学和社会学中的自然规律

相信自然有规律可循，就是坚信自然是由可预测的规律控制的。科学家相信，根据自然法则，解释过去和预测未来都是可能的。管束自然的是规律而不是偶然的、不可预测的混沌。我们可以对自然事件进行推理概括，而不是仅仅将其视为孤立独特的事件；我们还可以概括疾病、地球引力、物质组成、能源、植物，以及所有的生物，因为我们假设它们都是能被理解乃至预测的。科学的目的是要去理解这些自然法则，而科学家就是要去解决自然界中存在的这些难题。

在科学形成之前，人们想要解释自然，只能借助超自然力量的行为：上帝或天神插手人间事务，由他们决定谁生谁死、该打哪场仗、哪一方能赢、能取得什么样的进步、会遭受什么样的损失。宇宙也许是由超自然力量所操纵，自然法则也许无足轻重，但若科学的目的是理解世间万物，它就必须假设是自然规律引起了事情的发生。而且事情之所以会以特定方式发生，就是因为其背后存在的自然法则。

社会学是一门科学，故与其他科学一样，它也遵循自然法则。人类和人类社会是自然的一部分，他们的活动也有规律可循，这些规律可以分离出来，加以理解，进行预测。比如，人们在进行社会互动时，通常都会衍生出一套不平等的制度、对每个演员（称为角色）的众多期望，以及对现实的共同认识（称为文化）。

当一个社会迈向工业化时，发展的主流趋势就是从传统主义转向个人主义，但是由于个人日益脱离社会群体，所以就会出现更高的自杀率。当被压迫群体的愿望超越了其所在社会统治群体所能控制的范围，就会出现暴力反抗乃至大规模革命。历史已经无数次证明了这一规律，将来或许还会重演。我们可以借助这些证据来解释：什么样的环境会引发这些事情？为什么会出现例外和不同模式？

想要了解我们的知识发展进度并不难，只需对比我们现在和过去对事物的不同认识即可，如贫困、社会变化、自杀、酗酒、种族不平等、性别不平等、犯罪、社会权力、社会阶级。以上问题都被当成社会秩序进行过研究，而不仅仅是随机发生的偶然事件，或是超自然力量的结果，所以我们也就能够合理地解释为何会出现这些社会特性，以及它们又是如何影响人类行为的。

科学和社会学中的自然起因

科学所做的第二个假设是，一些自然事件是由另一些自然事件引起的。事实上，自然起因这一假设是自然法则中最重要的一个方面。它是解释和预测的基础，是我们所说的自然这一秩序的本质。自然法则假定存在秩序，自然起因则假定秩序受自然法则控制。比如，在相同的条件下，物体会在自然法则的作用下落到地上，它们落地的原因就是我们所说的地球引力这一自然力量，地球的质量会产生引力，它会把物体拉向地球的中心，这就是自然起因。微生物会引起疾病，生物遗传会诱发癌症，贫困会导致犯罪，剥削弱势群体会加重他们在社会中所处的弱势地位。科学实验的终极目的就是要把这些独立的变量（影响，起因）与相关的变量（结果，作用）联系起来并证明：一旦变量 x 出现，它就会引起变量 y。

确定起因是很难的，科学家需要付出许多心血去发掘它。这里我们可以回想一下，过去想要给"吸烟会致癌"下一个定论有多么困难：人们既要证明吸烟者患癌的概率高于不吸烟者，又要证明不只是吸烟、空气污染和吃红肉会导致癌症，而是吸烟本身就会致癌；还要证明：一个人烟抽得越多，得癌症的可能性就越大；一个人的性格、性别、阶级、居住地并不会让人养成吸烟习惯和导致癌症，而是吸烟本身与肺癌紧密相连。此外，人们的证明还必须更进一步：会导致癌症的吸烟行为到底是什么？一个人戒烟后是否得癌症的风险就会减少？是什么行为或人类特征增加了吸烟者患癌的概率？

社会学将这一因果定律应用于人类身上。人类的信仰与行为都是有理可据，其他社会科学也有类似假设。心理学向我们展示了：环境和遗传如何通过相互作用来塑造人，人的特质又如何反作用于他或她的思想言行。经济学将社会中的经济力量分离出来，政治学观察政治力量，人类学考察生物和文化力量，社会心理学则展示了我们周围的人如何影响我们的行为处事。

由于人类自身的复杂性，要将隐藏在事物背后的因果定律应用于社会科学中，其难度肯定要超出自然科学。关于人们的思想与行动，很难抽丝剥茧，理出清晰而必然的原因，我们一般都是倾向于揭示它们的趋势和可能性。在社会科学中，我们通常会把起因称为"影响力"或"关键因素"。这些信息很有价值，尽管尚不完美。小时候受过虐待,对一个人成为父母后是否会虐待自己的孩子有重要影响;一个组织规模的大小,对它是否会发展出一套官僚结构来说是一关键因素;出身贫寒则会影响一个人致富的概率,影响他完成学业的情况,影响他成为美国总统的机会。

自从 19 世纪以来,社会学在说服大众"社会环境对个体行为有着举足轻重的影响"这一点上已有长足进步。例如,1900 年前几乎没有关于自杀的社会解释,涂尔干的研究是一重大突破:不同的社会有着不同的自杀率,自杀率受到社会团结及社会变化程度等社会力量的影响。如今许多人都意识到,自杀并非个体孤立的行为,而是方方面面都受到社会影响的一种决定。同理,像犯罪、离婚、要不要孩子这样的个体行为,也都是人们所在社会中的诸多力量使然。实施种族隔离的学校为不平等的教育创造了条件,招工、报酬、晋升中存在的性别歧视则创造了一个隔离和不平等的劳动力市场。为了了解人类生活,很多人都在考察社会力量。

| 小 结 |

从本质上来说,社会学是一种充满疑问的思考角度,是一种批判性观点。所有科学都要对人们已有的日常生活经历抱持怀疑态度,其中尤以社会学为甚。想要理解社会和人类,就应采取提问、探究、质疑和分析的方法,对人类习以为常的一切都提出疑问。

苏格拉底是一位永不满足于现有答案的哲学家,他不断地对人们的想法提出疑问,逼着人们不断思考:"什么是善良?""什么是美德?""什么是理想的社会?"人们回答的都是现成的答案,那些答案都是从别人那里学来的，而非自己经过深思熟虑得出的。然而，不管人们回答什么，苏格拉底总能再抛出问题促使他们进一步思考。对苏格拉底来说，这就是教育应该做的：它应该是一个不断寻求理解的过程——通过层层提问来揭穿那些太过肤浅的答案，让学生通过仔细考查掌握知识，而非简单地去重复被教给的东西。

同时，这也是社会学家的任务：对人们给出的答案刨根问底，揭穿他们所信以为真的，通过控制个人和社会的偏见来考查现实，尽可能仔细地观察社会中的人类。当现今社会很多人都在宣称资本主义是对人类的救赎时，社会学家已经对它的假设和问题进行了研究；当很多人只着眼于犯罪的邪恶，要求将那些危险分子与法治社会隔开时，我们已经研究了犯罪的起源和囚犯不断增加可能会导致的一系列问题；当很多人将宗教奉为神圣世界的一部分，认为不能对它进行研究，只能言听计从，将它视为人生的指南针时，我们已经研究过宗教在社会中所起的功用；当很多人只是希望帮派势力赶快消失时，我们则通过研究年轻人帮派来理解文化、耻辱和未成年人对社会的反应。我们看到被他人忽视的不平等的方面；我们考查偏常对社会的意义和贡献，以及它们的起源；我们并不只是遵守社会仪式，而是还会努力去揭示它们的目的。社会学透过现象研究本质：它对众人忽视的问题提出疑问。正如伯格所说，社会学的智慧之处就在于，它已发现：事物的表象并非事物的本质。

想要综合考量那些社会难题，需要一种批判理解方式，而这也正是科学的精髓所在。科学倡导细心与客观。我则着重强调了社会学家尽力去理解社会的三个要点：（1）所有观点都要得到实证研究支持且研究必须是仔细的、有创造性的和多样化的。（2）作为一门科学，社会学必须不断地尝试保持客观性。它必须对大多数人已在各自文化里接受的观点进行批判研究。这使社会学成为一门具有相当难度的科学。（3）人类和人类社会都是自然的一部分，它们受到规则、模式或自然法则的约束，因此也可假定人类事件是由可辨别的自然（包括社会）原因引起的。

如果诚实地理解我们的生活很重要，那我们就必须审视自己，考查我们的行为方式，质疑我们的所见所知，这既是文科教育的根基所在，也是社会学作为一门科学的目的所在。

思考题

（1）很多老师都认为将学生培养成批判思考者很重要，这意味着什么？你是否同意批判他人的观点比批判自己的观点要容易？请详细阐释。

（2）本课介绍了六位思想家，你最感兴趣的是哪一位？

（3）如果不能将社会学视为一门关于社会的科学，那应选哪门学科？在理解社会这一问题上还有更好的选择吗？

（4）所有的思考角度都有一定程度的偏见，而社会学也是一种思考角度，那它的偏见又是什么？是什么阻碍了科学去理解现实？它忽视了什么？它的假设是什么？

（5）既然我们对真理尚不确定，为何还要追求真理？不去理会它岂不更好？

（6）物理学家或化学家会如何回答这一问题："社会学家真的是科学家吗？"

[第二课]

成为人是什么意思?

人的本性、社会和文化

1960年代有部热播电视剧《阴阳魔界》，情节扣人心弦，有时甚至让人毛骨悚然。如果我们一直追剧到最后就会发现，故事结局出人意料：既有一点恐怖，又有几分奇异。其中有个情节一直让我难以忘怀，它讲的是一群宇航员降落在一个遥远的星球上，然后和当地居民（看起来跟人一样）结为朋友。他们很高兴地应邀住进一栋豪宅，那栋豪宅很像他们在地球上住的房子。但没过多久他们就意识到，他们再也无法走出这个新家，他们成了囚徒。直到有一天，一堵墙被打开，出现了一面玻璃，一群游客正在好奇地往里窥探，上面贴着标签"来自地球上的智人"，那些宇航员成了展示品！

在那之后一直有个问题困扰着我：那些来自地球上被称为"人类"的生物，要做些什么才能让那些游客明白人类到底是什么样的？换种问法就是：什么是人类？是什么让我们成为"人"而非别的事物？我们与其他生物在哪些方面是相似的？我们与其他动物有何共性？又有何不同？当然，这些问题可能从人类存在之初就对思考者提出了挑战。环顾四周，我们可以看到虫子、狗、猫、蜜蜂、蚂蚁、鱼，我们是独一无二的吗？事实上，所有动物都是独一无二的。那么，我们是怎样成为独一无二的？作为一个物种，我们的本质是什么？那些宇航员要做些什么方能展示他们所代表的这一物种的本质？首先我们得承认，我们和其他动物有许多共同特质：人类是哺乳动物，这意味着我们是恒温的，我们会生育后代，女性会哺乳幼儿，我们有毛发覆盖身体的某些部位。我们也是灵长类动物，所以我们这些哺乳类动物也是自然内部秩序的一部分，其特点是不断增加的手部灵巧性、智力和形成一些社会组织的可能性。但到底是什么使得我们与众不同呢？

关于我们的突出特征（或关键特质），哲学家做出了各种声明，比如，人类具有制造和使用工具的能力、爱的能力、辨别对错的能力、感觉的能力、思考的能力和使用语言的能力。宗教领袖强调我们拥有灵魂和良知,而且我们是照上帝的形象创造出来的(所以我们跟上帝最为接近),或者我们是自私的、罪恶的(所以我们跟其他动物非常相似)。更加愤世嫉俗的批评家则坚称,我们是唯一会对同类发起战争的动物(尽管有些动物也会对同类表现出明显的攻击性)。

心理学家关注的事实是:人类是本能的,他们受到无意识人格的驱动,他们像许多其他动物一样会适应环境——或者又与其他动物不同,他们在世上的行为与他们所学的观点和见解相一致。大多数人都认为,人类是在早期生活中在遗传和环境的相互作用下发展出自己的个性特质。对心理学家来说,在大多数情况下,人类行为的本质都是发迹于人类的大脑。

社会学家对人类的本质也有诸多说法,他们认为我们的独有特质包括:(1)我们是社会的,我们生活的方方面面都与他人和社会有着错综复杂的联系;(2)我们是文化的,我们最终会变成什么样的人,并非先天本能的结果,而是我们在社会中学到的观念、价值观和规则的结果。

没有这两种核心特质,我们也就不会变成现在的样子。把我们放进动物园,拿走其中任何一种特质,游客看到的都将会是另一番模样。因此,想要把人类视为一类物种,很重要的一点就是要理解这两种特质是怎样进入我们生活的。同样,承认社会与文化之间有着千丝万缕的联系也很重要:我们的文化起源于我们的社会生活,而我们的社会生活的延续则取决于我们的文化。

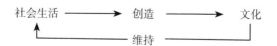

🦋 人类是社会动物

许多动物都是社会动物（social beings，又译"社会人""社会存在"）。鱼儿是社会动物，因为它们总是成群游动以寻求保护；蜜蜂和蚂蚁是社会动物，它们的组织性比人类社会的组织性还要好；我们的近亲类人猿和猴子也是社会动物，它们的社会生活跟我们的非常相似。

宣称早期的人类是社会的，就是要我们意识到，我们的社会生活自始至终都很重要，没有这一特质，人类便无法生存。早期的人类并不是孤立的个体，他们是充满互动的、社会化的、相互依靠的、终生都与他人相伴而活的。当然，有的人在成年后也可能会选择独自生活，就像当今社会中的某些个体一样，但是他们早年的生活却都是社会的，而且绝大部分人的成年生活也都是社会的。

生存

"社会的"是什么意思？在最简单的层面上，它意味着人类需要他人来维持自身生存。婴儿需要成人的呵护才能活下来；他们需要食物、住所和保护。除此之外，婴儿还需要成人的情感支持、关心和爱护。正常的成长都需要这些支持。研究表明，在福利院长大的孩子，从小缺乏与成人的互动，他们经历了更多的生理、智力和情感伤害，而且这些伤害还是持久性的。1990 年对罗马尼亚政府福利院里的孩子们所做的调查揭露了更加骇人的发现，从而进一步证实了这一问题：无视孩子最基本的情感需求，会导致严重的发育滞后乃至死亡。

成人也需要他人。我们依靠他人来维持我们的生理生存：种植和运输粮食，提供住所和衣物，保护我们免受敌人侵扰，以及其他所有我们认为理所应当的事物。作为成人，我们还需要他人的爱、支持、意义和幸福。因此，人类的生存是一种社会事务。几乎我们所有的需求，包括生理需求和情感需求在内，都是通过与他人的互动来得到满足。

同样可以清楚地看到的是，我们在自然界中的近亲也是依靠它们的社会生活来求得生存，它们在本质上与人类越相似，贯穿其一生的生理和情感依赖也就越重要。

学会如何生存

成为社会的，也意味着我们能够成为什么样的人在很大程度上依赖于社会化。社会化（socialization）是一个过程，通过这一过程，社会的各种代表，如父母、教师、政治领袖、宗教领袖、新媒体等，教给人们社会的运作方式，进而形成他们的基本特质。通过社会化，人们对社会的运作方式有所了解并将这些方式内化为自己的。除了人类，没有一种动物的生存会如此高度地依赖社会化。

几乎其他所有动物的生存都是依赖生物本能而非社会化。与人类亲属关系最近的物种对本能的依赖最少也最能从经验中去学习，其中有一些也会依靠模仿。人类知道，单靠本能可以做成的事情非常少；我们与环境打交道的能力也非与生俱来。由于我们不是靠本能而活，所以我们的社会本质也就变得尤为重要。我们不需要学习怎样吃饭，但我们却需要学会如何获取食物（采集、狩猎、捕捞、饲养或购买）。在大多数社会里，我们还需要学习如何建造房屋、使用武器、编织衣物、与人相处等。事实上，想要在我们所处的社会里生存下来，我们要学的可不只是这一丁点，而是涵盖了学字母、规劝他人弃恶从善，以及如何着装谈吐才会受人喜欢，等等方面的内容。

简言之，人类生活在一个社会化与生存紧密相扣的世界里；社会化的进程是持续的、无止境的、方方面面的。

个人特质

除了引导我们如何生存，社会化对形成我们的个人特质也是必需的。我们的天分、品位、兴趣、价值观、个性特征、观念和道德，这些特质都不是我们与生俱来的，而是我们在家庭、学校、同伴、社区乃至媒体的社会化过程中逐渐形成的。

我们现在的样子是遗传与社会化交互作用的混合物。某些生物学因子可能也会起些用，但更重要的是别人如何对待我们、教育我们、为我们提供机会。在与他人互动的过程中，我们选择了自己人生的方向：是破坏法律还是捍卫法律，是上学读书还是在职培训，是潇洒单身还是婚姻家庭，是农场牧歌还是摩登都市。有的人或许天赋禀异，但是将这一天赋是用于贩毒还是通过心理分析去帮助他人疏难解困，这都取决于我们的人际互动和随之而来的社会化。

美国社会对待女性的方式可以更好地诠释这一点。过去，白人女性是无法享有许多男性所独有的机会和权利的。家庭、宗教、政治领袖和学校（以及经济秩序中的歧视）都清楚地告诉男女两性对他们各自的期望是什么。女性成为男性的附属品。后来，这一关系发生了改变，女性越来越多地成为男性的伙伴，并且作为对男性经济支持的回报，女性被社会化去负责照顾家庭。20世纪，特别是在二战之后，这一关系变得越发趋于平等。随着经济开放，白人女性大量加入有偿劳动力队伍，她们在政治、教育和经济领域取得的成功，极大地改变了社会对她们的期望值,并越来越多地改变了女性的地位。二战之后,我们对男女之别的看法变得更加模糊。传统意义上只有男性能干的工作,到了1990年代,社会亦承认女性已完全能够胜任——尽管机会有限。这样的观念既影响了孩子们的社会化,也影响了人们在生活中所做的选择。机会和社会化相互作用的结果就是社会上的性别差异日益模糊、层次日益淡化。尽管各种障碍仍会长期存在,但我们的亲身实践也会让我们明白,社会化对人类的塑造是极其有力的。

  同时我们也要看到,社会化是一个异常复杂的过程:它涉及的不仅是学习知识,还包括模仿那些德高望重者的行为,受到"跟我们类似的人"提供的机会影响,以及被他人的成败影响。当我们从这个角度去看社会化,就更能明白歧视、隔离和迫害所带来的负面效应。被他人轻视会直接产生负面效应;看到他人和自己都处于被剥削状态则会影响自身的价值观和对自己的期望值。当然,也有人能克服这些不利因素,但是这些例外并不能反驳社会化的威力。当我们试图找出什么样的境况能敦促人们做出与众不同的成绩时,认清社会化的重要性确实大有帮助。社会化有助于解释:在孩子们"选择"什么样的成年生活时,贫困为何会有如此强大的影响力。

  换种解释就是,生活在富裕家庭和特权家庭的孩子在社会上所拥有的机会,有助于他们探寻人生的路径,而这些路径对大多数人来说都是关闭的。重点高中和名牌大学提供的专业训练,可以确保它们的学生得到更高的职业定位和更富裕的生活。社会化转化为富有阶级的最终结果就是权利:富裕家庭的孩子会意识到在生活中他们有权享有某些东西,而其他孩子则不可能拥有,甚至闻所未闻。"孩子们已经拥有了许多,但却想要并期待更多,认为所有东西都是他/她有权得到的——这是一种认为整个世界都会满足他/她的心理和物质遗传。"

(Coles，1977）富人家的孩子从父母所给予和教育的当中学到：他们有权从生活中期待些什么，以及由于他们的身份，什么是他们应得的。

虽然社会化无法决定我们的整个人生，但其影响却也不容小觑。我们现在所是的样子，大都可以追溯到我们与他人的互动中，在这一意义上，我们的个人特质确实是社会的。社会学家尤其强调社会化会如何影响我们的选择、能力、兴趣、价值观、观点和视角——简言之，就是我们选择的人生道路。而且，社会化并非只发生在我们的童年；相反，它会伴随我们一生。在人生的每一个阶段，都会有人教育我们如何行动、如何思考，以及我们是谁。虽然早期的社会化可能最为重要，但后续的社会化阶段也会不断强化并引领我们朝着新方向前进。社会化会影响个体行动者，这是我们是社会的第三种方式。

基本的人类特质

至此我们已经了解了我们是社会的三种方式：我们的生存有赖于他人，我们通过观察他人学会如何生存，我们主要通过和他人的社会化来发展个人特质。人类的第四个特质则再次证明了我们社会生活的重要性：我们的人性。

在哪个时间节点上人类变成人了呢？宗教领袖们对此各执一词：有的认为从怀孕那一刻起，有的认为从胚胎存活开始，或是从出生开始，或是从出生一年后开始。事实上，在有些宗教观中，孩子并不是一个真正完整的人；在另一些宗教观中，女性也不是一个完整的人。每个社会的领导者都会将某些不道德或偏常者界定为不完整的人进而也就不配享有人类的权利。政治领袖也会定义什么样的人可以享有充分的人权（这一标准通常都是建立在公民身份、宗教、性别乃至正确的政治信仰之上）。哲学家、心理学家、生物学家和艺术家也有各自不同的观点。这一话题掺杂有相当多的情绪因素，但它的确又很重要。它的中心是人类本质这一问题。如果我们相信灵魂，我们就会将其作为典型特质；如果我们相信从怀孕那一刻起的天赋人权，我们就会将它视为典型特质；哲学家将心智或理性视为典型特质，心理学家认为这一典型特质是人的智力，生物学家则关注卵子受精或成熟胚胎的出生和发展。

事实上，这是一个关乎宗教、政治和科学的问题，并且在这个问题上人们从未达成共识。科学家通常试图找出某些让人类成为人的因素，如智力、解决问题的能力、语言的使用或文化。社会学家通常则是关注三个相互关联的特质：符号的使用、自我的发展和心智（思维）。只有当这三个特质变得显而易见，人类的行为才能真正表现得像人。也许社会学家的言论有点夸张，但除此之外还有一点也是至关重要，即这三个特质都是在社会中创造出来的。因而，我们的人性也就只能在社会交往中得以发展。刚出生时，我们的发育是不完整的；我们有潜力发展得跟别的人一样，但这一潜力只有通过我们的社会生活才能实现。下面我就来简要地介绍一下这三个特质。

符号的使用　我们对人类了解得越深入，他们对符号的使用就会变得越重要。符号就是用一个事物来代表另一个事物，使用符号的目的则是为了交流。我们在交流中也会使用无目的的肢体语言、无意识的面部表情等，但符号则具有能被使用者理解的额外特质。符号的交流是有意义的，因为它代表了交流双方都认同的一些有意义的东西；对交流双方来说，它是一种有目的的、能被理解的行为。

符号最好的例子就是词语，它们代表着我们决定的每一件事情。我们既会使用词语有目的地与他人进行交流，也会使用词语进行思考。但除了词语，还有一些行为也是符号性的，如握手、亲吻、举手等，事实上，我们和他人的大部分行动都是符号性的。同时人类还会指定某些物体为符号性的，如旗帜、圆环、十字形和发型。这些物体本身毫无意义，是人类赋予了它们意义。

　　这样的象征从何而来？其他许多动物也会与同伴交流，如摇摇尾巴、做做手势、发出气味或是咆哮吼叫；但这些行为大都是出自本能（而非习得），对这些物种来说是普遍共有的。它们的使用是由各种有机体自动产出，对使用者来说通常都是没有意义的。（例如，附近有花蜜时，蜜蜂会通过"跳舞"来与其他蜜蜂进行交流；但当蜂巢已被掏空，附近并没有同伴看时，它们仍会这样做。）在动物王国，我们越是向人类靠拢，交流的形式就越是具有不同的特质：只有在社会交往中对这些行为的意义达成一致，这些行为才具有代表性。也就是说，交流的工具是以社会为基础的。由于符号的意义以社会为基础，一些事物代表的意义也就可以有目的地传授给有机体；这样，动物们就能学会并明白一些事物代表着另一些事物。当一个行为发出时，动物们不只是在进行交流，它们还会明白其背后意义。显然，几乎人类所说的每句话和所做的每件事都依赖于社会化的表征；虽然有的动物也能在这个层面上使用符号，但其范围却是极为有限。

　　有能力去创造和使用能被使用者理解的符号是我们社会本质的一部分。这一能力具有举足轻重的地位并当之无愧地成为我们社会本质之外最核心的人类特质。来看看我们都能用符号做些什么：我们用它们来交流观点、感情、意图、身份特征；将我们的知识传授给他人；在社会组织里与他人交流合作；学习并使用角色、观点、价值观、规则和道德。我们可以将我们学到的知识代代相传，让子孙后代能在别人传授的知识的基础上发展成长。符号也使得知识的积累成为可能。

我们使用符号去进行思考：思考未来，应用过去，找到解决问题的方法，考虑什么样的行为才是道德的或不道德的，概括总结（所有事，如所有动物、所有人类），找出聪明和不那么聪明的政府官员之间的细微差别。我们的整个人生处处都离不开符号的使用。符号早已非自然所造，而是人类互动所得。正是通过社会互动，我们的表征物才得以发展、交流并为我们所理解。

电脑、因特网和社交网络的发展更是符号广泛使用的结果。符号在世界上的广泛使用将人类的交流推向了一个全新的高度，并囊括了艺术、建筑、天文、医学、犯罪调查和组织学等各门学科。新的语言源源不断地产生，人人都可以接触到艺术、音乐、诗歌、杂志和书籍。电脑的产生和发展得益于对符号的思考和使用；电脑本身就是一个符号系统，电脑在交流和知识领域的大范围使用引发了一场符号革命。讯佳普（Skype）、照片的新拍法、新的买卖方式、上课和听讲座的新模式，以及获得书籍和最新资讯的新途径，这些都源自对符号的使用。一个新的宇宙正在诞生，这一过程的实现有赖于电脑对符号的使用。如今遍布全球的即时交流，既让人们能够更多地获取知识，更好地理解他人他事，也让符号变得前所未有的重要。

自我 同样，人类只有通过与他人的互动才能激发出自我意识，这是一个核心的人类特质。人类也逐渐发展出这一意识，即我们是作为客体存在于环境中的。"这是我。""我存在。""我活着，我将会死去。""我思考，我行动，我是他人行为的客体。"自我意识的觉醒也不是一件容易的事，它起始于他人的行为。我们通过他人的视界、话语和行动来了解自己，所以很明显，我们也是通过社会化来认清我们自身在环境中所处的客体地位。

自我是按照一定阶段发展的，每个阶段都有赖一定的社会背景。

通过与对我们有重要意义的他人进行互动,首先我们会逐步意识到自我的存在,然后每一次我们都会通过他人的视角明白这一点。(孩子们会通过妈妈,然后是爸爸,然后是幼儿园老师,然后是动画片等这些不同的角度来认识自己。)随着时间推移,对我们来说重要的他人也就逐渐融合为一个整体,变成"他们""社会""其他人",或者成为米德口中所称的统一的他人,而且我们也开始用这一称呼来看待和指引我们自己;同时,我们也会整体看待我们与群体、与社会、与其他许多人的关系。随后,我们就会用其指导我们的行为,让我们的行为与有组织的整体保持一致,如我们的家庭、我们的小学或者是其他所有人。我们能够观察并理解我们个体的行为与有组织的整体的行为之间的关系。正是自我让许多人类特质成为可能。

特别是,由于拥有自我,我们能够做三件事:第一,我们既能观察和理解自身行为的影响,也能观察和理解他人行为对我们的影响。这样,我们就能根据我们的行动制定计划策略,调整前进方向,解释所处境况。比如在选专业时,学生可以先自查:他们的能力、兴趣、价值观和过去的学业水平;他们还可以评估他们过去的经历、未来可能的机遇、可能的就业机会;他们甚至还可以试着想象他们将来的职业形象,以及这一工作是否会令人愉快。

第二,自我赋予我们判断自身的能力:我们是否喜欢自己现在的样子,是否喜欢自己现在做的事情,是否为自己感到骄傲,是否对自己心中羞愧。由此我们形成了一个自我概念,一种身份认同,以及自尊、自爱和自我怨恨。

第三,自我意味着自我控制,即能够指引自身行为的能力。我们既能阻止自己去做某些事,也能放弃去做某些事。我们能够选择前行之路,但经过再三思量我们也可以改变前行方向。我们并不完全受控于环境约束——我们既能够做决策，我们也能够改变自身行为，我们能做的比我们所学的要多。

关于拥有自我这一问题，我们对它的意义和重要性探讨得越是深入，我们也就越能将它视为我们的核心特质之一。这一特质也是在社会中发展而来：如果不依靠社会互动，自我也就不复存在。

心智 思考能力与自我和符号的使用紧密相关。米德将这种能力称为心智。和其他动物一样，人也是有大脑的，但心智（对我们周围环境进行思考的能力）则是一种在社会中创造的特质。符号是进行交流的各方达成一致的表达方法。当我们用符号与自我进行交流时，我们就称之为思考；而我们称为思考的所有交流就是我们常说的心智。人类并不是简单地对环境做出回应；他们还会把事物指给自己看，在脑海中对环境做出统筹规划，想象一些在客观世界中根本就不会存在的事物，推敲掂量、反复演练、推测他人行为（换句话说，他们自己探索世界；他们自己决定自身的所作所为）。这一能力对"人是什么"非常关键，只有通过符号和自我才能实现，而后者则正如我们上面所见，只有通过社会互动才是可能的。

所以说，成为社会的也就意味着人类需要他人来维持生存，需要社会化来学习如何生存。社会化也创造了我们的个人特质。社会交往对我们本质的发展具有极其重要的作用，它创造了我们的核心特质：符号的使用，自我和心智。

社会内部的互动生活

然而，人类是社会的还有第五个方面。与其他许多灵长类动物一样，我们也是生活在社会组织中。我们置身于纷繁复杂的组织里，其中包括大量的社会关系、群体、正式组织、社区和社会。这也许是出于人类本能，也许是因为我们早就知道我们必须生活在社会组织中，也许是因为我们非常享受社会生活，或者也许我们只需说我们的存在是社会的，是时代的。但从根本上来说，我们的言行大都涉及这个有组织的世界——我们称其为社会模式，即我们的行为不断受到许多个体和组织的影响。我们经常都是社会的演员，我们在表演时不断地想象他人的想法。每个组织都或多或少地塑造了我们，想要摆脱这些组织或抹掉我们在这些组织中的经历都是很难的。大部分人逃离一个组织后很快就会加入另一个组织并会面临一套新的模式。我们的存在是有组织性的，而非独立于他人，这让我们成为社会的一员。在一个没有社会组织的环境中观察人类，所得出的结果自然也就不是他们真正的日常生活状态。

  确实也有很多人并不喜欢我们生活的社区或社会，有时我们宁愿一人独处。究其因，这有可能是因为我们不愿随波逐流；甚至我们经常还会跟人对着干。事实上，循规蹈矩、被动接受和彼此依赖有时也会产生重要后果，甚至会引发严重问题。所以问题的关键一点就是，组织对我们的生活很重要。我们绝大多数人都是各种社会组织的一员，每个组织也都会对我们的思想、行为和成长产生影响。大多数人都不会排斥那些社会组织，而且大多数人都会把自己的能力限制起来。当然，如果大多数人都决定要过一种没有组织的生活，社会（人类）就将不复存在。然而，事实上，就连在荒岛上过着孤零零生活的两个人之间也有互动，并且他们在一定程度上也是有组织的，社会模式仍会影响他俩。

人类是文化存在

"人类是文化的"这一说法，就是坚称我们可以由其他一些还未得到描述的特质来表现。许多动物都是社会性的，但究竟是哪些因素让其中一些动物变成文化的呢？这个问题的答案包括判断人类社会的基础是什么。大多数社会性动物都是出于本能聚居一处；天性命令它们一起合作，并准确地指出合作应如何进行。工蜂、蜂后和雄蜂并不明白它们所做的事情是什么，也不清楚它们各自的作用是什么，它们的行为全由与生俱来的本能控制，从而使得合作成为可能。

有些动物也能学会如何在社会中行动，不过它们的大部分学习都只是简单的模仿。它们观察并模仿同类的行为，这样它们就能学会它们在组织中所处的位置。在另外一些动物社会，成年者会教它们的幼崽如何做事。这一教导出自本能，也就是说，天性控制着有机体如何对年轻一代进行训导。目前还很难确定一些动物与文化的距离有多近，但可以确定的一点就是，人类是文化的，人类的社会组织建立在文化之上，而不是建立在本能、简单的模仿，以及基于物种的教导之上。有些动物看起来也会有目的、有意图地教授同伴行为，它们已经非常接近人类文化；如果这种教导不只停留在当前的客观环境，不只停留在展现它们通过模仿和调控学来的知识上，我们就会发现，动物也会运用文化。

人类既是社会的也是文化的，这一点非常重要。文化是指由社会所创造并被社会所理解的观点、价值观和规则。文化是抽象的，它是从我们的组织的观点、价值观和规则中衍生出来的。对于我们所处的环境，我们并不只是从生理上去回应它，我们的大脑还接纳了一个社会所建构的文化（一种视角）——这些都会影响我们的行为。正是由于这一文化特质，不同组织间才会存在巨大差异，彼此的观点才会大相径庭。每个组织都能达成共识，都能针对现实取得一定程度的普遍一致。文化引导我们辨别对错，确认我们的习俗、传统、法律和价值观应该是什么样子。不管是对组织而言，还是对引导个体而言，文化都是重要的；我们最终都是通过文化来观察和理解世界和我们自身的。

甚至我们的内在世界也是文化的，而并非全是生理的。我们身体的内部状态会随着外部环境而发生改变（比如，有人拿枪对着我们）。但是，我们内部状态的变化并不会自动产生反应。我们的行为由我们自己来定义、控制和指导，它们受到我们的文化教给我们的东西的引领。横亘于我们内部生理反应与我们所思所行之间的就是文化。许多动物都会冲着周围大喊大叫（感到愤怒），但却只有我们人类有能力去感受自身的那一特质；我们的同伴会教会我们如何将愤怒与爱、嫉妒、傲慢、仇恨和害怕区分开。我们学到的文化会告诉我们何时生气是恰当的，何时将其展露出来则是恰当的。我们会在成长过程中学会如何控制愤怒，如何表露愤怒，如何为我们的愤怒感到抱歉、负罪或愉悦。同时文化也会教给我们许多关于愤怒的看法（"愤怒是自然的""愤怒是偏见的一个重要来源""愤怒程度与沮丧有关"），我们则会用这些看法来理解我们的内部反应。实际上，就连"愤怒"这个词（我们赋予自身内部状态的一个标签）都是文化的。专家则还会向我们展示不同类型和不同程度的愤怒；我们甚至也能学会愤怒何时是"健康的"和"不健康的"，我们还能学会在什么情况下愤怒对我们的目标"有用"或"有害"。

我们也会从文化的角度，而不是"自然的"角度去给他人贴上标签并进而采取行动。我们会区分中产阶级和工人阶级，循规蹈矩者和违反常理者，讨人喜欢的人和招人厌烦的人。这些标签都充满文化色彩，它们可以帮助我们区分现实和行为——在某一特定时间或某一特定社会被我们视为不正常的行为（如一夫多妻制、同性恋、吸毒和离婚）。

韦伯在他所有的著作中都突出强调一点，即我们生活在一个充满意义的世界中。他认为，想要理解人类的行为，就必须明白人们如何定义他们的世界，如何看待他们的世界。这一看法就扎根于源自社会的文化。韦伯研究的焦点集中于宗教文化的影响，比如他向我们展示了，在17世纪，新教主义对人们在劳动世界中的行为方式有重要影响。他认为，新教主义激发了社会中强烈的职业道德，鼓励个体去获取经济上的成功。

我们既不是孤立存在的生物，也不是简单受训去做出反应。通过我们的文化，我们学习、理解并思考我们所处的环境。文化从我们的社会关系、群体、正式组织、社区和社会中发端而出并影响了我们的思维和行为。

还有一点需要指出：虽然一些社会学家和人类学家将物质产品也划归文化，如垃圾、电视、足球和情人节贺卡，但我还是偏向于将观点、价值观、规则视作文化而把物质产品视作文化的产物。

二者的重要性

我们是社会的和文化的存在，这一点有何重要性？

第一，**我们是社会的和文化的，意味着我们并非生来如此，而是可以变成许多不同的样子，可以朝着许多不同方向发展**。既然我们是社会的和文化的，我们也就有能力变成圣人或罪人、勇士或叛徒、农民或护士。一个人的所学决定着他的所知,而他的所知又决定着他的所成。生物学因素会对区分我们彼此有一定影响,使得一些人在许多方面都超越其他人,但我们的可塑性极其强大,社会、文化和社会化在我们的成长方面发挥了重要作用。

第二,我们是社会的和文化的,意味着不同社会之间的区别是巨大的。以文化为基础的社会,与以本能、模仿和普遍的物种教导为基础的社会有显著区别,它们强调的重点不一样,人们社会化的结果也不一样:我们可以爱好和平,也可以崇尚武力;我们可以将赚钱视作人生首要目标,也可以认为高尚的生活就是无私地给予;我们可以强调过去、现在或未来;强调人或事;强调竞争或合作;强调今生或来世;强调摇滚乐或歌剧。自然不会要求社会成为何种模样,也不会要求个体成为什么模样;但社会交往和文化就会有这种要求,而且也正因如此我们才逐渐演变出各种各样的社会。这意味着,随着新环境和新问题的出现,我们能够达成新的理解,能够改变现有方式;这还意味着,与其他灵长类动物相比,人类能够更好地评估他们的行为方式,竭力改进他们的合作关系。一个社会定义现实的方式一旦发生改变,就会反过来改变社会前进的方向。比如,农业社会变成工业社会;和平社会转向称霸天下或大兴土木;事实上,就连对食物和音乐的鉴赏、技术和就业机会,也都会随着时间推移而发生改变。

第三,我们是社会的和文化的,意味着在很大程度上我们会受到同伴的影响。我们置身于强大的社会力量中,它会塑造和控制我们的行动、我们的状态和我们的思维。我们习得的文化与自身融为一体并逐渐影响我们生活的方方面面。与其他动物不同,我们不受天性控制,很多时候我们都能自由地做出决定。我们是社会的和文化的存在,我们无法摆脱这一事实给我们带来的复杂影响。

第四，我们是社会的和文化的，意味着我们在所处的环境中也是积极的参与者。 由于我们非常依赖社会和文化，所以我们不再是只靠本能和条件反射进行反应的被动有机体；相反，在一个有文化的社会里进行的社会化，能让我们理解周围环境和事物。"理解"这个词可被定义为能够跳出我们所处的环境用语言向自己或他人进行描述的能力；同时它也意味着我们能将所学知识运用于更加广泛的不同情景中。成为一个社会的和文化的存在，就是要做到态度积极，能够解决问题，富有创造力。社会和文化既有可能会控制我们，也有可能在我们与我们所处的环境之间搭建起一种更加积极的联系，让我们得以超越简单、固化的回应模式。

小 结

环顾四周，看看你的教室、校园超市、寝室、家庭；观看球赛，聆听音乐会，欣赏话剧演出；检查一下你发给别人的电子邮件，再查收一下别人发给你的电子邮件；浏览一下谷歌、雅虎、脸书或推特；观察一下你的家人、你的朋友、你的同学和你的大学，你能看见什么？你所看见的那些被我们称为"人"的存在，他们的真实本质是什么？

来看看社会学的解释：（1）从天性上来说，人是社会的，他们的生存依赖于同伴，他们从同伴那里学会生存；他们通过社会化发展其人类特质和个体特质；他们的生活与社会息息相关；（2）从天性上来说，人是文化的，他们通过运用其在社会中所学的知识来诠释世界，所以人的天性并不受生物因素所限，它是极其多变的。

思考题

(1) 一个从不与人互动的人会变成什么样子?

(2) 社会对性别差异的影响有多大?它是否只受生物因素控制?

(3) 对一些人来说,人类与其他动物最显著的区别就是人类是有"文化的"。这一区别是否真实存在?其他动物是否也有文化?除了人类,还有哪些动物的行为中也包含了对文化的运用?

(4) 如果人类是社会的和文化的,那么这是他们"天性"的一部分,还是他们在社会化进程中习得的?

(5) 一个有宗教信仰的人会如何回答这个问题:"成为人意味着什么?"

[第三课]

社会是怎样成为可能的？

社会秩序的基础

你是谁？你用来称呼自己的名字是什么？

当我们降临到这个世界上时，我们并不知道自己是谁。我们出生在一个家庭中、一个社区里、一个社会中；我们观察，我们体验，我们学习；我们拥有情感和文字；我们做决定，做选择；某种意义上，我们的生活是一连串的行动，这些行动不断地在进行，朝着一个方向或另一个方向发展。在这一连串的行动中，不断有人加入其中并影响我们的方向——我们做什么，我们想什么，我们怎么看待自己。起初这只涉及一小部分个体，但要不了多久我们就会被卷进更深更广的社会生活。我们与许多群体和组织都产生了联系，如家庭、朋友、邻居、学校、兄弟姐妹、教会、村镇或城市、社会、世界。随着时间推移，我们看清了自己，知道了自己的名字：儿子、中国人、移民等；最后我们则变成这些名字。社会学家称这些名字为身份。

我们过着一种有组织的生活，"有组织的生活"是指人类是集体的一部分，而不是孤立的个人。我们可以是美国人、印度人、伊朗人或中国人；我们可以是张三、李四或王五；我们也可以是同性恋、异性恋、基督徒或穆斯林；我们还可以是纽约人、布鲁克林人、富人或穷人。不管情愿与否，我们大部分人都是生活在各种各样的社会组织中，其中许多组织都创建了我们的身份。有时在我们的行动中，我们可能也想脱离周围的个体或组织，但通常都不可能实现，因为不管我们喜欢与否，社区和社会都会客观地存在于我们身边。当我们想要摆脱一个组织（如一个社会、一个群体或一个社区）时，我们只会进入另一个组织。我们经常会感到寂寞和孤独，但却很难真正做到一人独处。

"社会"是社会学中最重要的概念，比如说世界上存在着法国社会、美国社会或中国社会。有时我们也会称这些社会为"国家""民族"或"文化"。社会能够给予我们一种组织实体的感觉。它会告诉我们,我们是一个有组织的整体,我们的工作和娱乐都与他人紧密相关。社会是人们赖以生存的最大的社会组织。除它之外,其他社会组织则包括社区(城市、乡镇、邻里、高度独立的群体),正式组织(商业、教会、学校),群体(家庭、朋友、团队)和人际关系(春明与阿娇、父与子、店主与批发商)。所有这些组织和个体都存在于同一个社会中。

是什么创造了社会?是什么让社会持续存在下去?是什么改变了社会?又是什么终结了社会?人类一直都是有社会的吗?其他动物是否也有社会?社会与个体之间的关系是什么?社会中存在的各种组织与社会的关系又是什么?社会学家尝试通过研究上述这些问题来理解社会。

德国社会学家齐美尔(1858—1918)曾追问:"社会是如何成为可能的?"英国政治哲学家霍布斯(1588—1679)则曾提出"秩序是如何成为可能的"这一问题。那么,到底是哪些因素影响了社会的形成和延续?当然,马克思、韦伯和涂尔干肯定也都思考过这个问题。因为正是诸如此类的许多问题创立了社会学这门学科;直到现在,社会学家在进行讨论时,这一问题仍会不时出现。霍布斯在回答这个问题时,提出了武力的使用;社会学家并不否认武力的使用,但他们的答案则要更为复杂,也更能让人心甘情愿地接受社会秩序。想必所有人都会同意如下这样的观点:社会能够长期存在的地方看起来也要更为吸引人。人们在社会中相处会引发诸多问题,社会为何没有就此崩塌?在为组织做出牺牲和舍弃的同时,我们又是如何兼顾自身的?

社会是一个社会组织

社会与民族有所不同。民族是一个政治系统，它包含政府、法律、军队和实质性的边界。实际上，民族这一术语是在中世纪末期和现代世界中发展起来的。在"民族"这个词出现之前，人们使用的是城邦、帝国、村镇、王国、城堡和庄园。那时现代民族尚未得到发展；不过，这些都是社会形态。

每个社会都有其各自的人民、历史、文化、社会结构、语言和制度。其他所有社会组织都存在于社会这个最大的组织中，一方面，它们受到社会的影响；另一方面，它们也能改变社会。因此，"社会"最好的定义就是：它是个体能够融入的最大的社会组织，并且对社会模式（社会结构、文化和社会制度）的存在是必需的。社会通常是个体能够确定的最高层次的身份。社会都是有组织性的、可预测的（一种秩序、一个社会系统），而不只是一群个体的集合。社会通常都会拥有漫长的历史。

在现代世界中，生活在社会里的人们往往想要组成自己的民族。民族主义就是人们对自己的民族、对自己的政治秩序拥有权利的一种情感。如果一个社会自身便已是一个民族，民族主义就会成为人们对其自身民族的一种忠诚之心；如果民族还未形成，像库尔德人那样，民族主义就是对其存在的一种宣示。

民族是现代政治实体，社会则是社会组织。美国既是一个社会又是一个民族，历史上有很长一段时间美国南北双方曾分属两个不同社会。美国每个独立的社区都可称作一个社会，如某些宗教团体、某个街坊或某个独立的村镇。

社会与民族的边界并非一清二楚，但也不是绝对重合。即使在美国，人们也能从共同生活的民族里区分出两三个乃至更多个社会。有人争辩说，正是种族隔离才将美国社会一分为二。许多美国移民都会首先组成自己的小社会，然后才会慢慢融入更大的社会。苏丹与达尔富尔、叙利亚与黎巴嫩，以及巴以、印巴、朝韩冲突，都体现了什么是社会和什么是民族。当然，随着时间推移，民族也有可能变成社会，如苏格兰、英格兰和威尔士。

其他组织（如社区、正式组织、群体和人际关系）的工作机理与社会是一样的，都离不开（1）社会交往；（2）文化模式，社会结构和社会制度；（3）培养忠诚感；（4）冲突与改变。这些特质是所有组织延续存在的基石，缺一不可，否则组织就会变得松散不稳。

社会通过社会互动成为可能

社会学认为社会团结的核心是社会互动的重要性，或者说是在心智中与他人反复互动：合作，交流，分享，争论，商讨，妥协，说教，竞争，买卖和理解他人。人们必须互动，才能使社会得以开始并持续存在。社会互动一旦停止，社会也将不复存在。在一个社会最终分裂的地方，也是两个或更多个社会开始出现的地方。

互动是社会的基本组成部分。这里我们来思考一下"互动"意味着什么：行动者在行动时必须考虑到他人，我在行动时心里想着你，你在行动时心里想着我，我再次行动时心里又想着你。我在任何一个时间点上的所作所为都取决于你的所作所为，反之亦然。这里我们以两人交往为例：我向你打招呼；你听见后，也向我打招呼；你向我问好时，我告诉你我心情很不好；你听见我心情不好，就问我遇到了什么麻烦；这样一来一去我们就开始交谈起来。我们每个人都会对他人的行动做出反应，他人也会对我们的行动做出反应。

互动在群体中也很容易看到。比如，在一支足球队中，如果我们只关注11名球员的表现，我们就会看到前卫告诉队友如何传球，球员观察到队友的行动后则会改变自身行动。当一名后卫错过拦截，另一名后卫就会赶紧上前拦截；前锋向前跑去接球，前卫看到一个机会，赶紧把球传给前锋。在队员靠拢磋商战术时，前锋告诉前卫："传得好！"这就是社会互动。当然，我们会看到球场上两队之间也有持续的互动，而且从宏观角度来看，更多的队伍之间也有互动。比如，一支队伍总是要与其他队伍打比赛，所以我们可以断定，联赛所有队伍彼此之间都要互动。我们还会看到，各队教练聚到一起制定比赛规则，而裁判们也会碰头商讨，以确保联赛的一贯性。

人们的互动还会延伸到电脑上、手机上、电视上，或者是通过四处迁徙得到延伸。随着时间推移，即使没有面对面的交流，一个社会组织也会由此而生。在更大的区域，如街区，观察互动要难一点，但即便如此互动也依然存在。人行道、商店、街角、操场，以及其他许多地方，都给人们提供了互动场所。一个人不会在同一时间与所有人互动，但若仔细观察就会发现，处在同一个区域里面的人，相互之间存在一种纵横交错的互动模式。这种区域内的模式要比区域外的模式更紧密且更持久。这也是我们称呼"这是一个街区"的原因。这一道理也可引申到一个社区（如一个城市）。一个社区里错综复杂的互动，要比其外部的互动紧密且持久得多。

社会也可部分地由这一互动来定义。当来自不同社区的人们在同一基础上进行持续互动，并且这一互动比其外部的互动更强烈且更持久时，我们就能观察到一个社会的萌芽。相反，如果人们之间缺乏互动，就不会有组织的存在；当互动被隔离成两个或多个截然不同的个体时，我们也就必须承认在他们之间存在不止一个组织。这是关于1968年美国暴乱的《克纳委员会报告》的要点所在：美国已经变成两个相互隔离的社会，每个社会都有各自不同的问题，不同的利益，不同的标准、价值观和信仰。不管我们争论美国到底是一个社会、两个社会还是更多个社会，在此我想申明的一点是，要想形成一个社会，必须有持续不断的互动。

为什么互动对社会如此重要？从大的层面来说，这是因为人类的互动是符号性的。符号互动的意思是，人类的行为通常意味着与他人交流某些事情；每个行为者都既是交流的主体也是交流的客体。甚至言语之外的行为也是一种交流。因为我们用言语（符号）交流，所以个体能与他人分享他们的兴趣、关心、价值观、需求、观点、意图和情感。因为我们尝试理解他人所传达的东西，所以我们就有机会向他人学习，进而虽有可能产生分歧，但更常见的则是达成一致。持续互动包含符号交流、合作和对分歧的交涉。符号交流的重要性不容低估：(1) 交流给我们提供了了解彼此的途径，让我们既能考虑到他人的需求，又能帮助我们确保自身需求得到表达。它带来了一种"站在他人角度"的方法，让我们在这一情景下从他人的视角去理解世界。(2) 随着时间推移，符号交流让人们达成"共同理解"成为可能。这一共同理解包括一种解决分歧并在人们的各种不同利益中达成妥协的方法。(3) 符号交流为持续不断的合作奠定了基础；当问题出现时，这一基础为人们共同解决问题提供了方法。(4) 符号交流带来了一种新方法，通过这一方法，新加入互动的人就可被社会化，进而知晓如何在互动中做出相应的行为。(5) 最后，符号交流让人们明白，什么时候他们的行为会让人无法接受。它能告诉人们他们正在破坏规矩，他们没按既定的群体规则行事，或者是他们的行为是不正确的。

不论是在哪种情况下，符号交流都有助于社会正常运转。置身于社会的交流渠道之外（即无法与他人进行互动沟通），也就是置身于社会之外。如果大量的人都不参与互动（如果他们只在自己内部互动，与其他所有人都隔离开来），想要维持一个更大的社会就会变得非常困难。

美国之所以能够作为一个社会存在，部分原因就是人们不停地在互动（比如，通过旅行、邮件、电话、电脑、电视、广播、报纸和生意往来）。通过符号互动，我开始理解内城中人的问题、企业高管的生活和政治领导人的想法。通过符号互动，我也让他人知道了我的观点、兴趣和价值观。我很少会认同这些人中的任何一位，但是慢慢地，我们之间也会滋生出一种潜在的默契："贫困是美国生活中的一种悲剧。""资本主义是一种健康的制度，尽管它自身也存在一些严重问题。""大学教育是必需的。""我很重要。"有时持续不断的互动也会在我们之间引发严重分歧，但更多时候它带来的都是理解与一致。时间一久，伴随着持续互动，我们就会开始"像美国人一样思考"，采纳某些价值观（如个人主义），信奉某些核心观念（如"时间就是金钱"），接受某些习俗和道德（"星期天不上班""吸毒有害，喝酒则不会""虐待儿童是错误的"）。在互动中，我们结识了店主和他或她的顾客；潜在的顾客；广告代理商；经销商；批发商；生产商；还有联邦、州和当地政府。当婴儿降生到这个社会并通过互动被社会化后，他们就会开始在合作框架内学习什么该做和不该做。当他们违反社会规则时，同样会有人（如父母、老师、警察、神父或其他一些社会代表）通过互动告诉他们：他们的行为是不被人接受的。

卡特里娜飓风摧毁了新奥尔良州的大部分地区，这一惨剧突显了社会互动在社区中的重要性。如果人们是孤立隔绝的，那么交流对大多数人来说也就是不可能的。他们既不会知道城市的另一边正在发生什么，也无法向他人发出求救信号。想要前去帮忙的人如果不通过社会互动得到有效的组织，他们也起不了太大作用，更谈不上合作。只有通过红十字会和救世军的社会互动，通过当地及其所在州和联邦政府中的人们的互动，通过来自世界各地成千上万的志愿者、街坊邻居、朋友、家庭、广播、电视和报纸之间的互动，才能迈出重建新奥尔良州的第一步。只有当现实情况允许市民们互动、交流、分享他们的问题与希望，再次感受到成为社区的一员，开始确立能让秩序重新回归的社会模式时，城市才会开始得以重建。

行文至此，埃及正在经历巨大的革命所带来的阵痛。我并不清楚那里四下弥漫的愤怒源于何处。但可以肯定的是，那些人在交流、在合作、在建立他们自己的新社区；哪怕只是昙花一现，至少也能向过去的旧传统发出抗议，向民主的新文化迈进。前方的道路（新的宪法、新的政党制度，以及一个崭新的民主社会）或许还很漫长，但幸运的是，那里的人们正在拥有更多开放的交流渠道。

社会依赖于社会模式

社会互动是任何形式的组织（包括社会）都必须具备的两个特质之一。第二个特质则是一套社会模式。社会学家相信，随着人们进行互动，社会模式就会在他们之间发展出来并会对他们的行为产生重要影响。事实上，这些模式会将"一拨个体"从某些形式的组织（如社会)中区分出来。

社会模式指的是社会互动变得具有规律性、受调控并达到稳定状态，个体行为者可以据此根据自己与他人的关系知道自己应该做什么。社会模式是日常的惯例、共同的期望、可预测的行为、业已形成的思考及行为方式，由此持续的合作才成为可能。互动时间越长，被隔绝的时间越长，这些模式也就越能扎下根。随着新的人员不断加入互动，他们也能学会这些模式。社会模式将个体社会化并让他们成为组织的一部分。人们通常都会将社会模式的存在视作理所当然。

有时候，社会学家也会区分以下三种重要模式：(1) 文化，(2) 社会结构，(3) 社会制度。任何一种具有合作性质的秩序，都会要求个体具备一定程度的自控力，以便与这些既有模式保持一致。

文化

文化是一个组织（包括社会）的社会模式之一。它起自社会互动，传自社会互动，并会在互动中控制个体。文化由三套小的模式组成：(1) 共同的规则，(2) 共同的价值观，(3) 共同的信仰。

合作之上定有规则且个体必须心甘情愿地用这些规则来引导其自身行为。社会是由习俗引导的：何时可以行房事，与谁进行，一个人对此应有何种感受，应该如何进行（"习俗是……"）。社会是由法律引导的：一个人的性伴侣年龄应该多大，一个人的性伴侣必须是什么性别，不能和哪种关系的亲戚结婚，不能和哪个年龄的人结婚，在哪种情况下不能有性事（"法律规定……"）。社会是由禁忌（违反这些禁忌会受到严惩）引导的：人绝对禁止与动物交媾，绝对禁止强迫他人性交。社会也是由道德引导的：婚外情是不道德的。社会还是由步骤引导的：房事前爱抚的作用，性交的最佳方式，房事结束后该做些什么。社会还有许多非正式期望：在两性关系中，哪一方应该更主动；为了防止意外怀孕，哪一方应该承担避孕的责任；哪一类人应该一直坚守童贞。所有这些规则：习俗、法律、禁忌、道德、步骤和非正式期望，对个体和社会来说都很重要。它们可以告诉个体应该如何行动、别人期望他们如何行动，以及他们又可以期待别人如何行动。简言之，规则就是用来帮助社会和个体行事的。

除了规则，文化还包含价值观（人们在生活中所忠于、所看重的东西）；在价值观上达成的一致让合作互动成为可能。比如，有些社会尊崇物质主义、个人主义和家庭生活，这样的价值观就会影响人们的行为。它会激励人们努力工作，为自己和家庭多挣钱。它还会鼓励人们好好学习，将来找个好工作，为未来的家庭多挣钱。正因许多人都持有共同的价值观，他们选择的社会道路也会相同，所以才会促成相互合作。如果人们对事情的重要性无法达成一致，组织就会变得更加不确定，缺少团结性；人们若是只顾自己、随心所欲地选择自己的发展方向，合作就会变得越发困难。共同的价值观能够帮助人们更好地去理解他人的行为，促进双方深入合作。价值观是我们在许多具体场合的行为标准，它们指引着我们做出选择。"它们是不受质疑的、可以自我证明的前提，它们解释了那些具有相同文化背景的人，在不断重现的情景下，为什么仍能保持一致。"（Shibutani，1986）

文化也由一套共有的信仰组成。人们相信努力工作就能取得物质上的成功，或者好好读书就能找到一份好工作。当今美国社会有一种普遍信仰，就是婚姻能够带来圆满的生活，一旦事情不是这样，双方就应解除婚约。"自由市场体系是最有效的经济体系"早已成为美国文化中的一条重要信仰。我们也逐渐开始相信"一个好的政府不应该插足个人事务""生活在我们社会中的人们能够按照自己的意愿成长发展""社会中确实存在社会阶级,但人们很容易实现上下流动"。这些信仰也许并不是真的(这并不重要),但却可能是这个社会中很重要的信仰,并已成为社会文化的一部分。我们被灌输了这些信仰,而且大部分人也都接受了它们;这些共有的信仰影响着人们的行为,秩序与合作也就此变得容易起来。

马克思看透了文化的这些模式,他坚持认为:一个民族的规则、价值观和信仰是对现实的夸大。他写道,文化的大部分都是意识形态或观点,这些观点是为了捍卫社会的存在,包括维护它的权力和特权的不平等。意识形态并不只是由社会互动中的人们所创造,它更容易被社会中的权力阶层所创造和阐释。在马克思看来,文化将社会紧紧联系在一起,一些观点由权力阶层创造并为其服务,并被传播给人民大众。这些观点被赋予文化之名,但它们实则是意识形态。它们确实在努力维护社会的秩序,只因它们要捍卫已经存在的不平等。只要仔细审视文化我们就会发现:规则、价值观和信仰都是某种程度的夸大,旨在保护社会中的权力阶层,进而帮助维持社会秩序。

因此,文化意味着社会中的人们对许多重要事物(规则、价值观和信仰)达成了共识,而这一共识则促进了社会的延续。完美的共识遥不可及且并不那么让人渴望,但有些共识不但具有可行性,对社会也具有核心重要性。当然,也有一些个体并不赞同社会的主流文化,他们会和其他人互动,形成属于他们自己的文化;这一文化很可能与主流文化背道而驰,对后者构成严重挑战,进而削弱社会的重要纽带之一。通常,这会引发冲突和变化,随之出现一种新的主流文化,这种文化虽与旧时有所不同但又与其有着千丝万缕的联系。

社会结构

社会结构是让社会成为可能的另一个重要社会模式。随着人们持续不断地进行互动，他们之间就会建立起人际关系，他们通过自己与他人的关系来定位和排列自身并在互动中学习和扮演这些角色。结构通过人与人之间的关系来组织安排人们的行为。就像在文化中一样，人们都很清楚他人期望自己做什么。

一种社会结构就是一套通过互动呈现出来的定位（地位、社会位置）。人们根据自己与他人的关系来对号入座：他们可能是学生（相对老师来说），中产阶级的一员（相对上层阶级和工人阶级来说），男人（相对女人来说），前卫（相对其他球员来说），新员工（相对老员工来说），总统（相对副总统、秘书和普通民众来说）。社会上有许多不同定位，人们在他们已经进入或可能进入的位置上学习他们应该做的事；而这林林总总的各种定位也就从一片纷繁芜杂中创造出了社会秩序。社会学家最感兴趣的是性别结构、阶级结构、种族结构、政治结构、弱势群体－主流群体结构，以及企业结构（公司内部关系和公司之间的关系）。同样，社会学家也将社会结构的概念引入了家庭、帮派、城市、婚姻、友谊、商业和军队等领域。

定位非常重要，因为它们会带来角色、视角、身份和不平等。(1) 每个定位都有一个角色与之相伴。角色是他人对处在那个定位上的个体的行为所抱有的一整套期望。处在该定位上的个体会学着扮演那个角色：学前班老师经常会教导小朋友："这是护士阿姨该做的；这是爸爸该做的；这是小男生该做的；这是消防员叔叔该做的；这是医生该做的。"通过这种学习，孩子们就会知道处在这个定位上的人应该做什么；如果他们日后遇到或成了这样的一个人，他们就能知道他们应该期望什么和应该做什么。每个定位都会带来一个角色，如富人、女人、退休人员、父亲、朋友、学生和士兵等。(2) 定位会带来一种视角。视角是看待现实的一个角度，也即一个人会如何看待现实。一家商店里的老板、经理、售货员、收银员、会计、顾客——每个人都会从不同的定位去看待这家商店。(3) 定位会带来一种身份，一个他人会称呼我们的名字，一个我们自己称呼自己的名字，一个我们向他人介绍自己的名字。当我们成为老师、失业者或已婚者，我们的身份就会发生变化；我们看待自己和认同自己的方式也会随之发生变化。(4) 社会结构会通过赋予各种定位以权力、声望和特权，来给这些定位划分等级。一个人的等级可能会高于某些人而低于其他人。在军队这一社会结构中，将军比中士和二等兵拥有更多的权力、特权和声望；在我们的社会阶级结构中，上流社会比工人阶级拥有更多的权力、特权和声望。弱势群体比主流群体要弱势得多。贫困则意味着无权、无名、无势。

结构将人分为三六九等。结构将人分布在整个社会中；人们学习恰当的行为和思维方式，学习了解自身，学习如何让自身行为适应整个复杂的系统。人们被组织起来，劳动被分工，不平等得以建立。人们学习如何与不同定位的人合作行动；他们不断受到周围人的影响，并根据自身定位来学习思考自己和他人。

这并不是说人们拥有的定位就是他们应得的或争取来的。定位的获得建立在出身、互动、才智、外貌、邻里、教育或运气之上，这些因素的相对重要性取决于结构开放（个体可以根据他们的个人成就上下移动）的程度。事实上，不论结构开放程度如何，大多数人的聪明才智都会被浪费，一些人则会继承那些他们并没有资格获得的定位；所以这一系统非但没有解决社会问题，反而激起人们的愤怒，让他们感到这一定位有多么不公。但即便如此，通过让控制、社会化和合作变得更加系统且更加完善，社会结构也有助于社会的持续存在。

结构还会通过另一种方式协助社会的存在和延续。它会在行动者之间建立一种相互依赖，进而创造出一种对整体的忠诚。每种定位都互为支持。涂尔干很好地描述了这一过程：当我们每个人都在所处的不同定位上做出别人期望我们做的事情后，别人就会对我们产生依赖；当对方处在他们的定位上，我们与他们打过交道后，我们也会对他们产生依赖。比如，我在穆尔黑德当教授时就依赖于我的学生、学校的校长、州的立法机构；而他们也需要我来教社会学。同样，我的娱乐生活也依赖于法戈－穆尔黑德交响乐团的音乐家们，依赖于明尼苏达维京队的球员们，依赖于美国国家公共广播电台的主持人们；我的日常所需则依赖于霍恩巴契杂货店的店员们和沃尔格林药店的药剂师们；我还依赖警察局和法院的工作人员来保护我和我的家庭。这种服务交换（相互依赖）将我们紧密地联系在一起，让每个个体都清楚地意识到他或她在整个组织（包括社会）中所处的位置。

由这种相互依赖出发，进而就会发展出一种对更高层的社会道德感的认同，如果我们的共同服务想要持续存在，这一道德感就必须广泛传播。这样一来，一种共同的道德感就会产生一种与一个道德共同体（社会）的联系。涂尔干写道，"劳动分工"（这里我称之为社会结构）平衡了个体的自我利益与更高系统的规则："我们可以说，道德就是……让人克服自身的利己主义，迫使人们将他人考虑在内并规范自身行为。这些联系（不同定位相互依赖）越是为数众多，越是强悍有力，道德感就会变得越发牢固。"

结构（关系、定位）与文化（一致的规则、信仰、价值观）相伴而行，互相作用，壮大彼此：两者都有助于控制个体，促进个体间的合作和相互依赖，维持社会秩序；两者都是社会结构；两者都是通过社会互动逐渐发展起来的；两者都对社会和每个组织的持续存在必不可少。

社会制度

社会制度是社会结构和文化之外的一整套社会模式。社会之所以能长时间存在的原因是，人们找到了与不断发展的环境打交道的方法。随着时间推移，这些方法逐渐被人接受和内化，再经过长一点的时间就会经由社会制度得到确立、法律化和执行。每一个长时间存在的组织都会建立起属于它自己的社会制度。制度这一术语意味着，一个行为是受到尊敬的、适时的、重要的和具有指导性的。资本主义和自由选举就是制度的典型例子。超市有电脑结算和提取货物的编号箱，家庭有星期五晚餐和圣诞前夜的欢庆会。所有这些都是制度，都是人们行事的惯例。它们有时也会变成仪式，变得神圣起来；它们是一些模式，能让组织内部的行为在时间的不断流逝中依然顺畅运转。

一个社会想要维持正常运转，就必须找到一些方法来生产货物并让货物流通起来、约束有争议的行为、让年轻人融入社会、规范性行为、防御自身、与其他社会进行商业往来、鼓励所有必需的角色发挥作用、开发合适的交流途径。社会也必须满足个体成员的最低需求。但到底必须满足哪些具体功能才能让社会持续存在呢？关于这个问题，社会学家也是一直争论不休。虽然迄今尚无定论，但所有人都承认，每个社会都会发展出一套自己的运作方式，一旦出现问题，它们都会试着去解决这些基本的问题。

社会制度是让社会成为可能的第三套社会模式。理解制度的最好办法之一就是列举大量事例。

制度将个体社会化 我们怎样才能创造出接受社会方式自愿努力工作的个体？我们怎样才能创造出在历史上这个特定时期，在我们的社会中能够正确地理解事物并能运用正确的技巧进行工作的个体？这并不是一个自然形成的过程，因为历史上的每个社会和每个时期都是不一样的，因为每个新问题的出现都需要新的解决办法。我们在不断建立和学习我们的制度。我将制度视为一个滴水的水龙头，随着时间推移，水滴就会在下方的石头上逐渐形成一个水槽。制度也是这样慢慢形成的，它们随着时间一点一滴地建立起来，形成一个深深的水槽，让水能够一直流过。

在很长一段时间里，美国逐步建立起了如公立学校、夜校、分数、执照和终身教师学习制等制度。教育囊括了方方面面，如幼儿园、小学、全日制中学、两年制学院、四年制大学、继续教育、职业教育、公立和私立学校、在线学习，以及高中的公民教育。宗教制度通过主日学校和神学院让其成员社会化；电视、日报、周刊等媒体制度也在努力配合社会化的进程。这些制度的存在有其历史必然性——随着时间流逝，它们在我们的社会中发展起来，帮助社会持续存在，将我们的社会与其他社会区别开来。社会变化也会影响事物的兴衰：书籍、图书馆和报纸等制度正在变得越来越不重要；电脑则迅速变成一个首要的制度，因特网、谷歌等搜索引擎、在线学校，都正在逐步成为占据主导地位的社会化制度。

通过社会化，我们与他人的合作变得越来越容易；社会规则变成我们自己的规则，因为我们已经把它们内化了。社会化的终极意思就是我们根据社会规则锻炼出一套自我控制能力，然后参与到各种合作中。为了达成这一目标，所有社会都会制定出各种制度，首先从家庭开始，然后延伸到教育、宗教、媒体、军事乃至经济和政治领域。

制度将个体统一起来　社会必须考虑的另一个问题就是统一。我们怎样才能把个体集合成一个统一的民族？我们怎样才能让个体忠诚于彼此，忠诚于社会？我们怎样才能建立起那些对个体来说具有重要性的长久的社会关系？哪种制度能够满足上述这些需求？或者换种问法，哪种制度的功能是把社会里的人们统一在一起？

某种程度上，公立学校和家庭能够起到把人们统一起来的作用。法律、法庭和监狱系统同样能够做到这一点：它们都是鼓励人们遵守得到社会认可的行为，惩罚违反社会认可的行为。政治领导人、公共交通（汽车）和现代通信（手机）能把我们聚到一起。志愿者组织能把我们聚到一起。规模小一点的组织，如政党、红十字会、救世军、公众电台和电视、基督教会和犹太人集会，也能把我们统一在一起。拉斯维加斯、邮轮、球队和电影产业同样能起到这一作用。

其他制度　社会还有许多需求和问题亟待解决，所以它们往往会发展出各种不同的制度。除了社会化和统一，一个社会还必须有制度来使它成功地适应它的物质环境和社会环境，去朝着目标协同发展，并要保证它的个体对生活相对满意。因此，所有社会都制定有各种政治、经济、宗教、法律、军事、家庭、教育、医疗及娱乐制度，就是为了保证能够成功地满足各类需求。政府为此必须做出种种努力，以便能够有效地达成其社会目标。为了维持对社会的控制，它必须裁决争端，推行规则，并要发展与其他社会之间的关系。对那些无法自理的人，它必须提供援助。社会的经济制度必须能够有效地生产和流通货物；法律制度必须能够调控人们的活动和解决争端；宗教、教育和家庭制度则必须能够帮助个体维持他们对生活的满足感。社会之所以能够顺利运转，部分原因就在于它有如此这般的制度且这些制度运作良好。

制度都是镶嵌在组织中并由组织运用权力来进行捍卫。社会制度作为中流砥柱通常都拥有漫长的历史。但随着时间推移，制度也可能会被推翻和改变。公立教育正在逐渐去制度化；女性在军队中正在扮演越来越多的角色；在美国的好几个州，针对同性恋，婚姻制度也发生了改变；皇室在许多社会中都已失去权势，独裁者越来越多地遭到人民的挑战；单身和未婚同居已经被人接受；纸质书正在被 iPad 和 Kindle 取代；本地的报纸对我们获取新闻也不再重要，全国性报纸和电视正在取代它们。大家不妨想想：图书馆的未来会怎样？大学的未来会怎样？家庭的未来又会怎样？

自愿的忠诚让社会成为可能

关于社会的几乎每个定义都会以对情感和忠诚的重要性的认同收尾。社会存在的部分原因就是人们对它有积极的感受。社会学家用各种词汇来描述身在一个组织中的归属感。一种积极的情感表达所起的作用，跟文化、结构和制度一样大。制度虽然会有惩罚，但它也会鼓励人们做出贡献。

比如，韦伯强调权威的重要性：权威意味着顺从法律的权力。每个领导人都会追求自身权力的合法性。为什么？因为这样能够让人们更有效地接受领导的命令。文化的产物是一致、共识、接受。涂尔干用团结来强调那些神圣的表征，如旗帜、领袖、圣经、《独立宣言》。对涂尔干来说，社会化的目的就是鼓励民众接受这个社会的道德观。没有共同的道德观，社会也就不复存在。德国社会学家滕尼斯

(1855—1936)描述了两种建立在不同类型的忠诚感之上的社会。在更加传统的社会里,忠诚建立在一种"社区情感"之上,这是一种情感纽带,个体能够感受到他或她是一个更大群体的一部分。一种"我们"的感觉普遍流行,人们相信我的努力对我们来说很重要。在德语中,这被称为"社区"(*Gemeinschaft*)。滕尼斯所描述的和库利(Cooley,1902)在描述原始群体中个体的情感时所提到的"我们"的情感几乎一模一样。许多帮派成员都有这种强烈的忠诚感,一些小的宗教、教育和政治群体中也有这种强烈的情感。社会和国家都试图鼓励人们的忠诚感和民族主义:"我的国家对我来说非常重要,我属于其中一部分,我会保卫她远离所有敌人的侵扰。我作为一个人的重要性,有部分原因就是因为我属于她。""9·11"恐怖袭击就印证了这一点,整个社会迅速迸发出一种强烈的忠诚感;虽然人们仍然能够感受到美国社会中的分歧和冲突,但人们最终认同的是一个社会和一个国家,并且是一个人们创造的好的社会和好的国家。

上述例子印证了:一个组织之所以能够正常运作,部分原因就是人们对该组织的认同。情感因素非常重要,人们能切实感受到自身的归属;他们愿对组织表示忠诚,是组织赋予他们可以信赖的身份。领导他们的人被认为是合法的,人们自愿接受他们的领导。人们愿意调控自己的生活从而为整体服务。个体为了与他人合作,不惜牺牲自身利益和愿望。是自愿的精神,而不是武力,保障了组织的持续存在。

当然,社会的存在并不单靠每个人积极的忠诚感,它还需要一种广泛存在的归属感。如果一个社会的领导者要靠动用武力来让其治下人民臣服,那么结局只会是低能无效、民怨震天、社会动荡。你可以想想那些监狱、被怨恨的阶级、独裁制的社会以及充满暴力的家庭。有时,忠诚感也会建立在"有条件的忠诚"之上。这种忠诚感包含的情感较少，而更多包含的是理性和想法："我忠诚于某些原则。我的社会是很重要，但我作为个体的需求同样重要。""只要社会能够满足我的需求，我就会效忠于它。"

几乎所有人都面临的一个冲突是：一方面是个人主义和自由，另一方面则是对一个更大整体的忠诚。在这种情况下，我们应该保留多少个人主义和自由？如果一个社会里的人们不愿对社区表示忠诚并拒绝遵守社会模式，他们还能拥有多少自由？如果没人忠诚于整体，还会有自由存在吗？如果我们忠诚于整体，我们还能继续追逐我们的梦想，发展我们自己的观点和道德吗？在什么情况下，我们必须为了组织牺牲个人主义和自由？我们的生活依赖于组织，所以我们需要对组织表达忠诚，但与此同时我们也能追求自由吗？多大程度上的自由？多大程度上的社会？对社会需要多少情感忠诚？情感忠诚和理性忠诚各占多少比例？对于这些问题，永远都不存在现成答案。这一平衡有赖于具体每一个社会、每一段历史，以及每一个需要解决的问题。

如果人们爱好民主，大家就可以做到既保持个人主义又具有组织性。如果个体具有强烈的个人主义，疏离孤僻，恐惧害怕，或者找不到活着的意义，他或她就可以寻求组织的帮助来主导自己的生活。

悲剧的发生，如新奥尔良州的大洪水或亚利桑那州国会女议员吉福兹枪击案，往往会激起人们对社会的忠诚感；各种国家的象征物，如国旗、总统、国歌和"上帝保佑美国"，都能起到这个目的。不幸的是，找人替罪、发动战争、虚假宣传、惩戒"局外人"，同样能暂时激发忠诚感。各种仪式也能帮助把人们集合在一个社会里，把他们统一起来，让他们感受到归属感。仪式这一行为的目的并不纯粹是工具性的（以目标为驱动），而是也会在成员之间交流一些能象征"整体"的东西。仪式是一种社会行为，旨在把人与人、人与过去联系起来。包括仪式在内的各种制度都在重申、强化并鼓励对社会的忠诚。每年的珍珠港纪念日、"9·11"纪念日、美国革命纪念日、美国历史上重要英雄和总统的生辰纪念日，全都服务于这一目的。

情感的忠诚、有条件的忠诚、文化和协作、共识、成功满足人们需求的制度，以及合法权威，所有这些因素合力促成人们自愿接受社会和其他组织并确保它们持续存在。

冲突和变化帮助维持社会

忠诚和秩序有可能会被夸大，顺从和遵守也可能会被过分强调，社会学家通常都是把社会看成一块坚硬的磐石，难以撼动。

社会源自变化；反过来，变化则源自社会冲突。变化与冲突无时无刻不存在于每个社会中。奥尔森（Olsen，1978）将社会组织描述成一个"过程"，认为它是一个处于不断变化的过程中的事物。齐美尔则强调指出，在每个社会组织，大至社会，小至群体，甚至包括只有两个人的人际关系中，社会冲突都是不可避免的。与其把冲突和变化视作消极影响，不如将其视为对组织来说必需和积极的因素。

实际上，冲突可以分为积极冲突和消极冲突两种。但因大多数人都只意识到消极冲突，所以我们经常会感到害怕和犯错。消极冲突意味着生气、伤害的欲望或摧毁异己者，对组织的相关事务只追求必需点而遗忘了不同点。积极冲突则指冲突各方都为自己一方或自己的观点而努力。积极冲突是良性竞争，是理性探讨，是讨价还价，是感情和价值观的表达。它的目的或结果是帮助社会中的组织和个体。革命试图摧毁现存社会，因此可以说它是一种消极冲突；但对在革命中获胜的一方来说,这个结果当然是不错的。所以冲突应被视为一个发现、探讨和解决社会问题的机会。

19世纪早期出现的奴隶制,对正在成长中的民主社会来说是一个重要问题。内战前,整个社会中关于这个问题就存在巨大的冲突。奴隶主和来自奴隶州的领导者坚持他们的提案,主张废奴者和自由州的领导者也是一样。奴隶制这一矛盾变得越来越无法调和和被忽视。联邦政府试图妥协,决定让两边的州都进入政府立法部门同时保持数量平衡,以此来拖延解决奴隶制问题。但这样一来,特别是当各州的权利和国家的权利面对面时,冲突就会变得更直接也更严重;随着林肯当选总统,暴力冲突演变成美国历史上最具破坏力的一场战争。在这场破坏性的冲突里,获胜一方废除了奴隶制。然而,内战结束后,冲突依然存在。双方都未完全得到其所想要的,但变革则确实发生了。美国的黑人社会成为一个被深深隔离的社会,它的贫困和冲突持续了整个20世纪并一直延续到21世纪。冲突(时而和平,时而暴力)促使许多人坚持不懈地努力去解决美国的种族压迫问题。

没有冲突,也就几乎不会有变革;正是冲突的存在才带来了变革。我们有种种理由相信这一过程还会持续相当长时间。事实上,冲突在社会中处处可见:穷人与富人、城里人与农村人、男人与女人、雇主与雇员、老年人与年轻人、老师与学生、终身教授与非终身教授、提倡堕胎的群体与反对堕胎的群体、执政党与在野党、环保主义者与实业家等。"茶叶党"提出和强调了社会中的其他一些问题,继而引起了更多的挑战、更多的冲突和社会彻底的变革。现代与传统、宗教与世俗、工作外包与留在本土,它们之间的种种冲突仍将继续存在。没有人知道冲突和变革未来会走向何处,但我们却完全可以确信,它们不会消失,因为社会不会停步。

民主社会在许多方面都要优于非民主社会，因为它比后者更鼓励公开的冲突和非暴力的冲突，并且它所遇到的问题往往也能更理性且更和平地得到发现和解决。

| 小　结 |

社会的存在得益于社会互动，没有互动也就没有社会。社会互动意味着人们在心智中互相活动。社会互动是符号性的，人们通过互动交流来了解彼此，并就他们所生活的世界进行各方面的分享。

随着时间推移，人们在互动中创造了社会模式：文化、社会结构和制度。文化把人们紧密联系在一起，因为他们在信仰、价值观和规则等重要事情上达成了一致。社会结构把人们分布在社会中，安置他们，控制他们，教导他们每个人如何根据与他人的关系来采取行动、相互依赖、促进合作。当我们在社会结构中找到定位时，我们就会被告知我们每个人都有自己的角色、身份、视角、权力、特权和声望。社会因此才能存在，社会秩序和合作也因此才能得以建立。

制度的发展是为了解决社会问题：制度让人社会化，社会得以统一，人们得到赏罚，货物得到生产和流通，目标得以确立并会努力去实现，人们得到保护。

社会得以存在的另一个原因是人们对组织的忠诚感。他们能感到有所归属；他们相信制度在起作用；他们愿意服从那些有权力的人，因为他们认为那些人是合法的领袖。最后，社会的存在是因为冲突和变革。人们解决问题而不是忽视问题，人们构想出创造性的解决办法，而不是一再去尝试旧有的解决办法。

我们生活的世界复杂多变,所以有时也就很难决断我们的社会或其他社会到底有哪里不对。仔细审视世界:你能找到符号互动、文化、社会结构和社会制度的各种例子。你能看到将人们联系在一起的各种努力和人们如何发展出对组织的积极情感,你还能找出各种人际关系、群体、正式组织、社区和社会;你将会看到社会冲突和社会不断演化出新的模式和新的问题。对你来说,这是一个好的开端,有助于你解开本课之谜:社会是怎样成为可能的?

思考题

(1) 美国到底是一个社会还是很多个社会?

(2) 如果一个社会的价值观之一是多样化,它如何成为可能?如果鼓励移民,它是否还有可能?如果民众的文化极其不同,它还有可能吗?

(3) 什么是社会隔离?隔离是怎样破坏社会的?

(4) 如果不是文化和协作将社会凝聚在一起,那会是什么?

(5) 社会冲突的角色是什么?冲突对社会的存在是必需的吗?冲突对社会的存在是破坏性的吗?

(6) 社会是一个合作的秩序,还是一个冲突不断的角斗场?

(7) 选择一个能够让你产生忠诚感的对象:人际关系、群体、正式组织、社区和社会。你会如何区别情感忠诚和理性忠诚?

(8) 一个经验老到的警察会怎样回答这个问题:"社会是怎样成为可能的?"

[第四课]

社会中的人为什么不平等？

社会不平等的起源和持久化

18世纪末期的法国大革命带来了追求自由、平等和博爱的呼声。革命的目标是要摧毁横亘于皇室、高级神职人员、贵族和老百姓之间的巨大鸿沟。催生这一革命的想法来自一场名为启蒙运动的文化革命。正是启蒙运动哲学家意识到不公平源自社会不平等并教育大众：社会本可更公平。他们对如此严重的不平等竟能蔓延整个欧洲，甚至还会有人提出理论来解释它的貌似不可避免性吃惊不已。除此之外，启蒙运动哲学家还达成了如下共识：是社会本身的性质造就了不平等，而政府存在的目的之一就是要限制这种不平等。社会学家一致认为，社会自身很容易滋生不平等，忽视它会造成严重后果。长久以来社会学的一个目标就是，努力以某种方式与社会不平等和平共处，并就它产生的原因寻求共识。

我们与他人之间的每一次互动都会产生这样或那样的不平等。比如，个人特质常会成为我们之间不平等的根源：我们长相各异、聪慧有别、内敛外放、灵巧钝拙、甚至气场迥异。一旦这些特质变得重要起来，不平等就会随之出现。当我们更多地关注自身的这些社会特质时，我们就会发现还有许多人比我们更富有、更成功、更友善。从出生之日起我们就置身于社会、家庭和许多其他组织中，与成长相伴随的是，我们发现在自身所处的每一个群体和组织中我们都处于不平等的位置上。我们很难摆脱不平等和对它的感知。

美国社会一直以她的民主理想为荣，因为它"为所有人都提供了平等的机会"。但诚实地说，我们并不能忽视那些长久存在的巨大的不平等，它们的存在甚至让我们无法信奉那一民主理想。依据美国人口普查局公布的数字，2005年，最富有的20%的人口占据50.34%的总收入（税后为47.28%）；相比之下，最贫困的20%的人口只占据总收入的3.42%。前40%人口的收入占据总收入的73.37%（后60%的人口只占26.63%）。现如今，由于美国社会中交织起作用的各种力量，富人的收入增速要远远超过其他人群。

总资产（非收入）很难衡量，但有一种公认看法是，这一领域的不平等要大大超过收入领域。2007年，美国最富有的1%的家庭拥有社会总资产的34.6%，美国最不富有的80%的家庭只拥有15%的总资产（Domhoff, 2010）。2007年，中游家庭的净资产分别是：白人家庭143 600美元，黑人家庭9 300美元，拉丁裔家庭9 100美元。11.3%的白人家庭没有任何净资产。黑人家庭的这一比例为34.1%，拉丁裔家庭则为33.5%（Wolff, 2010）。

社会学家所做的大部分工作就是理解并记录各种类型的不平等。这一难度不容低估。韦伯写道，社会中的不平等体现在三种秩序或者也可说是三个领域上：经济秩序、社会秩序和政治秩序。我们或许还可称之为阶级（经济秩序）；种族、职业、教育、性别及少数族群（社会秩序）；和政治地位（政治秩序）。社会学家还进一步指出，在每一个团队、正式组织和社区里，我们所处的地位都是不平等的。更有甚者，就是在一个小团体里的交际或与他人互动，都会或多或少地将我们置于非正式的不平等地位上；在团队里，有领导，有追随者，甚至还有替罪羊。这一情况也出现在组织中。公司的管理机制与工会比较起来，多少都会有所不同；哈佛大学和斯坦福大学光是名气——有时这也是一种权力——就盖过了大多数其他大学；全美步枪协会、美国医学协会、全美制造商协会都在各自领域拥有话语权；各个政党贫富悬殊；有的教会周转困难，有的教会则富甲一方。

那么，不平等缘何会存在？大多数人思考的出发点都是人性、生物构造的复杂程度、超自然力量，乃至自由市场体制，但社会学家却是透过我们社会生活的现象看到了本质。想要理解社会中人与人之间的不平等，就要了解社会组织本身，要将社会不平等当成社会的核心特质来看待，要将交织作用的各种社会力量当成是人类生活中不可避免的部分。社会学家通常会考虑两个问题：(1) 不平等出现的原因，(2) 不平等如何得以持续——为何不平等一旦出现就会在社会中扎下根？为什么难以限制它的发展？为什么难以改变它的重要性？

社会学强调社会结构的重要性：社会组织创造了社会结构，社会结构则创造了不平等。社会结构本就是一种包含不平等层级的模式，所以不管它如何发展，这种根深蒂固的不平等都是存在的。社会学家一致认为，只要人在社会中存活一天，不平等就会存在一天。马克思曾梦想并预言未来会有一个平等的世界，但是就连他也不得不承认，这一切只有在社会和社会模式烟消云散之后才会实现。

为什么不平等会出现？

答案就是每个组织中社会结构的发展，如社会、社区、正式组织、团体和大多数人际关系。社会结构的进程是无法阻挡的并且几乎都是不平等的。为什么？原因不外乎以下四点：(1) 劳动分工（经济、寡头政治、官僚主义、社会分层），(2) 社会冲突（得势者和失势者），(3) 私有财产制度和聚集财富的能力，(4) 权力、声望和特权的相互作用。

劳动分工与社会不平等

值得注意的一点是，几乎所有社会学家在解释不平等时都会引入"劳动分工"这一概念。社会中的人原本都是一样的，只因个人特质不同才造成了不平等，如智力、外貌、教育和性格。然而，组织的出现颠覆了这一切；随着组织的发展，人与人之间出现了分化。中世纪西方社会中有奴隶、奴隶主、地主、演员、宗教领袖、男人、女人、商人、农民、教皇、主教、贵族、诸侯、骑士、士兵、将军、艺术家、木匠、农奴，等等。18 世纪和 19 世纪，随着城镇化和工业化的发展，大量不同的劳动分工一涌而出。组织看似一直都在，劳动分工亦貌似如此，像男人女人、领导者、牧师、追随者和拥护者本身就是社区和社会里分工的一种体现。小城镇和部落有简单的劳动分工，大城市则要复杂得多，劳动分工被细化为许多不同类别；伴随着这种劳动分工，不平等也就出现了。

劳动分工：经济因素与不平等　马克思一直关注经济上的劳动分工。工作、回报和额外财富都会造成不平等。女人、男人和孩子各司其职。后来随着更大的组织部落和小型社区的发展，个人和家庭都因他们在组织中所处的不同地位而获得不同的回报。当一个社会需要专人来狩猎、耕种或进行贸易时，从事这些活动的个人也就成了劳动分工的一部分。马克思着力强调了劳动分工的重要性，特别是在需要一些人来管理他人时，如奴隶主和奴隶、地主和农奴、资本家和工人。马克思相信，在资本主义社会，资本家会变得越来越富有，最后甚至能"拥有"他或她的工人。资本家永远都会剥削工人，把他们踩在脚下，以他们为垫脚石，变得越来越富有，越来越强大。这一过程一旦在社会上铺开，再想阻止它就不那么容易了：组织、劳动分工、所有权和不平等的制度就此建立起来。

劳动分工：寡头政治铁律与不平等　马克思主要关注经济上的劳动分工，事实上它还可以扩展到其他一些领域。在家庭、朋友圈、生意场、学校、政府、教会和军队里，处处可见劳动分工和不平等——

凡有组织存在之处就会有不平等。领导者和追随者之间的界限一旦划出，我们就不难发现劳动分工即存在于此。随着一个组织不断壮大和高深精尖（功能的分化），一些人（"领导"）挺身而出，他们确保事情可以顺利进行，掌管每日决策，维护组织正常运转。在各个组织互相打交道时，为了代表自身利益，这样的人才确实是必需的。活动的协调和目标的顺利达成都有赖这样的一个或一群领导。一旦领导地位得到确立，劳动分工也就形成，劳动分工就是一种不平等的制度。

为什么劳动分工必然会带来不平等？米歇尔斯（Michels，1876—1936）相信这一过程是不可避免的，他这样解释道：在任何一个组织中，一旦选择了一个领导（怎样选择的并不重要），那个位置所拥有的权力就会赋予该领导超过其他人的优势。事实上，领导权通常都会集中在一小撮个体身上，米歇尔斯称其为精英。领导权的定位赋予这些精英巨大的优势，他们能够获取关于组织更多的信息、日常做决定的权力、控制组织中其他人的知情权。随着时间推移，这群精英就将他们自身与组织里的其他人区分开来，并会有意识地去制造能够保住他们所处位置的方法。没有领导权的那些人最终则变得越来越无力去批评领导——也越来越无意这样去做。任何日后进入这些高层的人都将进入这些本质上更有权力的位置。米歇尔斯关于组织中平等可能性的悲观言论被称为寡头政治铁律，即，不管组织出现在什么地方，总是会有少数人垄断权力，其他人则没有权力。当我们说到"组织"时，其实就是指少数人统治，无论我们称呼这一统治是民主还是独裁。最后，劳动分工本身就意味着权力上的不平等。

劳动分工：有意识地创造社会结构与不平等　一个社会中往往会存在上百个组织（各种社区、正式组织和群体），几乎所有这些组织都在有意识地制造不平等的体系。超市、学校、医院、俱乐部、城市、乡镇、工厂、警察局、牙医诊所、监狱——所有这些都展现了组织如何被定位在一个业已建立的结构中并从下往上排序。只要有一家公司开张，不平等的职位就会被建立起来，人们受雇于下面这些职位：董事长、首席执行长官（CEO）、副主席、人事经理等。此外还有更多的职位，如市长、总统、副总统、联邦法官、州立法官、市级法官，也都是等待填补的定位。每一个已经存在的组织都会创造出诸多定位，并会针对这些定位按照权力、声望和特权进行排序。"组织"这个词告诉我们，这些不同定位之间的合作会被命名和排序。

许多个世纪以来，这些组织都是传统的。责任、权利、权力、声望和特权都由传统决定。社区的首领由血缘或家庭决定，其他位置的指派则由忠诚的友谊和感情（而非客观条件）来决定；依照传统，领袖对其自身行为拥有充分的裁量权，甚至是在现代社会，有些群体仍然保留了这一传统，如家庭、皇族、部落、小群体或街头帮派。传统组织通常规模较小，不拘泥于形式主义。

现代社会压制了传统，大力发展了"法律－理性"的定位。在既定的规则和法律中，权利、责任、权力、特权和声望都得到明确界定，个体按照自身资格得到选派和晋升。组织变得理性，便利于人们在高效高能的结构中进行工作。因此，理性组织的目的就是为了创造不平等、建立权威和控制工人。

韦伯将现代社会描述为官僚制社会。这些结构中的定位都被正式提出，并会根据它们的资格和责任进行排列。官僚制削弱了出身和血缘带来的不平等。组织里非正式的、传统的和情感的因素都被尽可能地替换掉，以便组织能够变得客观、有效且高效。韦伯知道这种官僚组织往往都达不到它的既定目标，但他相信，人们会发现高效率和理性化的不平等体系的重要性。对韦伯来说，这一趋势存在于所有现代社会中。不论何时我们进入组织,这种官僚权威结构都会存在,我们必须按照该结构中的正式定位对号入座并知晓我们的责权利。不管是传统组织还是理性组织,它们都会带来有意识的社会不平等,这些不平等都是由人们创造出来用于组织和控制其他人的。社会、社区、正式组织和大多数群体,这些结构都拥有法律、更正式的规则、明确的定位和资格要求。时间一长,我们的目标也就逐渐变成以有效、高效、客观和理性的方式来做事。

几乎每位古典社会学家都强调了劳动分工在创造不平等的过程中所具有的重要性。为组织而建立起来的经济不平等、米歇尔斯的组织动力学(寡头政治铁律)和结构,它们都造成了不平等。

劳动分工:社会分层与不平等 随着时间推移,传统在社会中得到建立;阶级系统被创造出来,各种不同的社会和政治结构也被确立下来。由于不平等已经相对永久地存在于社会中,所以有时这一过程也被称为分层。这些分层就是排序(或高或低),它们一旦被创立出来就会借助出身和家庭流传下去。

其中一种阶级结构以经济特征为基础,它根据经济收入来排列高低层级。根据经济来源的重要性,每个社会学家都有一张自己的分级列表,如"统治阶级""上层阶级""中产阶级"。经济权力的基础可能是财富或收入、财产或职业。贝鲁奇和威索(Perrucci and Wysong,1999)将美国社会分为特权阶级(占总人口的20%)和"新兴劳动阶级"(80%)。他们还进一步把这两个阶级细分如下:(1)超级阶级——企业家和雇主,占社会的1%~2%;(2)权威阶级——中级和高级经理、CEO,13%~15%;(3)专业人士——高技术高收入职业,4%~5%;(4)舒适阶级——护士、教师、熟练建筑工、小企业主,10%;(5)工薪阶级,50%;(6)自己当老板,无雇佣员工,

3%～4%；（7）外围阶级——不固定的劳动力，10%～15%。贝鲁奇和威索对阶级百分比的划分，是在经济衰退之前做出的；如今只有三个阶层继续存在，其他阶层都有些摇摇欲坠，收入状况大不如前。阶级划分其实是很有必要的：定位能带来权力、特权、声望、身份、视角和角色（生活方式）。

第二种阶级结构是社会的：社会分层中的各个阶层都拥有社会资本。这些阶层建立在人们的性别、种族、性取向、教育、职业、宗教、年龄和其他许多因素之上。与经济特质不同，社会资本相当重要，其中你是谁尤为关键。

主导的	男性	异性恋	白人
次要的	女性	同性恋	黑人

社会排名非常重要：定位会影响权力、特权、声望、身份、视角和角色（生活方式）。

第三种阶级结构是政治的。社会分层里也存在政治阶层。例如：

公 民	主要党派	联邦政府	总 统	参议院多数党
外来移民	少数党派	州长	顾问	委员会首脑
移民	第三党	市长	内阁	资深参议员
				新任参议员

政治排名非常重要：定位会影响权力、特权、声望、身份、视角和角色（生活方式）。有几种方法可以区分社会分层。社会学家最感兴趣的是阶级、性别、种族、企业、联邦政府和国防建设。

劳动分工是在大多数社会中建立不平等的关键因素。经济、寡头政治、官僚体制和分层（阶级分层、社会分层和政治分层）都在催生不平等。但问题并不只在劳动分工上，下面我们就来看看其他原因。

社会冲突与社会不平等

冲突意味着行动者彼此之间就他们所看重的事物进行争斗。凡有争斗出现之处，就会有赢有输，又或者是，在大多数情况下，有些人可以更多地得到他们想要的东西。一旦出现短缺状况，冲突就会发生：因为东西不够人手一份，没有人能够得到他或她所想要的。如果有人垄断了社会中有价值的东西，其他人望尘莫及，同样会引发冲突。不管是在哪种情况下，只要有人聚集了有价值的财产而其他人则一无所获，结局就会是短缺和不平等的分配。

理解权力的角色可以最好地解释冲突中的胜利。胜出一方必然比其反对者拥有更多权力，从而能在这场互动中获胜。这种权力也有可能是个人的（比如，基于他们的智慧、力量、魅力、武器或财富）。但在更多情况下，冲突双方都是组织、群体或社会，它们通过各自的优势权力获胜（如更高的效率、更多的人口、成员更强烈的忠诚、更先进的技术、更卓越的领导、数量更多的武器或更雄厚的财力）。

当一些人在冲突中获胜后，他们就能比其对手更好地达成目标。通常，他们会在胜利的基础上巩固自身优势进而获得更大的权力。最终，这些获胜者就创造了一个不平等的体系；在这一社会结构中，他们处于最顶层，文化和制度都被用来保护他们。这一不平等体系可以帮助他们（以及他们的群体和子孙后代）继续占据这一优势定位。由此胜利被制度化，即它们会按照社会运转的方式得以确立。胜利者创造了一个能够保障他们后续胜利的体系。

在人类历史上，由于男人获得了更高的定位，所以男人与女人之间的冲突也就可想而知。当欧洲人来到美洲大陆后，印第安人被战争和疾病摧毁并被赶入保留地，于是一个不平等体系就在美国建立起来。

企业家与力图保护工人的工会斗争，他们之间的冲突导致劳动效率下降。每个社会中都会有冲突，也都会有胜利者，它们的结果就是建立起种种不平等体系。

有三种冲突是必需的：第一，具有不同文化背景和身份认同的群体走到了一起；第二，对稀有资源的争夺或者是一个群体有机会剥削另一个群体（这两者都会引发冲突）；第三，一个群体比其他群体拥有更多权力，并能在冲突中成功地发挥作用。

社会冲突 ⟶ 一个群体的胜利 ⟶ 创造出一个不平等的体系 持久化该群体的优势地位

当然，这并不是说那些获胜者就一定是邪恶的和自私的（他们有时会如此有时却也未必），但可以肯定的是，大多数成功者都有动力去维护那个让他们成功的世界。

劳动分工、经济因素、组织中的寡头政治、有意识创造的结构、社会分层、社会冲突，是它们造就了不平等。除此之外还有一个诱因，那就是私有财产，即持有我们所赢得的一切这一权利。

私有财产的社会制度

权力、运气和能力会带来不断累积的财富和其他特权。如果可以平等分配有价值的东西（如特权），社会冲突就会大为减少，不平等也不会变得如此制度化和持久化。但马克思提醒我们：在私有财产制度存在的情况下，不可能做到平均分配物质产品。人们可以拥有他们能得到的一切，但人们不再只满足于其自身基本需求，他们逐渐渴求得到他人所拥有的特权和权力。对此法国思想家卢梭（Rousseau，1755）

有生动的描述:"谁第一个圈出一块土地,大言不惭地说'这是我的',并且找了些傻乎乎的人相信他的话,谁就是文明社会的真正奠基人。假如有人拔掉木桩、填平沟壑并向同伴大声呼喊:'不要忘了这片土地上的果实是属于大家的,这片土地不属于任何人!'这个人该使人类免去多少罪行、战争、杀害,免去多少苦难和恐怖啊!"

如果每个人都拥有每样事物,如果每个人对物质都享有和他人一样多的权利,不平等就会被淡化。但在绝大多数社会和其他社会组织里,私有财产都是存在的并被人珍视。胜出的人能够积累特权,如奴隶、土地和金钱等,这些东西通通变成他们的,其他人拥有的则要少得多。韦伯把这种特权称为生活机会,它们包括行为者因其在社会或社会组织里的定位所获得的一切好处,如收入、住房、办公空间、健康保障和教育机会。因此,我们在权力(我们实现自己意志的能力)和特权(我们得到的好处)方面也就变得不平等。

特权的不平等起源于劳动分工。雇主比雇员挣得多,医生比护士挣得多,摇滚明星比老师挣得多。为什么会这样?显然,在劳动分工中占据优势定位的人,处在能够增加他们自身特权最有利的位置上。工厂老板比其他人拥有更多权力(和更多机会)去增加他们在社会中所能获得的。那些占据次要优势定位的人要想增加他们的特权,只能是通过重新组织和从位居其上者那里多分得一杯羹。

劳动分工带来了特权的不平等分配。只有在市场中,劳动分工才能决定怎样的定位带来怎样的特权。总体来说,由于以下三个因素相互影响,不同的定位所拥有的特权也是不一样的:(1)对组织的重要性(最重要的位置能够得到最多的特权);(2)为得到这一定位人们所需接受的训练和付出的牺牲(训练越多且牺牲越大,特权也就越大);(3)符合这一定位的人才的稀缺性(符合这一定位的人越少,谋求这一定位的人越少，特权也就越大）。相反，不那么重要、对技能需求较少、竞争者众多的定位必然回报较少。诚然，定位需要有人来填充，但人们也要受之吸引才会来填充；而要使人们受到吸引，就必须抛出特权这一诱饵。但是，社会权力也掺杂其中：在组织内部的冲突中，拥有权力者能够增加其所拥有的特权。因而，像工会、有创新才能的企业家和那些拥有武力的人就能增加他们手里的特权。

权力/特权/声望与社会不平等

冲突、权力的使用、胜利和特权（私有财产）都会带来不平等。由于私有财产的存在，个体能够将他们积累的东西固化并逐步扩大。外科医生、摇滚明星和企业高管，由于在劳动分工和社会冲突中占据有利地位，所以他们挣的钱就比普通工人和护士等要多得多。随着特权被聚集在一小撮个体手里，这些人也就拥有了更多的权力。财富代表权力和特权；财富越少，权力越小，进而也就越难获取自身利益，而且还经常会被剥削和解雇，甚至一贫如洗。他们没有特权，没有权力，他们所处的定位上几乎什么都没有。

权力与特权紧密相连：更多的权力能够带来更大的特权，更大的特权则能带来更多的权力。不平等体系永久存在，长久的优势会影响更多的特权，进而带来更多的权力……如此循环往复。

权力和特权会带来声望，反之，声望也会影响权力和特权。声望具有主观性，它是对所处定位的荣誉感和耻辱感。声望建立在他人的评价之上，什么更有价值：男性还是女性？白人还是非白人？富人还是穷人？专业人士还是蓝领工人？总统秘书还是副总统秘书？天主教徒、新教徒、穆斯林还是无神论者？人们把最高的声望赋予高级主管，把无家可归者视为社会的耻辱。军官比士兵拥有更高的声望，富人与穷人之间也是同样道理。

权力、特权和声望，它们之间的不同在彼此的交互作用下建立了一个不平等的体系。这三者都来自劳动分工、社会分层、社会冲突和私有财产的权利，它们大部分时候都是紧密相连，所以在一个领域里具有的优势也会延伸至另一个领域。造成不平等的最后一个因素则是长时间的不平等的权力、特权和声望。

不平等为何能够延续下去？

不平等体系一旦建立起来，再想改变它就会变得相当困难。当然，它也会随着时间流逝发生细微变化，但它却会长时间存在。这一不平等偶尔也会受到人们的攻击，但在大多数情况下换来的都只是一纸承诺改变的空头支票。如果出现武力政变，一个独裁者被推翻，另一个高喊改革的独裁者上台，实际上什么都不会改变。有五大机制促成了这一稳定：(1) 权势阶级的努力，(2) 社会制度，(3) 文化，(4) 社会化，(5) 武力装备。下面我们就来对其逐一进行考察。

权势阶级的努力

马克思和米歇尔斯都解释了权势阶级是如何维护不平等体系的。位居高位者有资源来保护他们自己；失势者既很少有资源来保护自身，也无力改变这个践踏他们的体系。简言之，是社会权力将不平等永久化，拥有权力的人就是从这个不平等体系中获利最多的人。

马克思在其关于社会的理论中强调了这一点。他解释道,一旦人们拥有了生产方式,他们就会拥有很大的权力。他们会运用这种权力去保护自己的定位,去增加自己的财富。因而,一旦经济不平等建立起来,就会出现这样一种趋势:有钱人会变得更有钱,他们会有效地维护整个社会结构,以及他们在那一结构中的定位。

拥有生产方式的这个阶级被马克思称为"统治阶级"。对大企业的控制使他们能够控制人们的工作、人们生活的社区、制造的产品,并能制订出会影响到社会和世界的经济决策。控制意味着所做的任何重要决定都可能帮助有钱有权者。不过,马克思又进了一步:对生产方式的控制(经济权力)也会转化成其他类型的权力。经济权力会影响政府:政府执行的政策、选拔的人才、制定的法律,以及法律的实施。统治阶级会影响到媒体、学校和法庭等几乎是社会的每个部门。

事情为什么会是这样?简单说,成功影响社会前进的方向是每个人的利益所在;我想,你也想。但我会设法用跟你不一样的方式去影响它,比如,你想降低学费,我则想提高员工薪水。女权主义者、黑人、律师、工会和牧师等都有自己的提案,都想让自己的需求得到满足。有钱有势者也有其自身利益;他们与别人的不同之处就在于,他们能够动用更雄厚的资源来确保其自身利益得到切实的满足。所以尽管社会从未全如他们所愿,但大的趋势却仍是与他们的需求相一致。至此我们可以看出:不平等之所以会被持久化,是因为有钱有势者占据了最佳位置来确保他们的利益(保卫他们的财产和权力)在整个社会范围内都能得到满足。

与马克思的观点相同,米歇尔斯也认为拥有权力的人会尽力保护不平等体系。不过,他还强调了这一问题的政治一面;他对谁拥有生产方式不感兴趣,他感兴趣的是谁在领导社会。他提出了这样一个观点：任何组织的领导人都会逐渐地与组织中的其他人拉开距离。他们会找到一个能够守住他们的位置、继续推行他们的政策的立足点；他们会努力确保他们的位置都是他们的，不平等体系是为他们服务的。虽然也会进行民主选举，但只要他们盘踞了这个位置，他们就有强烈意愿将这些位置据为己有，而且他们还会推行与这一想法相一致的政策和目标。领导者最终会将支持自己的精英拉拢到一起，与其他人区别开。组织中的人倾向于信任他们，他们则对如何将有利于自己的体系持续下去变得越来越感兴趣。

在一定程度上，马克思和米歇尔斯的观点是一致的：那些拥有权力（经济权力和政治权力）的人的利益（维持已经存在的不平等）与其他人是不同的，而且他们所处的地位也能最好地影响社会为他们的利益服务。由此我们也就不难理解不平等为何会持续存在，因为这符合最有权力的阶级的利益，他们竭尽一切所能去维护这个对他们有利的体系，而他们拥有的权力则赐予他们这样去做的能力。

普遍存在的社会制度

这一由统治阶级控制的结果就是制度的建立，即在社会上持续合法做事的种种方式。正如上一课中所讲，制度就是确保社会持续存在及由此建立的不平等体系的一系列步骤。随着时间推移，比如说政治制度就会在社会中建立起来，它会制定法律，执行法律，解读法律。美国有相互独立的立法、执法和司法部门。其他一些社会则没有把这些权力分散开来。美国的政治系统是典型的两党制、总统选举团、联邦制、三权分立、文权高于军权。这就是我们的政治制度，我们处理政治事务的方式。我们也拥有各种经济制度，如跨国公司、联邦储备系统、股票、私有财产和私有企业。我们还有教育、宗教、医保、军事、亲属和娱乐等制度。美国社会能否正常运转就取决于它的这些制度。苏联失败的一个主要原因就是，它的制度无法解决它在1990年代初所面临的那些问题。

制度是为社会服务的。只要能够正常运作，社会就能继续存在下去；如果它们能够为了权力阶级的利益而运作，它们就会进一步得到巩固。一旦社会上出现不平等体系，普遍存在的制度的运作方式就会转向维护乃至增强这一不平等。这一现象在其他社会要更容易观察到：在沙特，一切事物的存在都是为了维护少数几个家族的财富和权力，以及男人对女人的统治。它的政府、它的经济、它的宗教、它的军事，还有它的家庭模式，都是指向同一目的。在古巴，政府、军队、教育和媒体联合起来，都是为了确保执政党能够连续执政。

如果平等并不是一个社会真正追求的价值观，那么在正常情况下制度只会保护和扩大不平等。美国社会里的贫困一直存在，原因就是没有真正设立制度来解决这个问题。我们的税收系统并未从根本上重新分配财富，对一个人能够获取财富的总量也没有有效限制。过去30年，它实际上还助长了社会不平等。我们的学校、政府、福利体系和经济体系在某些方面值得骄傲，但它们更多还是在保护无处不在的不平等，将人们禁锢在他们出生时的阶级定位上。制度维持了我们这个相互隔离的社会，它支持男女之间的不平等，保护政治和经济精英的权力和特权。这就是社会学家观察到的不平等在社会中持续存在的原因，几乎没有一个社会会真心想要去维持一个平等的体系。

想要让这一充满缺陷的经济体系变得公平，我们还面临很多困难。让我们仔细观察一下：什么样的制度在不断壮大？什么样的制度在逐渐萎缩？什么样的制度在帮助有钱人、中产者或穷人？谁会胜出？谁会为穷人抗争？谁在为中产阶级说话？谁在保护蓝领工人？谁在为有钱有势者卖命？回想一下启蒙运动哲学家的警告：如果一个社会并不是真心去创造和维护平等，结果也就只能是朝着不平等状态发展。当我们意识到社会制度的发展趋势就是要保护和扩大不平等时，理解这一点也就会变得非常容易。

因此，不平等在社会中之所以能够持续存在的第二个原因就是，制度通常会朝着那个方向运作，其部分原因是权势阶级能对社会制度的本质施加最大的影响。而那些占据优势地位者则往往也趋向于相信那些有助于他们成功的制度。

文化：接受不平等

几乎所有制度都会教导并加强社会文化。文化成为社会中一股很重要的保守力量。随着时间推移，在文化的影响下，人们就会逐渐对这一不平等体系习以为常。

许多人都会逐步接受现有的不平等，这并不是因为他们就一定喜欢他们所处的境况，而是因为他们就出生在这样的环境里并深受影响，相信这就是世界所是的样子。虽然在这样的社会里也总是会有人站出来反抗，但父母、政治领袖、宗教领袖、媒体领袖和老师们对我们进行的社会化也是一种强有力的工具：我们受其影响，不得不接受他们的语言、他们的规则、他们的价值观、他们的期望。很难确切探究社会化的有效性，因为在外人眼中看来是被广泛接受的事物，也有可能隐藏着文化传递的愤怒和拒绝。当突尼斯、埃及、利比亚和其他一些中东国家的社会里突然爆发大规模的反对现存文化、呼吁民主的运动时，全世界都为之震惊。社会中总是会有一些批评家、社会运动乃至革命是反对不平等的，但2011年发生的事情却是改变所谓"文化"的一个巨大尝试。在我和其他人进行过的最有趣也是最具感情色彩的讨论中，大部分都是关于社会化的问题：女性是被社会化去接受她们在现有社会里所处的次要位置？还是出于害怕才接受的呢？黑人在我们社会中的情况又是怎样？学生的情况呢？工人呢？中国人呢？古巴人呢？墨西哥人呢？答案非常复杂，它可能取决于我们所考察的时间段，但我们绝不应该忽视文化在敦促人们接受社会的不平等体系方面的有效性。

文化为不平等提供了正当理由。在美国，我们从小就被灌输这样一种观念：人们只要努力工作，就会得到公正的回报。"只要肯努力工作，你就能爬到顶层。"我们几乎已经从心底相信这个不平等体系还是有一点点公正和民主可言的，因为它会奖励那些应该得到奖励的人。我们被教导并相信：有些人是有这样的道德权利去拥有他们手里所有的玻璃球，另外的人则即使一颗都没有也得活下去。我们还被教导：一个人做不好事情，那是他或她自己的问题，凡是人们想做的事情，没有做不好的。我们常说的一句话，"适者生存"，是社会学家赫伯特·斯宾塞（Herbert Spencer）用来指称人类社会的。那些信奉"适者生存"定律的有钱人、成功人士和种族主义者都相信他们自身比别人强，但拿"自然选择"来当借口并没有用。

伯格指出，大多数社会都会发展出两种意识形态来保护不平等。一种是将上层社会的定位合法化，通常它会声称这些人比其他人更优秀，更值得拥有他们的一切。（比如，他们更有天赋，他们工作更努力，他们受过更高的教育，或者是天生就更优越。）另一种意识形态则是尽力为贫困进行解释和辩解。（比如，贫困是罪孽、懒惰和不负责任造成的恶果；穷人的善行会在来生得到回报。）

生活在我周围的人都相信他们理应享有他们所拥有的富足生活，而我则默默地相信我是幸运的。但扪心自问，我很想知道：谁真正"配得上"什么东西呢？在我看来，文化就是试图让我们相信：我们从生活中所得到的一切都是我们实际上该得的。

在欧洲社会，数个世纪以来，不平等一直被辩称为上帝的安排。是上帝指派了统治者，同时他也偏爱上层阶级，让他们来领导大众。革命最终摧毁了这一谎言，但这一谎言却是盛行了很长时间。事实上，即使在当今社会，大多数人也仍然认为不平等是上帝的愿望。在这种情况下，人们就会受到误导花费时间和精力去做其他事情，而不是试图将这个社会改造得更加平等。

有很长一段时间美国人都不承认存在一个富裕的上层阶级和一个穷人阶级。"我们生活在一个人人机会均等的国度"这一观点很好地保护了实际存在的不平等。很难详细界定美国文化的组成部分，但是只需列出我们所信仰的最基本的观点、价值观和道德观，你就会发现它们都是为了维护这一普遍存在的不平等体系："穷人都不是真想工作，所以他们命该如此。""政府调控最少、税率最低的资本主义是最公正和最有效的经济体系。""人们有权去做他们能做的事，去拥有他们得到的东西，并将他们拥有的东西传给下一代。""我们也许是一个阶级社会，但每个人都有机会让自己富起来。""人的天性就是互相竞争、自私、懒惰。我们所有人都在努力去打败别人，而且只要努力工作，我们就将得到丰厚的回报。"

或者我们也可以考虑一下关于其他种类不平等的观点："女人天生就不适合参与政治世界和经济世界的竞争。""上帝从未打算让女性外出工作。""女性有道德义务去顺从她们的丈夫。""黑人天生就低白人一等。""上帝想让黑人服从白人。"所有这些观点，以及其他许多观点,早就在我们的社会里存在并一直在维系不平等体系。其他社会中也有许多类似观点。许多个世纪以来,印度人都认为自己出生在哪个种姓阶层就得一辈子待在那个种姓中。这一体系是如何确立的?答案就是:人们认为他们在下辈子的社会定位,取决于他们在这辈子如何接纳现有定位。种姓制度就是对人们的一种考验,接受现有定位成为一种美德。当人们的知识经验上升到不再被这样的观点所蒙蔽时,又会有新的观点蹦出来为这一不平等进行辩解:"女性和男性本质上就有不同,女性在有的方面会比男性做得更好,如生儿育女;但在其他方面,如学数学,则远不如男性。""我相信黑人和白人是平等的,但事实上他们的不平等是他们自己造成的。""从道德上来说,由我们控制非白人是正确的,因为他们的文化比我们的低劣——他们自己拒不接受正确的价值观,所以他们活该待在他们现有的位置上。"

在《压迫》一书中,三位作者详细地描写了,美国社会中对于黑人的主流看法如何随着黑人与白人关系的改变而发生变化(Turner,Singleton,and Musick,1984)。为了给不平等正名,我们总是不断地编造出新的意识形态。1820年前,白人将黑人描述成"未开化者""被上帝诅咒者""不配享有自由者"。从1820年到内战前,人们辩称奴隶制对黑人和白人都有好处,是一种可以开化和保护黑人的制度。从内战后到一战前,生活的方方面面都被隔离,黑人被描述成"与生俱来的低劣者",因此种族隔离对保护白人的利益来说是必需的。从一战后到1941年,随着黑人北上,黑人的低劣性成了一个"科学事实",种族隔离被描写成"自然的""独特的""两个种族都渴求的"。二战后,随着种族歧视和种族隔离受到越来越多的攻击,偏好不平等的观点开始减少。但在1968年之后,又冒出了为不平等进行辩护的声音:"黑人的低劣性确实存在,其根源在于黑人自身,尤其是因为他们缺乏上进心。"近年来，许多美国人则又开始相信："我们在追求平等权利的道路上走得太快了，社会在这方面已经做得很好了。"

文化在潜移默化方面也很重要。1990年代初期经历了东欧剧变和苏联解体后，美国媒体对此做出回应，将功劳归于某些美国的制度和价值观，特别是私有财产、自由市场，以及开设企业的自由。在某些领域，这些价值观逐渐主导了我们的文化，其影响力远远超过机会平等、社会公平、尊重个体和文化多元化。我们并不是不再相信后者，而是前者的那些价值观已经开始主导我们的思想。通过忽视平等和社会公平，文化倾向于支持不平等和社会公平的缺乏。它并不鼓励人们去质疑社会中存在的不平等。

甚至是在组织中我们也能看到为不平等进行辩解的想法："领导知道发生了什么，我们其他人则没有足够的信息去做出明智的决定。""民主需要人人投票，效率太低。""现实世界都不是平等的，这个组织为什么偏要去践行平等？我们必须像经营企业一样经营这里，难道不是吗？""你想要公平？别忘了生活本身就不公平。"

处在社会顶层的人努力确保他们的观点、价值观和规则能在社会中普遍存在，这一点并不足为奇。考虑一下社会上出现的许多想法：哪些被人接受？哪些被人拒绝？这一问题的答案可不简单，但要注意，在这些观点、价值观和规则的背后，必然有鼓吹者和群体在极力敦促人们去接受它们。最有权力的群体拥有推行他们观点的最佳机会。某种程度上，马克思是正确的：富人不只是生产社会产品，他们还会在很大程度上生产（和扩散）社会的文化。当然，如果推行的这些观点、价值观和规则与精英阶级的不相一致，它们立马就会遭到反对并且极少有机会被人接受。

不平等由于得到文化的支持而在社会里普遍存在，而文化反过来则反映了社会中最有权势者的观点、价值观和规则。

社会化：接受位置

在社会化的过程中，人们不但接受了不平等体系本身，也接受了他们自身在这一体系中的定位。

这是一个复杂的过程。很小的时候我们就知道我们是谁。我们的邻居、父母和老师都会清楚或含蓄地告诉我们在社会中所处的等级，以及我们有权利从生活中期待些什么："像我们这样的人不会做那些事情。""结婚要门当户对。""你该去读哈佛。""能上个社区大学你就该知足了。"我们会被教导，如果努力工作我们能从生活中期待些什么（通常，不管结局如何，只会比我们现在所处的层级高一点点），但我们极少会去奢求那些没有现实基础的好事。企业高管会教育他们的孩子去期待财富、名誉和权力。律师会教育他们的孩子去期待成为一名专家。当然，我们并不是简单地就会成为我们父母期待的那样，但他们与老师（在基于阶级划分的学校里任教）和朋友（大都和我们来自同一个以阶级划分的社区）却是一道向我们揭示了我们在社会中所处的地位，并教育我们去期待与其大致相当的生活水平。

鲍尔斯和金迪斯（Bowles and Gintis，2005）在《学校教育与资本主义美国》中强调指出了，使不平等合法化和教导人们接受他们的定位这两者如何成为我们教育体系内在的一部分。学校先是根据学习成绩对学生进行分流，然后以此为依据将学生分入就业体系并最终进入经济体系。通常，学校都会教授纪律、等级和服从，它们教育学生不要对掌控工作抱有太大期望。来自工人阶级的学生会学会服从，来自中上层阶级的学生则会学会领导和创新。

或者我们还可以看到，在大多数社会，女性如何被社会化去接受其所处的从属地位。这种社会化通常都很成功，但也有例外。不可避免地，有人会拒绝接受她们的定位，有人会找到方法，付出巨大努力去克服自身的从属地位，然后有一些人就会取得成功。不过，大多数尝试者都没能取得成功，这并不是因为她们努力不够或智力不足，而是因为与阶级和少数群体定位相关的因素否定了她们取得成功的机会。对那些尝试了但却没能取得成功的人来说，依然保持先前那种超越现状的志向则会变得更加困难。这是我们被社会化的最重要的一种方式：我们被教导去接受我们的视界，也就是说，去接受大多数像我们一样的人被期待停留的位置。

合法的权威是韦伯引入社会学中的重要概念之一。他追问道："我们为什么会心甘情愿地服从他人对我们的领导？"这是因为我们大多数人都相信他们有权指挥我们。社会化诱导人们感觉自己是共同体的一部分，感觉自己有义务去服从那些代表共同体的人。我们开始相信，如果我们想要作为一个共同体存在，就必须接受这一普遍存在的不平等体系是正确的。一个稳定的不平等体系已经融入一个共同体的传统或法律，忠诚的人感觉自己有义务去服从。我们这一不平等体系在大部分公民眼中都是合法的，而且其中很多人还会觉得有道德义务去顺从和服从那些位居其上者。

因此，在已被社会化的个体的串通下，不平等体系广泛存在。社会化让人们接受了为不平等做辩解的文化，也让人们接受了在不平等体系中各自的相对定位。

社会的武力工具

当然，也有一些个体拒绝接受他们在社会中所处的位置并会想法改善他们的定位，甚至不惜为此逾越法规。通常他们都会意识到现有体系在阻止他们，但他们却无法通过正规渠道实现目标。由于他们的行为危及现存秩序的合法性，所以人们会启动各种程序去发现、控制和惩罚他们。警察、法院和监狱不只保护人，还会保护这一不平等体系。

也有一些群体拒绝接受这一体系，他们会组织起来去推翻它。在我们的社会里，这些群体有一定的活动空间：他们有权说出他们想说的，有权写下他们想写的。一旦他们逾越法律界限去改变体系，我们就会称他们为"革命者"并会动用武力去阻止他们。所有社会都会有一些不可逾越的界限，一旦有群体危及现存秩序（包括这一普遍存在的不平等体系），社会就会动用武力去控制这些群体。

虽然犯罪和革命会搅乱秩序，给社会上所有人都制造麻烦，但却要数处在不平等制度最顶层的人损失最大：处在威胁中的正是他们最有利的位置，他们有可能失去最多的财产；他们曾经享有的优势如今面临重重威胁。对他们来说，保护他们为之奋斗的一切和继承的一切至关重要。因此，在政治、法律和执法方面，他们都是积极又主动。马克思曾经说过，国家存在的目的就是保护统治阶级。在最低限度上我们都会发现，合法的武力工具对社会最顶层的人能否保护他们自己和维护不平等体系非常重要。

每个组织都会建立社会控制工具以保护社会结构。学校会采用分数、退学甚或是拒绝接纳有威胁的学生等办法，企业则会采用开除、降职或拒绝提升的方法。家庭会将不听话的孩子关进小黑屋或"禁足"半个月。非正式群体会简单地让某一成员知道他或她不受欢迎而且日后也不会再邀请其参加任何活动。当然，对于个性和自由，人们也会为它们留出一定余地；然而，一旦危及现有不平等体系和人们在其中所处的定位，如有必要，人们就会立马做出反应。

暴力和威胁也许是最后的手段，但它们在社会中却是始终存在。它们保护了不平等体系并让个体各就其位、各司其职。这是不平等被保护并持久化的第五种方式。

| 小 结 |

在思考社会上为什么会有不平等存在时，很重要的一点就是，首先要考虑不平等是怎样出现的，然后考虑它是怎样得到保护并持久化的。

不平等来源于劳动分工、社会冲突、社会分层和私有财产制度。劳动分工在社会中创造了优势地位并形成了等级制度。社会冲突带来了成功者和失败者，让成功者能够建立和保护他们在社会上赢得的位置。私有财产制度则创造和鼓励了不平等的特权，并让那些摄取高位者通过劳动分工、社会分层和社会冲突（或三者兼有）来聚集财富并保护他们的定位，将积累的一切传给他们的孩子，在他们所处的位置上获取权力、特权和声望。

不平等之所以能够长期存在有许多原因。处在社会顶层的人联手保护它并使之持续存在。社会制度捍卫和延续了这一不平等体系。在一种认为不平等是正当的文化中，对人们进行社会化是一个很重要的因素；能成功地对人们进行社会化，就是让他们去学习和接受他们在社会中所处的位置。最后，武力有时也会被用来保证社会结构不遭破坏。

有一些不平等可能是无法避免的，人们必须努力阻止它们的出现；

因为一旦出现，就得付出更多努力去控制它们。米歇尔斯声称，有领导者的组织会不可避免地发展出一个不平等体系，最终想要根除该体系会变得异常艰难。马克思相信，只要消灭资本主义，社会就会迎来平等，但 20 世纪发生的一切并未证明他的观点。事实上，实际情况远比想象的要复杂得多，在苏联或古巴等消灭了私有财产的国家，仍然出现了一个稳定的不平等体系。该体系不仅建立在财产所有权上，而且也建立在政治领导权、职业和对财产的控制权上。

声称不平等是不可避免的，并不意味着人们就要无条件地接受贫困和苦难，或者是就要容忍独裁暴政。对所有人来说都存在的一个问题是：在社会或组织中可以容忍多大程度的不平等？有多少不平等是必要的？有用的？民主的？人道的？道德的？意识到不平等是不可避免的，也意味着那些致力于追求平等原则的人重任在肩，因为我们的社会对不平等体系太过鼓励，太过包容。就这一点而言，平等就像自由，绝非理所当然的存在，只有永远保持警惕，平等才是可能的。

那些想要理解和批判不平等的人，必须追问自己以下几个重要问题：（1）个体能被允许拥有的东西有多少？一个人需要的东西又有多少？如果不平等太过严重，对社会和个体会产生什么后果？如果一个社会限制财富积累，是否会对社会产生破坏作用？（2）不管什么情况下所有人都能拥有的权利有哪些，即便从不使用这些权利？（3）孩子们可以从父母那里继承到多少东西？（4）平等与自由之间有着怎样的关系？（5）哪些东西应该得到奖励：才智？努力工作？对社会的贡献？父母的积累？或者是在法律秩序内可以得到的所有东西？

思考题

(1) 为何建立和维护社会平等会如此之难?

(2) 劳动分工会促成社会不平等的具体原因是什么?

(3) 在任何组织和社会里能让领导者保持他们位置的优势是什么?

(4) 美国文化中有哪些观点可被用来捍卫美国社会中存在的不平等体系?

(5) 一个有钱人会如何回答:"为什么人们在社会中是不平等的?"一个穷人又会如何回答?

[第五课]

人类是自由的吗？

社会权力对人类思想和行为的影响

在我的生活中，有很大部分时间都花在了琢磨自由这一问题上。我在学世界史时就注意到了人类为自由而做出的争斗。但有一些问题依然困扰着我：自由是真的吗？特别是当我们所做的大部分事情都是由一些我们很难理解的力量造成时，怎么可能会有自由？我想自由也许是一种教给人们的幻觉，这样有权势者就能操纵他们。在研究心理学和社会学时，我发现了更加微妙的使自由受到限制的方式。弗洛伊德、马克思和弗洛姆向我展示了自由这个问题的新高度，挑战了我最初的理解：自由意味着什么？为什么获得自由如此之难？为什么现实生活中有那么多人害怕自由？

但随着我更加认真地研究社会学，我发现自己开始怀疑起"自由"这一概念。我越是从社会学视角去理解我的生活，我就越是熟悉塑造我的生活的各种社会力量，最终我发现社会学视角并不像我想象的那么简单。我仍然相信自由是我们这个社会追求的一个重要目标，我也曾想尽办法去过我认为的更自由的生活。在我的教学和家庭中，自由一直都是一个重要的价值观。米德和赫伯特·布鲁默是两位有着深远影响的社会心理学家，我在研读他们的著作时开始一步步地理解：即使在心理学和社会学的视角之内，自由也是可能的。米德和布鲁默认为，社会相对于人类的核心重要性并不只在于它将我们社会化，而更在于它赋予我们工具去反作用于它本身，让我们有可能控制自己的命运。社会的精妙之处就在于，它既创造了我们，同时又发展了我们的语言系统、我们的自我、我们的心智，以及所有对自由的需求。

想要研究自由是相当难的。随着研究的逐步深入，我也在不断修正我的观点。不过我还是学到了一些相对来说我比较确定的关于自由的想法。如果我先将这些观点简要地列出来，也许会对你有所帮助。这些观点是：(1) 不可能确定人类是否是自由的。我确实相信有些自由是可能的,但任何想要通过理性或实证方式来证明自由的做法都是不可能的。我们能做的就是尽可能多地揭示人类不自由的方式,然后把希望和信念寄托在剩下我们能够称作自由的东西上。(2) 理解自由的关键是要承认,自由需要从程度上去进行分析。不存在绝对自由,只存在一定程度上的自由。有些社会比其他社会更自由,有些个体比其他个体更自由,有些行为比其他行为更自由。(3) 许多人都爱夸大自己实际上拥有的自由。我们之所以会认为我们是自由的,是因为社会的各种表征不断提醒我们是自由的;我们建立的这个社会能够让人们相信他们是自由的,所以他们要对自己的行为负责。我们倾向于认为自由是理所当然之事,而没有去批判考察它到底是什么意思。(4) 有两个方面的自由需要理解:思想自由和行动自由。我们很难获得所有的思想自由,而没有思想自由也就不会有行动自由;但即使拥有更多的思想自由,也不意味着就会有更多的行动自由。(5) 人类一直都在受到社会的影响,但他们仍有能力在某种程度上控制自己的生活。社会影响一直都存在,但我们也一直都拥有自由。

自由的意义

自由:控制、理解和选择

当有人做了一些我们不喜欢的事情时会发生什么呢?我们会很生气,我们会对行事者大加责备。这种倾向假定了他们多少都能控制他们的自身行为却还故意这么去做:"他知道他在做什么!""她明知道别人会受伤却毫不在乎。""他让她怀孕了,这都是他的错。""不,这是她的错。"某种意义上，我们会通过假设他人可以控制其自身行为来为我们对他们的行为所产生的愤怒进行辩解。二战后纽伦堡审判的法官做出裁决：人们做出不道德的行为，然后借口说他们只是在执行上级命令，这种说法绝对不能被接受。最终，那些人因为犯下有悖人伦的邪恶罪行而被判有罪。"他们心里很清楚他们正在做什么，他们完全可以拒绝那样去做。"

在更大的限度上，美国文化尤其注重对人类行为的看法。个体的责任相当重大。毕竟生活就是个体不断选择的结果，每个人都要选择自己的所思所行。大部分西方宗教都认为人死后会论功定罪，而其主要根据就是我们活着时所做的那些自由选择。就连那些处于极端恶劣状况（如虐待、贫困和战争）下的人也都被认为是自由的行动者。

对我来说，"自由"最有意义的定义就是：一个人控制其自身生活的能力。这就像是在问"谁在负责"一样。只因相信自己是自由的，所以人们才会做出选择。但对他们所做的事情，他们真正选择过吗？要控制一个人的思想和行为，这其实是一个起因问题：是什么形成了人类？指引了人类？塑造了人类？影响了人类？是个体行为者还是别的什么东西？如果我们受到调控，如果我们对刺激做出反应，如果我们被驯化或被压迫，如果我们失去意识，如果我们被洗脑，那我们就失去了控制；别的东西就得到了控制权。自由意味着个体必须是主动的，而不是被动的；是能够自我指引的，而不是被指引的；是能够选择方向的，而不是被指明方向的。

如果某物或某人控制了行动者，行动者也就无法控制其自身。如果是家庭、社会、无意识、情感、冲动、习性、社会阶级、文化、邻里、政府、世界市场、遗传或无数多其他因素导致我们的所思所行，导致我们没有正确理解我们的处境，或者是严重限制了我们的选择，我们就不会拥有真正的自由。

需要注意的是：要积极主动，要指引自己，要做出选择，要促使他人行动，这都需要一个思考的过程，都需要意识参与其中，都需要对自身的理解和对世界的理解。如果在整个过程中思想都是缺失的，那么即便拥有掌控自身生活的能力，对我来说也什么都不是。

自由：社会学的看法

社会学家深陷一个巨大的困境：一方面，他们想要相信人类可以是自由的；另一方面，他们又对这个万能的社会了解得再清楚不过。社会学家常爱说："社会塑造了个体，个体也塑造了社会。"这是一个很好的想法，但几乎所有社会学的想法和著作展示的却都是社会如何塑造个体行为者的种种方式。马克思相信终有一天人类会获得真正的自由，但他却花费了一生时间去证明社会有多么强大。涂尔干是社会中个体自由的捍卫者，但他的著作却强调了社会力量对我们生活方方面面施加的影响。韦伯同样相信自由行为，但他所有的作品都揭示了我们生活在一个官僚主义的铁笼里，我们周围的文化是一个不平等体系，社会的领导者受到内化的权威结构的保护——这是引发我们思考和行为的重要原因。伯格则将个体生活其中的这个社会称为"历史的囚笼"，并认为社会学可以帮助"解放大家"。

社会学主要是一种科学的视角，旨在揭露和展示社会力量、社会互动、社会化、社会结构、文化和社会制度在塑造我们生活的过程中所发挥的重要性。米尔斯在《社会学的想象力》中提到，从社会学视角进行思考，就是将自己置于社会和历史中——去理解自己如何生活在一个社会和历史的环境下，既处在各种力量的相互作用下，也处在来自遥远过去的力量的影响下。人们经历的一些个人问题，比如婚姻失败、债台高筑、失业、中年危机，如果你想找出它们发生的原因，你就需要把这些问题放在一个更大的社会的视角下去看待。例如，如果在一个社会里经常发生虐童或家暴事件，并且这些行为从历史上来说已经得到了合法化，那这也就意味着，这个人所身处的各种社会力量不但会促使很多人成为施暴者，还会促使很多人成为受害者。

米尔斯将我们的注意力转向了社会问题。他把社会问题与社会本质联系在一起，人们的离婚、自杀和犯罪都不是随机发生的。对于这些行为，社会要么是鼓励，要么是打压，其结果就是一个相对稳定的自杀率、离婚率、暴力犯罪率——种种迹象都表明，任何一个社会里都有各种促进的力量和压制的力量在起作用。我们有稳定的出生率、死亡率、移民率、失业率和辍学率——这表明社会里的行为模式会让特定人群按照特定方式行动。事实上，一旦这些规律发生变化，政治领袖和公众就想知道为什么。而提出"为什么"这个问题也就表明，大家相信在变化的背后必定存在原因，相信有因果和力量，而非只是人的自由意志在起作用。

贫困是一个很好的例子，可以用来展示社会在塑造人上所具有的重大影响力。大部分公众都会争辩，贫困的存在是由于人们选择了那个方向；但社会学家就很少会说出这样的言论。每个孩子贫困的概率是不一样的，如果一个人出生在贫困的环境中，那么成年后他很有可能继续贫困。在美国，如果一个人是拉丁裔、黑人或女性，其贫困概率就会远高于他是亚裔、白人或男人。由此来看，这还是自由选择或社会力量控制我们选择生活方向的问题吗？

费金（Feagin，1975）研究了美国人对贫困起源的看法，结果不出所料，大部分人都强调贫困是个人意愿而非社会原因所致。到目前为止，人们还把"不善理财""缺乏努力、天赋和能力""道德感缺失和酗酒"这些理由当成贫困的根源（占比80%）。运气不好，被人利用，个人创业失败，种族歧视，教育程度不高，这些理由则极不被人看重（占比35%~60%）。人们显然是倾向于认为，贫困的原因更多在于个人，而不在于社会。

社会模式和人类问题是社会造成的，这一点很难否认。在一个公共教育失败的社区里长大的学生，大部分人是自由选择退学的吗？在一个有许多少女怀孕的社区里长大的女孩，她是自由选择怀孕的吗？人们是否自由地选择了最终会让他们失业的职业或工作呢？他们是否自由地选择了居住在明知他们的工厂最终会搬走的社区里呢？人们是否自由地选择了居住在他们的种族群体处于弱势地位的社会里呢？如果一个农场主失去了有着百年历史的家族农场，败给了世界市场体系内的大公司，我们是否会得出这样的结论：这样的个人遭遇是其自由决策所致？

社会学总是在考察各种影响个体的社会力量，它对任何绝对意义上的人类自由都抱着高度怀疑态度。而且，脱离社会背景不对人们的行为做任何考察就声称他们是自由的，社会学对此也持怀疑态度。

自由：自由的思想和自由的行动

自由与控制自己的生活有关。这里的控制权属于行动者自己而非他人施加。我们称为自由的大部分东西都涉及思考，意识到这一点至关重要。自由假定了一个会思考的有机体：通过思考进行控制的人，通过思考各种情况做出选择的人，通过思考自身行为及其后果并为之负责的人。没有思考的行动，也就是没有自由的行动。

但若我们的思考是受他人影响的结果，我们的自由就会受到一定限制。一旦失去对自己思想的控制权，自由就会变得空洞起来。如果社会塑造了我们的观点、价值观和规范，我们的行为就不再是我们自己的。如果我身边人都在追求物质，我也将我的生活目标定为追逐财富，那我的决定还是一个自由的选择吗？如果我要求言论和写作的权利，但我所说所写的都是别人告诉我的，那自由对我来说还有意义吗？

自由的行动是自由的第二个方面。就算我们的思想是自由发展而来，我们也很可能无法按照这些思想去行动。总是会有一些事情阻碍我们的行动。

我们可以将行动定义为在我们环境里的活动，即在我们所处的情景下去做各种事情。比如，我也许会在心里反对政府，但除非我能在那一基础上有所行动和抗议政府制定的政策，否则我的自由就会相当有限，而且我的行动也不会有什么变化。我也许会觉得衣服不合身，但若我不能自由地裸露身体，我的自由思想就不会对我的行动产生后果。我可以选择结婚，但若找不到合适对象，或者我有人格缺陷无法对人产生吸引力，那我就无法结婚。我们所有人都会对自己有所期待，但即使这些期待起源于自由的思想，也并不意味着我们就能根据这些期待来自由地引导我们的行动。我相信接受大学教育很重要，但若我没有必需的能力和财力，我是上不了大学的；就算上了大学，我拿到学位的自由也会严重受限。

我可以决定将来是当医生、律师、老师或音乐家，但我将来到底会成为什么样子，并不只取决于我的思考；它还取决于我的能力与我的思考是否匹配，取决于大学的竞争力，取决于我在市场上的存活概率，取决于我能否取得各种正式和非正式的资格；在很多社会这还取决于我的性别、我的民族、我的社会阶级和我的宗教；甚至还取决于我的教授行事是否公正、是否会嫉妒和剥削我的才智。

社会对我们的思想和行动有着巨大的塑造力。没有哪个社会学家会否认自由，但几乎所有人都会指出，自由受到许多因素的限制，如社会化、社会结构，以及社会控制的各种方式。接下来我们将会考察自由的两个方面：思想自由和行动自由。

自由与思想控制

现实由社会建构而成

为什么我会信仰上帝？它是否是我自己选择相信的？

对我来说，它是否是一个已经得到证实的信仰？它是否是人们自然而然相信的事情？它是否是我从父母那里接受的事情？它是否是我身边人相信的事情？它是否是我需要相信的事情？它是否会向我显示超自然力量的真相？如果我的生活与现在不同，如果我出生在一个不同的时间和地点，我是否仍会信仰上帝？

我们都会相信许多事情，停下一刻钟想想你所相信的。你相信死刑是什么？人的本质是什么？资本主义是什么？个人主义是什么？自由是什么？有意义的生活是什么？好的音乐是什么？大学教育是什么？你关注电视上频繁出现的暴力镜头吗？你关注男人、女人、爱情、性和婚姻吗？你关心中东吗？你关心美国的未来会如何吗？

我们详细地调查过事物的真实性或虚假性而选择相信它，这是一回事；但若你真正考察了你所相信的事物，你就会注意到，它的大部分都蕴含在社会背景中：你的社会、社区、邻里、家庭、同辈、媒体、学校，都与你相信的事物大有关系。你受到了它们深深的影响。你出生的年月和你上高中念大学的年份都是你形成自身信仰的一个重要背景。你父母的职业、你的性别、你的民族、你的社会阶级同样很重要。如果你生活在纽约、怀俄明或加利福尼亚，你的信仰就会受到不同文化的影响。如果你身边都是有钱人、律师、工程师或艺术家，那你的想法又会不一样。

从社会学视角来处理真相问题有时也被称为"现实的社会建构"，这一说法来自伯格和卢克曼（Berger and Luckmann，1966）合写的一本同名著作，其基本论点如下：(1) 现实（存在于我们之外的真实世界）从理论上来讲有可能存在，但却极难或不可能知晓现实的"真相"是什么。(2) 对于施加在其身上的现实，人类并不只是做出简单的反应，而是还会去努力理解它。人们会对它进行考察、解读、争论，并期望能以一种会对我们的行动有用的方法来达成理解。(3) 获取现实的真相是一项社会任务，我们通过社会互动来了解现实。对人类来说，现实是社会建成的——故才有"现实的社会建构"这一说法。人们运用在社会互动中发展出来的各种观点去理解经验，理解事物，理解同类，理解大自然。(4) 在摄取现实的真相这一点上，有些人和群体要比其他人和群体做得更好。一些杰出的个体和群体通过他们的社会生活已经对宇宙有了相当深入的理解。虽然这并不是一个完美的理解，但在探索现实真相的道路上却是又近了一步。(5) 这一视角同样也未否认我们中有些人可能会超越社会现实发展出一套自己独特的理解，但这一情况通常也是建立在现实的社会建构之上。

想要理解信仰是如何形成的，以及我们的思想如何被社会控制得如此之多，重要的一点就是要考察：(1) 文化，(2) 语言，(3) 社会结构，(4) 社会权力，(5) 知识，(6) 纯粹的思考。信仰并不是空穴来风,它起源于社会互动,既在社会互动中得到永生,又可通过社会互动发生改变。

文化成为我们的现实

所有组织都有一套自己独有的观点、价值观和规则,旨在实现组织的目标和解决组织必须面对的问题。我们可以称其为"共同的视角",或者也可说是"文化"。一个狩猎社会会知道关于狩猎的事实,会发展出一套狩猎仪式,会教导人们一些如何成为好猎人的方法。相反,一个从道德上反对吃肉的社区则会知晓一套完全不同的关于狩猎的事实,并会教给大家一些如何不吃肉也能活下去的方法。

文化包含了许多我们认为理所当然的真相,那是一套我们通常不加怀疑就会自然而然地接受的假设。某一特定文化可能会对宇宙做出宗教的或科学的假设。它可能会强调进步,也可能会看重传统;它可能会忠于个体,也可能会服从集体。文化会告诉我们珍惜自由、物质、家庭或艺术;它会教育我们努力工作或别太较真,与人竞争或相互合作,剥削他人或爱护他人。文化是一个极其宽泛的一般性指南,它会告诉人们在这个组织里应该相信什么,在这个组织里的人看来,它就是"常识"或"自然的"或"大写的真理",而不是一个现实的社会建构途径。

偏常是我们安在那些不同于我们的人头上的名称,它源于我们对某一文化标准或"真理"的忠诚。社会教给我们什么是同性恋,灌输给我们"事实"、价值观和道德,当我们遇到同性恋伴侣时,我们就可据此做出恰当的反应。社会给我们提供了许多词汇,如男同(gay)、同志(queer)、基佬(faggot)、女同(lesbian)等,我们可以用这些词来描述同性恋；它还教给我们为什么人们会是同性恋（个人选择、疾病、生理、成长经历等）；它还会向我们展示，为什么这些行为是道德的或不道德的。我们大多数人都会受到社会文化视角的影响，所以当我们碰到同性恋伴侣时，这一视角就会成为我们的指南，让我们选择该看的和该相信的。

当然，并非所有人的想法都一样：如果我们是同性恋群体中的一员，我们的视角与原教旨主义者的就会不一样；如果我们进入大学这个群体，我们对人类的这些不同很可能会更加宽容，会将同性恋仅仅视为某些人有不同的性取向来对待；如果我们是精神病医师群体中的一员，我们看到的是一个现实；如果我们是社会学家，我们就会看到另一个现实。但这恰恰也就是问题所在！我们都在互动，我们接纳了所在社会组织中的各种文化，这些文化反过来又影响了我们对所生活其中的这个世界的看法。

我们之所以会接纳我们所在社会组织的文化有许多原因。第一，它的文化是实用的（它为该群体效力），所以如果我们是该群体的一员，我们就会受其文化吸引。第二，我们自己组织的文化是我们最有可能知道的——从这里我们开始了持续不断的互动，这一互动将我们与外界隔开。我们的文化观点、价值观和规则都被我们当成理所当然的真理，所以我们很容易有这样的想法：我们的文化是真实的，别人的文化是虚假的。第三，我们之所以会接纳我们的文化，是因为我们几乎总是在寻找一些能够证明我们的观点是正确的依据。不管喜欢与否，与我们互动的人通常都会成为我们衡量自身想法的一把标尺。

文化不是社会或群体偶然相信的事情。文化具有实用性，它的观点、价值观和规则适用于其特定群体。如果我们是一个不平等的社会，我们发展出的观点就会为不平等辩护，或者帮助我们忽视不平等的存在。如果我们是一个资本主义社会，我们发展出的文化就会崇尚竞争和利润。如果我们有敌人，我们就会丑化他们，称他们为"恐怖分子"。如果我们积极参与反堕胎运动，我们就是相信胚胎是一个生命。如果我们支持堕胎，我们就是相信胚胎还不是一个人。曼海姆（Mannheim，1929）写道，"就连我们的经验都被分门别类地整理了"，其依据是我们所用观念所在的群体在社会中所处的定位。某一特定群体会相信其核心文化元素是有理可循的，姑且不论其真假。我们所有人都可能会只因改变了我们的社会生活就拒绝或遗忘了许多"真理"，意识到这一点既让人为之吃惊，也让人感到恐惧。

1920年代和1930年代，法西斯主义（一套完整的观念、规范和价值观）在德意两国发展起来。它是一种政治意识形态（一种文化，通过夸大世界中的某些元素来为某一特定政治路线提供借口）。法西斯文化教导的一种观点是，战争和权力会将人类最美好的部分呈现出来，它认为不同种族的人天生就是不平等的，它相信民主和自由意味着软弱。法西斯主义成为德国文化中的一个核心部分，因为它正好发挥了作用：它解释了德国在一战中失败的原因和1930年代世界经济大萧条的起因；它也满足了人们对社会普遍抱有的不满情绪。它还与传统德国文化中包含的几个主题相一致：强烈的民族主义、军国主义和独裁主义。它服务于特定几类人，如德国的工业家和各种政治机会主义者，他们恰巧能够利用它来为自己牟利。法西斯主义之所以能够顺利运转，是因为它解释了现在，与过去保持了一致，并赋予未来以希望。

文化是微妙的。一旦人们相信一种文化，他们就会发现很难接受挑战它的证据。这是因为有一种内部逻辑在起作用，对证据进行有选择性的阐释。如果能从我们所相信的角度退后一步去看文化真正的样子，我们就会意识到我们所相信的东西很大程度上都是我们社会生活的产物；因此，那些与我们的基本信念持不同意见者并不是傻瓜，也不一定就是自由行动者。他们通常是社会世界中的另一部分人，他们看待现实的角度与我们有所不同。他们相信的事物也谈不上就会比我们相信的事物更真或更假，只是我们所有人都应抵制"只有我们才拥有真相"这一诱惑。

一个组织（不管它是一个群体、正式组织、社区或者是社会）的文化，是人类无法自由地得到关于它们的"真相"的重要原因。这也是人们为什么无法像他们认为的那么自由的一个原因。

语言与思想控制

人类用语言来教导别人怎样思考、思考些什么。语言是个体最终用来思考的工具。就本质而言，语言设置了个体进行思考的参数框架。

个体一出生就拥有学习语言、模仿声音、学习词语的能力，但其最终习得的语言则取决于他们的社会互动，并且这一学习过程会持续终生。他们学习的词语：其数量、种类、用法及使用词语的重要性，都取决于他们成长的社会、社区、正式组织和群体。人们会用这些词语来区分现实，看清世界。我们通过词语来进行观察、理解和思考。有些人会坚持说思考可以离开词语而存在，但重要的是要明白，词语是人类思考的一个核心部分。沃尔夫（Whorf, 1941）认为："现实世界很大程度上都是无意识地建立在群体的语言习惯这一基础之上……我们所看见的、所听见的、所体验的，很大程度上和我们所做的非常相似，这是因为我们群体的语言习惯倾向于选择某些阐释。"

认识、意识、解决问题、理解、自我讨论、阐释、控制自身行为、创造性地考察和评估环境，都是涉及语言的思考的各个方面。由此语言成为我们思考什么的一个重要指南；而这样一来，我们学习和使用的语言也就限制了我们的思考。

一个生活在宗教社区里的人会学习跟宗教有关的词语，然后他会在那一背景位置上去看待他人。一些家庭将这个世界分为基督徒和非基督徒、有宗教信仰者和没有宗教信仰者、犹太人和非犹太人、穆斯林和异教徒。这些词语都成为人们思考他人时的立足点。一些领导人提醒我们，这个世界由白人和非白人组成；其他人则会使用带有更多批判色彩的词语。上学就是要学习词汇，这些词汇向我们展示了我们此前未知的世界。大学会向我们介绍许多特定的学术团体（社会学、物理学或心理学）所使用的词汇体系。如果我们进入一个摩托车群体的世界，一个同性恋群体的世界，或者是埃及或中国社会，我们就会发现新的语言，以及这些共同体在划分现实时觉得重要的新重点。

正是通过语言，所有组织才得以形成并教导它们主流的观点、价值观和规范。观点由所学语言的词语构成。语言中的重点创造了观点中的重点。所以在资本主义社会我们有可能会反复使用某些词语：竞争、自由企业、利润、个人努力、私有财产、市场。围绕这些词语又会产生一套新的观点，这些观点又将不断得到强化。关于社会主义我们也有一套观点，但这些观点却很少会被提及——除非是在谈到我们对资本主义的忠诚时用作反面教材。政治领袖清楚地意识到，词语的使用是影响人们思考的一个很重要的方面；在拉拢民意时，他们会对词语进行反复斟酌："向恐怖主义开战""邪恶社会""先发制人的战争"，这些说法都被领导人用来帮助我们去"理解"和支持他们对那些我们想开战者的政策。"遗产税""世俗主义者""法西斯主义者""自由派教授""进化论者"这些说法则被用来劝说我们囫囵吞枣地去接受那些针对高度复杂抽象事物的解释。

我们语言中的重点帮助我们创造了我们持有的价值观,强化了那些我们应该遵守的规则。试想一下,如果我们生活在修道院、监狱、军队或农场,我们的语言会有多么不同!我们对周围世界的思考又会有多么不同!

语言和它所教导及创造的文化,都是对人类思考方式的重要控制——如果自由依赖于思考,那么语言和文化也就都对我们的自由设置了重要限制。

社会结构与思想控制

与文化和语言一样,社会结构也在控制着我们大部分的思想。这意味着,我们对现实的看法,源于我们在有组织的生活中所处的位置。人们的视角与他们所处的定位紧密相连。视角就是观点,是一个人看待现实的角度。有的视角是自上而下,有的视角则是自下而上。富人和穷人会从各自不同的位置和定位去看待现实,群体的领导者和追随者有不同的视角,老师和学生的视角也不尽相同。文化控制我们思想的方式是让一个组织里的我们所有人都有相似的思想,结构控制我们的方式则是将我们与他人分别定位,然后让我们在各自的定位上去看待世界。

就拿"我们相信我们是男人或女人"这一看法来说。一个人怎样变成女人,其中一个步骤就是要做到"像女人一样思考"。在很多社会,女性都被教导自己从属于男性,或是为男性而创造的;在另一些社会,对女性来说,恋爱、结婚、生子才是拥有一个完满人生的必需行为。在大多数社会,成为一个男人就是要学会"像男人一样思考"，比如，他们必须相信挣钱养家，收获声望、权力和特权对美满人生是必需的。阴柔之美和阳刚之气是两种不同的思考方式，它们包含了对某些特定人群的期待。在我们日益开放的社会里，这些区别也变得日益复杂，但这些与日俱增的复杂性并未抹掉它们的存在。在原教旨主义文化中更容易看到社会结构对思想的影响；对我们来说也许无法相信传统的阿拉伯妇女会让自己从属于男性，会拒绝去做男性做的事情，而只满足于当太太和母亲，在公共场合将自己的脸和身体蒙起来。但若追问她们原因，我们就会发现有一套信仰体系可以解释这些现象。一旦了解了那套信仰体系，我们就能理解这些行为背后的逻辑。女性并非简单地被迫去做这些事情，她们从小被灌输的观点就在为这些行为辩护。这些观点已经成为她们生命的一部分；她们也就逐渐从不同于男性的角度去思考问题，看待世界。不要忘了，不拘在任何社会，男性和女性的定位都会有所不同，所以他们看待生活的视角也就不同。这些女性的视角也会影响单个女性在以下问题上的看法，如怀孕、堕胎、婚姻、节育、生理期、就业机会和职业竞争等。

但是，区别并不止于性别：工厂工人的想法不同于经理，老板的想法不同于员工，资产所有者的想法不同于管理者，秘书的想法不同于簿记员。每个人在社会结构中都有相应的定位，每个人都有看待社会的不同方法。想象一下，社会中有上千种不同的定位，我们在这些定位上不停地与人互动，寻找自我，那么在我们身上会发生什么呢？我们会开始根据这些定位去思考世界：高中毕业生、牙医、艺术家、将军、刑满释放人员、上层阶级的一员、黑人、摇滚明星等，每个定位都给我们的思想框定了模子。在所处的定位上既扮演着别人期待的角色又能逃脱该定位对我们的视角控制，这一点是很难做到的。一夜成名的摇滚明星宣称："我还是以前的我，我还是像我以前一样思考问题。"事实真是这样吗？名望和运气带来了对安全的需要，也带来了与大众的隔离；它们带来了在着装、汽车和家居上的新品位；它们带来了自己是明星的新观点，它们带来了自己受到的认同和尊敬应该与别人不同的新想法。随着时间推移，改变思想方式以适应新的定位这一压力就会变得迫切起来。

我们为什么会这么做？为什么我们一定要接受所处定位的视角，让我们的思想受其控制？（当然，我完全听得见有些读者会大声抗议："不，没这回事！"）也许你有能力克服这一压力，但这一压力也确实存在，它对我们的认知和思考会产生巨大的影响。

我们之所以会采纳我们所处定位的视角，第一个原因是：要在那一定位上做出适当的行动，就要求有恰当的思想。随着时间推移，我们了解到，想要在一个定位上有所成就，我们最好是改变自己的思想，至少也是暂时性的；而且我们越是渴望在那一定位上做好，我们就越有可能按照那一定位的要求去思考。

第二个原因是，不管喜欢与否，在社会结构中，和我们有各种关系的人，和我们互动的人，都教会了我们在该定位上应该如何思考。如果我们进入了一家公司，别人就会逐渐教会我们在所处的地位上应该如何对待上级、下级和平级。

为什么定位会如此深远地影响我们的思想？其根本原因也许是，事实上，我们每个人都是组织中的一个不同角度。定位会指引我们去看待现实，它就是一副我们看待现实时佩戴的眼镜。如果我是一个男人，通常我就不会像女人一样去思考问题；学生也不会像老师一样去思考问题；同样，工人也不会像老板一样去思考问题；如果我不置身于这些定位上，我真的无法想象美国社会里的非白人意味着什么，军队里的将军意味着什么，大学里的校长又意味着什么。

随着人们获取新的定位：学生毕业离校，从单身到结婚，从工人阶级到中产阶级，他们的思想也会发生改变。如果足够细心，有时我也能够非常贴切地去理解其他人所处定位的视角，但我仍会站在自己看待现实的角度上。最后，大多数人甚至都未意识到，我们的定位对我们如何思考世界有多么重要的作用。这一进程可以在我们毫无察觉的情况下发生；在我们意识到自己的视角发生改变之前，我们已经顺理成章地接纳了一种新的思考方式。阶级、种族和性别对我们来说都是至关重要的定位。人们的职业，人们在政治和企业中所处的定位，人们在群体、家庭和委员会里所处的定位，人们是主导群体还是少数派的定位，在这些方面社会学家都进行了广泛的研究。

我们还可以将定位的重要性扩展至年龄分组，即个体的同代人在社会上的定位。"婴儿潮一代"指的是二战后出生到1990年代中期年满50岁的一代人。这一代人所处的社会定位跟其他年代出生的人有所不同，因而也就形成了这些人特有的思考方式。一个人何时出生非常重要，因为它会将个体放置在一个历史时期内，在这一时期内，一代人开始形成他们的视角，并且个体会与那一代人的视角紧密相连，贯穿其一生。经历过战争的一代人对战争与和平的看法，与那些一直生活在和平年代的人是不一样的。大学一毕业就找到工作的人对工作和未来的看法，与那些没有工作的人也是不一样的。在我们社会历史上的某个特定时期，我们学到了关于家庭和性的看法。"我对此无能为力，在我那个年代人们就是那样想的。"我们所拥有的一些最基本的信仰，如成功的生活应该包含什么，也都深受社会上我们同辈人的定位的影响。美国移民就是最好的例子，他们通常会根据他们的世代来改变他们的想法：第一代移民安顿下来且常会保留其传统视角；第二代移民努力工作，只为"变成美国人"；第三代移民已经很好地融入美国社会；第四代移民则会回望过去，试图找回一些已被遗忘的传统。

我们大部分人都还记得在最近一轮经济不景气中的经历：裁员的焦虑，不知明天是否还能有口饭吃的焦虑，没有存款的焦虑，没有财富的焦虑，对美国是否还能保持老大哥地位的焦虑。那些经历过新奥尔良州灾难的人、那些经历过"9·11"恐怖袭击的人和那些经历过俄克拉荷马州爆炸案的人，他们看待世界的方式会与那些没有类似经历的人大不一样。另外，我们每个人还会根据事件发生时我们所处的定位去看待这些事件：作为孩子、穷人、富人、高中生、大学生、三十多岁、四十多岁还是五十多岁。"那时我回不了家，因为我付不起房贷。""这次我不得不放弃我的梦想。"当今大多数人都还清晰地记得1960年代的民权斗争并见证了美国历史上第一位黑人总统的当选。因而，理解我们所生活的时代和定位，确实非常有趣。

社会权力与思想控制

社会结构与权力有很大关系。定位赋予人们的不仅仅是一种思考世界的方式，而是还有社会权力，即相对他人获取想要事物的能力。谈到思想控制，重要的是要理解，高层定位能够给予个体机会和能力去影响社会上其他人的思考。马克思和曼海姆都注意到了有权势者如何创造意识形态来维持现状（即他们在社会中的定位）。马克思写道："统治阶级的思想在每个时代都是占统治地位的思想。这也就是说，一个阶级是社会上占统治地位的物质力量，同时也是社会上占统治地位的精神力量。支配着物质生产资料的阶级，同时也支配着精神生产资料，因此，那些没有精神生产资料的人的思想，一般都是隶属于这个阶级的。占统治地位的思想不过是占统治地位的物质关系在观念上的表现，不过是以思想的形式表现出来的占统治地位的物质关系；因而，这就是那些使某一个阶级成为统治阶级的关系在观念上的表现，因而这也就是这个阶级的统治的思想。"

资本家批评工会和税收制度，为他们所拥有的进行辩解，并鼓励工人为他们努力工作："只要你努力工作，你也会变得富有。"独裁者教育人民要顺从，声称秩序是当下必需的，顺从和牺牲总有一天会给所有人带来成功。上层阶级教导人民的是他们值得拥有他们现在的一切，而且他们曾经为此努力过。奴隶主在奴隶面前为奴隶制的公正性进行辩护。种族主义者也创造出一套说法来教育他人，企图为种族不平等进行辩护；这些说法通常都是错综复杂，让人摸不透它们的本质（即为种族不平等编造的借口）。最后，就连奴隶和种族主义的受害者都可能开始相信起他们。

穷人的视角通常而言是一个复杂的混合体：一方面是他们基于自身定位，通过与其他穷人互动形成的一些想法，另一方面则是富有个体的一些观点，他们与那些富人进行着直接（在互动中）或间接（通过媒体、工作或租借财产）的交往。穷人通常都是社会上的保守力量，尽管他们从社会的这种运作方式中获益极少。因为不是穷人控制媒介、教育或政治制度，在社会上传播的也不是他们的观点，所以与其他所有人一样，他们也受到了那些控制影响渠道的人的影响。占据权势位置的人最有机会创造出能让其他人相信的观点。"洗脑"这一说法可能有点夸张，但社会权力在创造人们应该相信什么这方面确实起着至关重要的作用。

思想控制：有限的知识

我们所拥有的知识对我们自由思考的能力有重要影响。我们通过各种经验来积累知识：正式的学习，非正式的学习，阅读，讨论，模仿和反复实验。没有人能无所不知，无所不晓；没有人能包揽各种视角，理解所有选择；我们学到的知识只是沧海一粟，星空一隅。有时我们自以为理解了，但实际上我们并不明白；我们的文化偏见通常都会成为我们理解过程中的拦路虎。有时我们从别人那里学到的知识并不准确，有时在我们的群体里并没有机会去理解某些知识；或者由于自身知识薄弱，我们只能被动接受别人告诉我们的东西。有时我们的理解是如此根深蒂固，以至于就是有新证据出现，我们也不愿做出改变。

理解对自由来说很重要，它对我们如何选择、如何处理遇到的情况、如何理性且恰当地控制我们的行为来说都是必需的。这就是为什么一个自由的社会会鼓励辩论、批判、探索真理和多元视角（这些对个体自由来说都是至关重要）。我们每个人的知识和理解都是有限的；随着个体知识和理解的增加，更多的自由代表着更好的选择，意识到这一点非常重要。那些对自身所处环境缺乏知识和理解的人，通常其思想自由也会受到限制，进而就会在他们的行为选择方面产生影响。有限的知识限制了自由的思想。

思想控制：无力仔细思考

思考并不是一件容易事，它是人们必须学习的。如果我们是自由的，那么对于别人教给我们的和我们将要相信的事情，就必须进行批判的、逻辑的、分析的、开放的考察。这一点极其重要；如果缺失了这一步骤，一个人很可能就是在接受和简单地背诵他人的观点；在追求真理的道路上，他就有可能会变得懒惰；并且也没有合适的工具去评估他或她所遇到的任何观点的真实性和虚假性。

社会心理学家研究了影响人们的各种方式：他们如何去接受那些他们听到的、读到的、甚至是自己在思考中得出的各种观点。有一点很重要：我们既需要知道好的证据由什么组成，也需要意识到人们对我们的影响并不只是通过证据或缜密的思考，而是也会通过伎俩、虚假的逻辑和表面上的吸引力。为了评价我们应该如何批判自己和他人的观点，很重要的一点就是要理解我们情感的忠诚、我们的价值观、我们的偏见、我们的文化、我们在结构中所处的定位。从某些方面来说，学习的过程就像是买卖的过程，有人买，有人卖；思想自由必须包含一个知识性的思考过程，这一过程需要是主动的而不是被动的。一个人必须习惯性地去质疑、评价和考量他们的知识和他们的思考。

这是学校教育必须强调的最重要的一种技巧。哲学、自然科学、社会科学、人文学科、历史、数学、演讲、文学、语言、写作，以及其他许多文科课程，它们的目标至少有一部分都是在教授学生如何思考。事实上，文科这一术语就意味着"解放"。文科不是我们要学习和背诵的长篇大论。相反，对许多老师而言，学会缜密思考才是解放的真正本质所在。

但这只是故事的一部分。自由并不只是自由的思想。即使我们的思想有了一定程度的自由，我们也依然必须更进一步去追问：什么（如果有的话）限制了我们自由的行动？

自由与行为控制

一个自由的行动者是一个能够进行自由思考的人。一个自由的行动者也是一个能够自由行动的人。一个自由的社会既鼓励思想自由，也鼓励行动自由。

思想自由与行动自由在诸多方面都是相互联系。人们或许能够进行自由的思考，但也可能在他们所处的环境中自由的行动受到严重限制。显然，有些奴隶能够克服他们所处的环境，进行相对于其他奴隶而言更自由的思考，但他们的行动却仍像其他人一样受到控制。在二战时的纳粹集中营，毫无疑问，很多人都明白他们即将赴死；在这一意义上，他们的理解比其他人更加自由，但在那种情况下，他们绝无可能自由地离开那一环境。

亨利·梭罗曾因非暴力反抗而被关押起来，他写道："我能看到，如果说在我和我的市民之间有一堵石墙的话，那么在他们变得像我一样自由之前，他们还有一堵更难翻越或突破的石墙。"梭罗认为他是自由的，因为他没有受到社会上关于战争冲动的影响；他没有听从政客、军事领袖、报社记者和普通民众所鼓吹的战争的美德。他批评了那些没有真正理解战争的含义就开始为暴力鼓噪的人。他可以违背当局的领导自由地行动，但他却被投进了监狱。他向自己和他人宣称，这是一次自由的行动，因为他控制了自己的思想和行为。但他却遭到了社会的反对。在牢房里，他的思想可以比别人更自由，但若无法走出牢房，他的行为也就不会比一般人更自由。思想的自由是那些反对东欧体制的人的口号，但对东欧大部分人来说，自由都是无法实现的，因为他们生活在一个领导人对批评零容忍的社会里。

如果一个人的行动能不受任何内部和外部的控制，那他就是自由的——只有行动者自己控制其自身行为。一旦他的行动遭到任何干涉，他就不再是自由的。也许平时人们常说的"像鸟儿一样自由"就是这个意思，因为飞翔看起来很像是一种不受干涉的行为（实际上，鸟儿也不是真正的自由，它们会受到天性或自然环境的控制，或者是受到经验和人类的调控）。

由此我们可以得出社会控制我们的第二种方式：它不但会控制我们的思想，还会限制我们、引导我们、控制大部分我们所做的和怎么做。即使社会给予我们思想自由（这只是一种假设，事实上是一种高度的夸张），行为也总是会受到压制。我们实际上所做的受到了各种力量的引导，而非自由选择。有些人坚持认为这些力量微不足道，特别是在我们的"自由社会"里；另一些人，如大多数社会学家，则将这些力量视为影响所有行动者的重要因素。在我们所处的世界里，我们的行为和我们的思想都不只是自由选择的产物。

思想控制与行为控制

理解行为控制的第一步就是要回顾一下思想控制。文化、语言、社会结构、我们有限的知识和理解、社会中的权势力量都会控制我们的思想——在同一程度上，我们的行为也受到了控制。我们上学，努力想获得成功，我们背诵知识，参加考试，一遍遍地改写论文，与他人和老师探讨学习内容。没错，乍看上去我确实在控制着我自己的生活；但是，看看这个社会：它对正规教育中学业的强调、它评价学习的方式、它强调教育作为取得物质成功的一种方式、那些被捧为模范学生的个体、对成绩正态分布的需求、学习的定义、大学里学科的划分、对智力的定义、教授们手中的权力——所有这些都影响到了我实际的思考和我作为一个学生该如何行动。文化与行为总是交织在一起：文化不只是对我们的思想非常重要，实际上它也控制了我们大多数人的行为。

　　马尔库塞（Marcuse，1964）在《单向度的人》中描绘了一幅我们现代工业社会的情景：这是一个媒体主导思想和行为的社会，在这个社会里，反抗变得无法想象。物质至上和富裕生活成为占主导地位的媒体信息，它们告诉我们在生活中什么是重要的并将我们的注意力转向追逐更多的财富。关于生活质量、自由、平等和普遍的人类福祉问题则被置之脑后。这并不是哪一群阴谋论者能决定的；实际问题非常微妙：所有的信息、整个的氛围、暗含的意思、被视作理所当然的价值观，都向人们传达了一种占主导地位的信息（对其他信息则闭口不谈）。这种信息就是富裕生活，就是积累财富。由此导致的行为就是以追求物质成功和消费主义为目标，而不是批判性地去思考和抗议社会不公。

　　我们的思想包含了对我们自身的看法。思考我们是谁，判断我们的价值，这些都是极易受到他人影响的思考并会影响到我们的行为。虐待儿童会让孩子从一个消极的角度去看待他或她自身，将自己看成一个没有价值的人。这会对他的行为产生各种可能的影响。如果在学校无法取得好成绩，至少会让人逐渐意识到自己是一个差生，在有的情况下甚至会让人觉得自己是一个笨学生。将自己看成医生、律师或老师，评价自己长得美或丑，认为自己有价值或没价值，这些想法都会受到我们与周围人的社会互动的影响，而且这些观点往往还会持续一生。对自身的思考对于我们在所处的环境中会采取何种行动有着巨大的重要性。如果我认为自己是个男人、门卫或专业人士，我就会表现得像那些人一样；如果我怀疑自身的价值或者对自己没有自信，我的行为同样会因此而受到影响。黑人作家鲍尔温（Balwin，1963）在给他的侄子的一封信中写道:"记住……只有接受白人冠给我们的'黑鬼'称呼才会毁掉你。"鲍尔温明白,失败只会发生在那些承认自己失败的人身上。所有我们对自身的思考都对我们在这个世界上的作为很重要。如果一个人的行为源自互动中别人强加的负面自我形象,那么要让他或她对其行为负责,这种想法就是一种误导。同样具有误导作用的是,奖励那些在生活中做得很好但却没有意识到在与他人的互动中如何喜欢自己、信任自己、看重自己的重要性的人。

社会制度与行为控制

行为并不只受思想的指引,我们也会学习如何在家庭中、邻里间和社会上行动。

我们会学习遵守制度。我们结婚是因为社会为我们设立了一个框架;我们约会、确定关系、同居、订婚、结婚、生子、离婚,是因为这些不同的亲属制度(或惯例)都是社会在相当长的时间里发展出来的,都是需要人们去遵守的。对我们大部人来说,社会制度中的再婚和多婚都让我们想到了婚姻制度。同性恋婚姻目前还没有制度化,也许总有一天这会变为现实。我们给候选人投票,我们参加党团会议,我们参加初选,我们去吃千元大餐,我们为竞选募捐,因为这些都是社会业已形成的各种政治制度。因为我们的组织形式,新的制度很快便得到确立,如因特网和推特。我们祈祷,我们领圣餐,我们接受洗礼,我们新年聚会,因为这些制度早已在我们的社区里建立起来。同样,我们还有各种经济制度、司法制度、教育制度、卫生制度和娱乐制度。我们是在自由选择去看电视和使用电脑,还是说我们这样做是因为它们是当今美国占据主导地位的娱乐和教育制度?

我侄子不许他的孩子们看电视，这样他们就能避开美国文化中某些不好的方面。我认为这一做法让孩子们在更大程度上获得了自由。但在我看来这并不意味着，对社会上绝大多数人来说，电视就不是一种巨大的力量。它对我来说仍然意味着有一种叫作电视的力量，一个人想要拒绝一种制度就必须脱身远离那一制度。不看电视也有不好的后果，因为电视也是一种知识来源；但在另一方面，除了电视，还有更强大的知识来源，如一个小群体里具有超凡魅力的领导人。

我们应该意识到，做任何事情都会有许多不同方式：接受教育、奔赴战场、守卫和平、管理社会、买卖货物、娱乐休闲、交通往来、崇拜上帝、治疗疾病、结交朋友、穿衣戴帽或清洁身体。慢慢地，每个社会都会形成一些合法的、广为接受的做事方式，人们习惯了这些方式，在正常情况下就会不假思索地接受它们。这就是我们的制度：虽然不是所有人都会遵守这些制度，甚至还有一小部分人试图去改变它们，但它们仍然作为一股力量存在并指引着我们大部分的行为。制度不允许我们去做选择。制度就是简单地指引我们的行为，它们是一些我们很难背离的道路。一旦我们反其道而行之就会产生一些后果，这些后果会让我们的生活变得很是艰辛。对大部分人来说，背离制度（通过自由选择或受到其他因素影响做出的选择）的结果就是，我们会失去简单的行动方式。

社会化与行为控制

社会化是一个过程，通过这个过程，我们被教导如何去思考和行动；同时，这个过程也教给我们那些我们被期望去遵守的制度。这一过程需要通过许多中介来实现，如父母、姊妹、朋友、老师、同辈、书籍、电影、邻居、俱乐部、帮派、警察、员工等。我们需要意识到的是，这些中介会指引和强化他们想要我们去做的，而不许可那些他们不喜欢的行为。指引我们行为的道路坎坷不平：有微笑有皱眉，有赞成有责备，有表扬有批评，有惩罚有奖励，有最高分有最低分，有升职有降级，有暴富有破产，有掌权有入狱。通过所有这些经历，我们知道了别人赞成的方向。偶尔我们也会偏离这些方向，但大多数时候，对大部分人来说，奖励和惩罚都是最重要的。

然而，社会化并不止步于简单的强化，它同样源自我们可以利用的机会。通过他人的行动，我们可以接触环境的一些方面，然后与他人区别开来。父母可能不想让孩子去念书；朋友也许会让他们喝酒吸毒；社区里或许没有能让孩子们练跳舞的合适的学校，就算是有也可能只会鼓励女孩子而非男孩子去参加；社区里可能会有一些暴力帮派引诱年轻人去犯罪。社会化不只是强化，更是会对参与其中的人所提供的机会进行最微妙的影响。拥有这样的机会，我们就有可能在生活中进行选择；没有这样的机会，要做选择就会比较困难。如果没有这种机会，而且机会也不存在于周围人身上，我们又怎么可能会突然决定朝这个方向去发展？而且就算最终我们做出了决定，但要是周围人都不断打击我们，又会有什么事情发生在我们身上？

角色榜样也在我们的社会化中扮演着一个重要角色。与他人产生共鸣、模仿他人的行为是我们被社会化的重要方式。如果只有男性选择这条路，一名女性又如何能够决定成为律师或医生？如果她看见的和知道的所有女性都选择要孩子，一名女性又如何能认定不要孩子也能拥有完满的一生？1950年代，那时我还在念高中，我的女性朋友们怎么可能知道她们将来也能成为棒球明星、篮球明星、博士、政治领袖、大学校长、最高法院法官？当时在这些定位上都还从未出现过女性榜样。

奖惩、我们能获得的机会和角色榜样都是社会化引导我们行为的重要方式。在美国，最贫困的小孩在其成长过程中不会遇到任何拥有固定职业、安稳家庭、成功人生的角色榜样。他们的父母通常都是失业者，饱受生活打击。在一个社区中，如果极少有人通过教育获得成功，我们又如何能去教导孩子们读书很重要？如果身边人都是失败者，孩子们又怎么可能成功？作为旁观者，我们很容易去责备成年人；但不管怎么说他们也是社会的受害者，他们没有足够的角色榜样、机会和鼓励；他们也是贫困的受害者，他们发现，想要摆脱这一切几乎是不可能的。

社会化在很大程度上也塑造了我们的性格特质，很多时候自由都会受到极大限制。给予孩子爱与鼓励的父母能够教育孩子以一种开放的姿态去面对世界，追求自由的人生；反之，打骂、性侵、灌输充满偏见的观点和暴力则会产生严重后果。一些社会化的结果就是这些个体变得非常冲动（冲动并不是一种自由行动），无法获得解决问题的技巧。社会化尤其重要的一点就是，它能教给人们与他人进行互动和交流的技巧。

社会化向来都很复杂。我们会吃惊地发现，一些个体最终选择的方向仅仅是因为一本书、一部电影、一个新朋友或一次简单的行动。我们生活在连续不断的行动中，这些行动会因个体、群体、问题、意外、巧合、阅读和观察而朝不同方向发展。生活在现代社会，父母的作用会持续很多年，在那之后，孩子们可能就会转向听从那些比父母年轻的人。改变的能力，我们一直都有，但改变通常都会涉及他人的行为。父母的作用非常重要，同样，老师、朋友、爱人、宗教团体、雇员，以及那些压迫我们、试图按照他们的意愿来改造我们的人，他们的作用同样重要。决定我们方向道路的，不只是我们早年的岁月，不只是我们的父母，也不只是朝着某一方向努力的梦想。这是一个人在其一生当中的所有行动，它们受到奖惩、角色榜样、群体、机会和成败的影响。社会化是一个永恒的过程；随着技术发展，整个世界都将会对人进行社会化。

社会定位与行为控制

社会结构和组成它的定位也会控制个体行为。我们所有人一降生就被指定了一个阶级定位并逐渐学会了那意味着什么，以及如何按照符合那一定位的标准去行动。我们看到的、采纳的、视为自己的行为，都是符合我们阶级定位的。对政治的兴趣和活动受到社会阶级的影响，结婚和离婚也是一样。性别－角色期望会随着阶级不同而不同，对宗教的选择也是一样。学业成就、医疗保障、育儿实践和犯罪可能性都取决于阶级——至少在一定程度上是这样。性行为、约会、家庭生活、饮食、穿衣习惯和语言也都受到阶级的影响。

与社会化一样，阶级也与个体在生活中的选择有关。我们的机会来自阶级定位，比如，阶级会影响我们选择念书的学校，会影响我们在生活中考虑接受的工作。我们对邻居、律师和医生的选择也深受阶级的影响，同样，我们的个人及财产安全、被判入狱的可能性、染上某些疾病和早逝的可能性，也都受到我们所处阶级的影响。

对很多人来说，贫困都是一个无法绕开的陷阱。它将人们的注意力集中在最基本的生存之上：找到足够的食物填饱肚子，找到栖身之所。人们关注的焦点不再是为了长远梦想而努力，不再是为了得到大学毕业证书，不再是为了找到体面工作而接受培训，或者说他们不再未雨绸缪早做准备。对大多数人来说，贫困都意味着要依靠他人来维持生存；穷人通常都无法自行解决问题：住处、保护、食物、衣物、医疗，全都操纵在他人手里。不过，即便有钱人对最基本的生存所需依赖较少，但其生活中也还是有很多需要操心的地方，如价值观、教育、志向、婚姻、职业、邻居，等等。财富给人们带来了在生活中拥有更多选择的能力，但超越思想和行为的真正自由却很有限。

下面再来看一下性别对我们的影响。要在社会上当一个女人或男人，就是要学会许多恰当的行为：我们是否可以把书捧在胸口？在性生活中，我们是否可以扮演主动角色？我们是否可以在职场和家庭这两个领域并肩发展？与性别特征有关的歧视行为在所有社会都是处处可见；我们并不需要根据它们来采取行动，但不管我们行动与否，都会产生相应的后果。在我们做出的每个决定中，我们在社会性别结构中所处的定位都会塑造我们的行为。在我们生活的世界里，性别也可能会随着社会及世代而改变，但却永远都不会消失。

社会结构中的定位会根据我们在权力、特权和声望方面与他人的关系对我们进行排序。不拘在任何组织，权力都会影响他人如何对待我们；特权会影响我们最终获得的成就和在真正选择的基础上采取的行动；声望则会决定我们在组织里受尊重的程度。荣誉对他人怎样对待我们，以及反过来我们怎样对待自己，非常重要。定位不同，角色也就不同。角色对我们的行为至关重要，它们是我们被期待去了解和遵守的脚本。定位也赋予了我们身份。身份对我们的行为至关重要。定位同样给我们提供了思考的视角。视角对我们的行为也是至关重要。

社会控制/裁决与人类行为

最后，在考虑自由的可能性时，我们必须回顾一下梭罗的处境。

对于破坏法律的人，社会会惩罚他们，将他们关入监狱，让他们无法再任性妄为。我们所有的行为都是这样：我们会因我们的自身行为而受到奖惩。它们被称为社会控制/裁决。

对那些胆敢逾越社会规范者，我们会把他们投进监狱或处以罚金；对那些"优秀"市民，我们会对他们进行提拔和颁发荣誉证书。父母既会大声吼叫、嘲笑、打板子，让孩子们感觉犯了错；也会轻言细语、表扬、拥抱，让孩子们如沐春风。企业既会对员工解雇、降职、威胁和责备，也会对员工进行提拔、表扬、加薪和分红。朋友、家庭、群体和社区都会运用社会裁决（社会控制）来让人顺从。

内部社会控制与外部社会控制是有区别的：前者是被个体内化的规范的、精神的、道德的体系，即使没有奖惩人们也会顺从，因为个体会对自己进行自我控制。良知就是这方面一个极好的例子。相反，外部社会控制则是社会通过对我们的行为进行奖惩而强加在个体身上的制度。

所有的社会互动里都存在一些期待我们遵守的规则，与此同时一些社会控制也在不断运行以确保行动者会遵守规则。当我们在表演时，所有人都是舞台上的一部分。我们的表演（将自我呈现给他人）如果看起来太假，别人就会苛评我们。每个演员都知晓这一点，所以每个人都会努力呈现一场令人信服的表演。如果我们想和他人互动，我们就不能随心所欲地表达自己；互动限制了我们能够做什么的范围：对他人洗耳恭听，尊重差异，接受他人，以积极的方式表达异义，隐藏我们的弱点，展示我们的力量。当然，在很多情况下，如果我们不在乎继续和某些个体进行互动，我们也就可以抛开这些表演。但若我们在意对方，互动就不会只是滔滔不绝地表现自我而顾不上去聆听他人。只要我珍视互动，我就必须相应地控制自己。

某种程度上，他人就像是我们的狱警，如果想要生活顺心如意，我们只能心甘情愿地顺从那些普遍规则；如果想要获得归属感，我们就必须遵守它们；如果藐视社会互动时的众多规范，我们就有可能会被驱逐，或者是会破坏该互动或组织。

自由是否是可能的？

自由是极其有限的。社会学的目标就是向我们展示，我们所想所做的并非就能简单地由我们自行决定、控制和选择。我们的社会生活创造了我们的思想；我们的行为受到我们的想法，以及更深层的社会起因的影响。强调我们深陷囹圄的不只是社会学，而是还有心理学、经济学、生物学、人类学、政治科学和社会心理学。事实上，所有科学都假设存在自然起因，所以它们强调的重点都是控制而不是自由。

起因是一个对所有人来说都很重要的词语。无论何时我们探索人类行为的起因，我们都必须寻找自由或自由之外的偶然原因。为什么张三会和李四结婚？为什么墨西哥人会通过各种合法或非法途径跑到美国去生活和工作？为什么有些人商运亨通，有些人却倒闭破产？为什么美国会卷入伊拉克战争？为什么我们会花这么多时间去看电视？为什么乔治会变成同性恋？为什么约翰会成为优秀教师？那些有宗教信仰的人通常都相信我们每个人从根本上来说都拥有自由的意愿，但即便这样他们也仍想知道：为什么会有人脱离宗教组织？为什么孩子会变得礼貌，不再批评他人？为什么学校会有麻烦？"为什么"这一问题是对原因的探索，不管你喜欢与否，它通常都意味着自由意愿只不过是一个空洞的噱头。

对大多数人来说，我们仍然相信人类可以是主动的，而不是被动的；能够自我控制，而不是被控制；能够做决策，而不是条件反射。虽然自由无法证实，但至少我们可以考察它的特质，这样人类或许就能克服对其思想和行为的社会控制。对社会学家来说，因为有了社会，自由才变得可能。其必要前提是社会的。只有通过在社会交往中产生的符号语言、自我和心智，自由才会变得可能。

很大程度上，社会化的产生是基于一个语言系统，这是一套高度复杂的符号，它们由人们创造并加以理解且被有意识地用来与他人和自己进行交流。这一有意识的、复杂的语言系统能将我们对自身的所有理解有目的地传授给他人。在使用他人的语言进行学习的过程中，人们接受了那门语言，开始理解他人的行为，开始暗暗地和自己讨论（思考）他或她所遇到的环境。有意识地使用能被人理解的语言，可以让思考变得可能。思考让我们对所处的环境不再是做出条件反射；思考至少允许我们在一定程度上控制所处的环境并在那一环境中控制我们自己。没有思考，我们注定只能做出简单的条件反射；有了思考，我们才有自我控制和自由的机会。有了思考，人类就能定义其所处的环境，考虑选择什么行为，抛开环境因素控制自身行为。

这样的说法并未否认上述所有控制的存在。诚然，我们的思想和行为仍然受到社会中许多力量的控制；但在另一方面，随着我们的社会化，我们也学会了一种独特的语言系统；这一语言系统使我们能够摄取社会控制的一部分，进而则可在一定程度上根据我们自身的意愿进行思考和行动。用语言进行思考，能让我们理解、阐释和分析当下情景；能够考虑各种选择；能够评价一种行为的道德性和有效性；能够将知识与过去的场景应用于现在；能够理解行为带来的后果，能够欣赏那些和我们互动的人的思想和情感。自治的个体能够有意识地对其所面临的压力和规范进行批判评价，找出其意图所在，并得出实际结论。尽管存在这么多的控制，我们依然能够斟酌自身行为并告诉自己什么是必须做的。在多大程度上去服从社会的期待值，这是一个我们可以自行决定的选择。决定抛开社会化者教给我们的一切，既需要自由思考，又需要具备能够引导我们自身做出选择的能力。

布鲁默和米德都介绍了社会的重要性和语言的发展。他们给人类塑造了一个积极的、有选择的、自我引导的形象。除了语言，他们也注重自我和心智的发展，这两个特质随着语言发展起来并对我们拥有的任何自由都做出了贡献。心智就是我们每个人能够抑制自我、做出选择、评估环境和控制我们行为的活动。自我就是行动者做事的内在目标。自我能将我们置身于具体情景中，进而反思自己、意识自己、评价自己、指引自己、控制自己和判断自己。人们正是通过语言的使用、自我和心智去进行思考和做出行动，理解社会就是这些特质的产物是非常重要的。

组织生活的终结，同样意味着人类的终结。没有社会模式，只会混乱一片；混乱意味着无法对行为做出引导，合作毫无可能。绝对自由在我们大多数人听来都不过是罗曼蒂克的想象；没有社会模式，不可能设想任何事物——除了毁灭性的社会冲突、建立在个人武力之上的权力，以及对自身之外任何人的自由都不屑一顾。

当然，自由对人类社会来说是必需的。如果一个组织对它的行动者抱持一种固执的、毫不妥协的、完全控制的态度，那么该组织想要持续存在下去就会变得非常困难。创造力和变革是必需的，自由则会鼓励创造力和变革。当然，这需要在秩序与自由之间找到一个可行的平衡点。在民主社会中，将自由最大化非常重要，它意味着需要创造鼓励思想自由和行动自由的条件。

| 小 结 |

如今很明显的一点就是，自由远比我们大多数人从政治领袖、媒体和日常社会互动那里了解到的要复杂得多。社会学家力图让我们对自由的理解超越理所当然的爱国主义。它的内涵不是简单的政治民主选举，尽管它包含了这一成分；它的内涵也不只是顺从或不顺从，尽管它也包含了这些因素；它不仅仅是思想和控制思想，也不仅仅是行动和控制行动，而是将它们全都囊括在内。小结是为了理清思路和指出我们对自由进行了怎样的讨论。（1）自由被定义为控制自己、自己的思想和自己的行为的一种能力。（2）大部分社会学视角都立足于社会和各种社会力量如何控制人类之上。（3）自由可以分为思想自由和行动自由。（4）对社会学家来说，思想是对现实进行社会建构的产物。对思想的控制来源于文化、语言、结构、制度、贫乏的知识和思考的不足。（5）对社会学家来说，行动自由是自由的第二个层面。人类行动受到思想、社会化、社会结构、社会定位、制度和裁决的塑造。（6）社会不是一所监狱，它是社会化，是语言、自我和心智的发展，当我们在行动时，它能允许我们对自我进行思考和引导。自由既不是自然得来，也不是成年后自动获得。它的可能性有赖于社会的允许和鼓励，有赖于社会条件的扶助，有赖于个体不断努力，积极而充满智慧地去追求它。

弗洛姆曾写道：人世间最难的爱就是对自己孩子的爱，因为我们对他们的爱是为了让他们能离开我们，让他们能掌控自己的生活，能够自由地选择他们的思想和行为。积极行动起来为了争取他人的自由而奋斗，需要智慧、勇气乃至巨大的付出。生活中总是会有许多人在诱惑我们放弃自由，或者暗中想将我们拥有的自由强行夺走。我们需要看清楚这些人，知道如何解放自己和他人。而这也正是梭罗入狱的真正意义所在。

是的，他是因为他的行动而被监禁起来，他确实也失去了行动的自由，但他做出决定他必须放弃行动的自由，这样别人才可以享有更自由的生活。我们在这个社会里享有的无论什么权利，都是经过前人抗争得来的。自由不应该是一个肤浅的口号或者是一个空洞的词语；自由应该是一种有深度的思想和行动方式，它绝对不会完美，永远精细脆弱并一直受到攻击，但却也总是值得我们去加以创造和捍卫。

思考题

(1) 是否能在某种程度上测量一个人的自由度？自由能被证实吗？

(2) 语言是否是自由的先决条件？不用语言进行思考和控制自己的思想和行动，有可能获得自由吗？

(3) 你是否同意思想自由对行动自由来说是必需的？

(4) 为什么对人类来说相信自己是自由的很重要？

(5) 是否真如伯格所说，社会是"我们在历史中的监狱"？

(6) 你如何定义"自由"？

(7) 你能举出一个完全属于你自己的想法吗？它的根源是什么？

(8) 一个男人有可能像一个女人那样思考吗？一个白人有可能像一个黑人那样思考吗？一个老师有可能像一个学生那样思考吗？

(9) 法庭上的法官会如何回答这个问题："人类是自由的吗？"一个爱国的美国人又会如何回答？

(10) 美国是否符合"自由社会"的定义？

[第六课]

为何不能人人皆同？

价值判断、种族主义和人类差异

为什么会有战争？为什么我们会认为自己是正确的？为什么忍耐如此之难？为什么宽容如此少见？为什么社会之间会有差异？为什么个体之间会有不同？为什么对价值观会有不同的理解？什么是偏常？什么是真正的不正常？谁的价值观最好？显然，我们很难回答这些问题。这些问题只有哲学家、心理学家和社会学家才能回答。本课我将尽力去阐释社会学家是怎样解答这些问题的。

古希腊人生活在很多小城邦里，每个城邦都是独立的，拥有各自的政府、军队、文化、制度和经济。有些城邦，如雅典，是民主制；有些城邦，如斯巴达，则是独裁制。然而，所有城邦都有一个共同点，那就是他们都是希腊人。在山的那边，海的那头则生活着其他人，那些人是陌生的和野蛮的。他们的生活方式与其不同，让人厌恶，用一个词来形容他们就是"未开化的"。跟古希腊人一样，在古罗马人眼中，世界也被一分为二：文明的罗马人和野蛮的其他人。中世纪则将人们分为异教徒和基督徒；进入15世纪，当欧洲人来到美洲大陆时，他们遇到了许多不同的文化，他们称其为"印第安"并将其生活方式描绘成"野蛮的"。

我上北部高中时，老实说，我相信我们的学校、我们的学生、我们的老师和我们的团队比其他人都要好。我对高中的忠诚是这样一种挥之不去的信念：相比那些进入其他学校的人，我们是真正受到庇佑的。在所有的体育项目中，凡是遇上有争议的裁决，我都确信我们是对的，对方则受到了裁判的偏袒。甚至是在今天，一说起北部高中，我们仍能回想起那时的生活。只可惜北部高中很快就要停办了，我和我的朋友们都为此感到很伤心。

实际上，大多数美国人都相信美国是当今世界上最伟大的国家。我们很难相信还有别的生活方式能跟我们的一样好，甚至比我们更好。在看待苏联时，我们严厉指责它的问题和缺点：专制政权，政府干涉市场经济。我们声称，只有克里姆林宫的方式向我们靠近，他们的人民才有可能享有我们所享有的。事实上，我们在审视其他文化时往往倾向于按照它们距离我们远近加以区分，我们将其中一些划分为原始的、一些为欠发达的、另一些则为发达的和文明的。当然，我们肯定是称我们自己是文明的，而其他社会则都不如我们。

我在这里提到了几个重要问题，这些问题都紧密相关，下面我们就来对它们依次进行考察。

价值观的意义

"我的妈妈比你的妈妈好。"我的宗教比你的宗教好，我的学校、我的专业、我的道德观、我的生活方式、我的汽车、我的朋友，通通都比你的好。

比较与价值观有关。每当我们使用好、坏、更好、最坏、优等、劣等、应该、不应该等词语时，我们就进入了复杂的价值观的世界。每当人们使用或暗示了应该一词，这就是他们正在讨论价值观的警报。在那种情况下，有人正在进行价值判断，该判断与什么应该和不该存在于世界上有关。本课题目"为何不能人人皆同"就暗示了别人应该和我们一样。他们为什么不跟我们一样呢？他们是有什么问题吗？为什么我们会比其他社会更先进？看看我们，我们是先进的，为什么其他人就不能变成我们这样？在奥运会上我们赢得了很多奖牌，为什么别人就做不到呢？

当然，始终都有很多人在批判我们的社会，特别是当我们身处一个鼓励大家进行批判思考的群体中时。我们太崇尚物质,我们不重视教育,我们加班太多,我们太懒惰,我们过分热衷体育,我们过于迷信,我们正在失去宗教信仰,我们太好高骛远,我们正在失去我们最优秀的特质;以上这些都是价值判断的例子:更好或更差、好或坏、对或错、应该或不应该。

至今我仍记得在一次旅途中与两位教授的交谈。他们对高等教育赞不绝口,他们说:"每个人都应该接受大学教育。"他们说:"知识总好过无知。"我向他们发起挑战:"你们正在进行价值判断。总体上我也赞成你们的观点,但我们都找不出任何方法来证明我们是正确的。只有关于事实的陈述才能被证实。"他们不赞成我的说法,我就追问道:"为什么有知就比无知好?""因为它可以帮助我们在职业生涯中获得成功。""谁说我们就应该在职业生涯中获得成功?"这种问题通常都很重要,只是有时有点烦琐,但它们总是涉及我们假设生活应该像什么样子,因此它们也就变成价值观问题。

价值观是我们为之献身的事情,它们反映了我们对这个世界上什么是好的、什么是不好的想象。价值观是人们用来判断自身行为和他人行为的标准;它们会告诉我们"哪些目标是我们应该追寻的;什么是应该做的,什么是禁止的;什么是高尚的,什么是耻辱的;什么是美好的,什么是丑恶的"。如果我真的相信要过有意义的生活其重要一环是拥有家庭,那这就是我的价值观。我的生活是为了我的家庭,我会投票赞成会对我的家庭产生影响的问题,我会为我的家庭花费时间和金钱,我甚至会将这一忠诚扩展到有利于美国乃至全世界家庭生活的行为上。在很多情况下,我对我的家庭是如此忠诚,所以我很难理解那些不想拥有像我一样家庭生活的人;如果你想像我一样幸福,你就应该将时间花在你的家庭上。如果你没有家庭,我可能就会认为你这人不道德或自私。我会将对我的家庭生活产生的威胁视作对我的个人存在产生的重要威胁，所以我就会支持社会铲除这样的威胁。

对我们有些人来说，自由是一项重要的价值观。（"我应该是自由的，所有美国人都应该是自由的，所有人民都应该是自由的。"）同样，法律和秩序则可能会是我们的另一项价值观——还有宗教、平等、艺术表达、教育、身体健康、容貌美丽、传统、个人主义、帮助他人、过有道德的生活、赚大钱、当个好市民，等等。这些例子都是被我们视为有价值的，如果我相信它们，它们就是我的价值观；如果你相信它们，它们就是你的价值观。但不拘任何人都找不到一个办法可以证明我们的价值观比他人的价值观要好，不拘何时我们想要这样去做，其不可避免的结局就是会面临越来越多的价值判断，而且这些判断没有一个能被证实。价值观就是一种忠诚；只要人们相信它们，它们看起来就是正确的。

我们的价值观也可以是自相矛盾的。美国人既相信一个种族隔离的社会，又相信所有人机会均等；既崇拜个人主义，又遵守集体忠诚。就连我自己也同时深受传统和进步的吸引；有时我会在到底是花时间写我的书还是倾听我太太和孩子关心的事情上犹豫不决。我们可以同时珍视言论自由和女性权利。在色情问题上，我们可以在这些价值观中做出选择："我是看重言论自由，但我并不认为人们就有权利去制造一些玷污女性的色情内容。"在人权问题上："我赞成所有民族一律平等，但我也相信人们应该在自己的社区里上学。"想要改变我们的某一价值观以便为他人服务，这样做并不那么容易，但有时我们也不得不勉力为之。不拘何时意识到这种矛盾，都会在我们大多数人身上引发冲突：自由至上，平等至上，但我们是该赞成那些能给我们带来更多平等的公共服务？还是该赞成减税，这样人人都可保住他们的财富？

价值观和做价值判断

我们在评判他人时也就让价值观进入了我们的社会生活。我们对他人的喜爱建立在价值观之上:"他是个真正的人。""他是个有雄心的人。""我尊重他提出的事实。""她长得真漂亮。"我们对他人的厌恶同样建立在我们做出的价值判断之上:"他不诚实。""她有点自命不凡。""他们做事不道德。""他们很懒。"在上述每种情况下,我们都创造了一把量尺(一种价值观)用来评判他人。通常我们都会认为,有的人应该受惩罚,有的人应该避而远之,有的人应该投进大牢,有的人应该被处决。我们都会选择一同上战场的人是谁,我们应该帮助的人是谁,过去的东西哪些应该保留、哪些则应该改变。

当我们追问"为什么别人不能和我们一样"时,这个问题就建立在我们设立的标杆的基础上。本课提出的好几个问题都是我们当今社会许多争议的核心所在,这些问题一次又一次地出现在华盛顿,出现在各州,出现在媒体上,出现在日常互动中。细究起来,许多冲突的本质都是价值判断,而非事实真相。

许多政治领袖、宗教领袖和经济领袖都争论说,我们的价值观并不是简单地在社会中发展得来,而是由一种超自然力量或单个的领导传递下来。许多人都认为我们的价值观是真实的和显而易见的。难道不应该每个人都信仰自由?信仰竞争?信仰财富吗?

在社会学家看来,价值观是由组织(群体、正式组织、社区和社会)中的人们创造的。它们是文化的,我们会极力捍卫它们;我们既批评他人的价值观,又害怕他人的价值观。为了捍卫我们的价值观,我们会发动战争。我们的决定都是以价值观为基础,我们的价值观会对我们关于自身和关于他人的看法进行判断。每个人都拥有价值观；在我们所处的组织中，我们能够找到并接受这些价值观。

我有我自己的价值观，我会对他人的价值观进行判断。我的价值观和价值判断都是由社会建构的。所以作为群体中的一员，我相信这些价值观并会根据这些价值观做出相应的判断。我想要去相信它们。在我看来，性别歧视是错误的，因为它违背了我对世界本来面貌的看法。对任何人进行任何形式的压迫，都违背了我认为是正确的想法。我相信教育、家庭、朋友和爱情，我也相信工作、民主和现代生活。它们既是我决定为之奋斗的价值观，也是我用来判断他人行为和试图影响他人的价值观。我的教学一直都在按照某种价值观来推进；其中一些跟我自己的非常相似，另有一些则有些许不同。

价值观是社会的。我们通过生活中的互动形成价值观。当我们的社会生活发生改变，我们的价值观也会随之发生改变，或被搁置一旁，或被再次审视。每个组织都在说服我们接受它的价值观，事实上，大多数组织都在宣扬它们的价值观是"真实的"，而不只是一种忠诚。如果我们想要理解其他人和其他社会，我们就必须明白价值观所占的中心地位。我与你不同，因为我和你的价值观不同；我和你的价值观不同，因为我和你所处的群体不同。

种族中心主义：我的文化比你的文化强

种族中心主义是一种一群人对另一群人进行价值判断的趋势；这一趋势是相信我们的生活方式是正确的，其他人若不遵从我们的生活方式，就会显得不那么对劲儿；种族中心主义既有它好的一面，也有它不好的一面，但它却几乎是不可避免的。一旦组成一个群体，我们就有可能变成以种族为中心；一旦和其他人互动，我们就会成为该组织的一部分，我们的时间和精力就会逐渐与其他人隔离开来。如果我们生活在明尼苏达，明尼苏达也就成了我们的地盘、我们的世界、我们的文化。随着时间推移，持续互动就会在行动者之间发展出一种相像性，他们会不断交流，分享经验，形成共有的规则、观点和价值观。

再往下发展的情形自然就是：那些局外人不仅看起来跟我们不一样，甚至看起来还会显得很奇怪——可能是异常的、疯狂的、病态的乃至邪恶的。我们既可以在我们所熟悉事物的基础上进行价值判断，也可以在我们互动世界的基础上评判他人。因此，我们很容易发展出种族中心主义观点。

种族中心主义意味着人们认为他们的文化（"种族"）对宇宙来说至关重要（"中心主义"），其做法就是使用我们所熟悉的和分享的（价值观、观点和规则）作为我们进行思考和评判他人的出发点。我们很容易用我们在互动中所学到的来进行思考，对大部分人来说，我们很难站在旁观者角度去宣称："他们是和我们不同，那又怎样？"种族中心主义既相信我们的社会和群体是正确的，又相信它的文化和制度也是正确的。我们的评判是由社会建构而成，但我们却相信在我们的组织内部价值观要比个人喜好更真实。原因很明显，如果我们处在社会的包围中，就会很难察觉到我们只是芸芸众生之一。

既非所有人都是种族中心主义者，也非所有群体和社会都有种族中心主义，但他们都只是例外。造成我们是种族中心主义者的最根本原因就在于社会组织和它的价值观。

种族中心主义出现的原因

社会互动本身造就了种族中心主义

我们并不是和每个人都进行互动。我们一出生就开始了与某些关系和某些正式组织的互动。由于它们就在我们身边,我们也就顺其自然地接受了它们。我会选择与某些关系保持长期联系,与另一些关系则因各种原因而日渐疏远。但在每种情况下,我都是只和某些人进行互动,因为我不可能同时和世界上绝大多数人进行互动。我互动的对象只包含一小部分人、一些小的组织和众多社会中的一个。我曾相信我的世界就是全人类的一个真实案例。在经过深思熟虑之前,我曾认定我的生活是正确的、我的价值观是正确的、我的道德观是真实的。但随着我周游各地,变得越来越世故,我也在与世界的诸多交往中意识到,人世间有许多不同的生活方式和许多不同的行为选择。

我有很长时间都是一个种族中心论者,如今我仍是这样。我只和某些人打交道并通过这些人形成了我的价值观。对我来说,我的风俗、道德观、行为和选择都很重要。是的,我认为那些和我不同的人看起来很奇怪、很疯狂、无法理喻、令人惊讶、甚至骇人听闻。如果我们足够诚实,我们最终就会变得与周围人一样。而我们周围人看起来则与那些我们不认识的陌生人有所不同;陌生人不只是与我们不同,我们还会认为他们的生活方式不如我们。比如"我不喜欢看戏,你呢?""我上过大学,你呢?""我不明白为什么会有人不想节食,你呢?""'那些人'的问题是什么?"

正是因为有了社会互动,我们才会形成这样的想法。我们一旦成为社会组织的一部分,它的文化也就会变成我们的文化。要去尊重那些跟我们不同的人真的很难。上个月我参加了一场关于战争的讨论，我们对战争的起源争论不休。我从讨论的一开始就提出，战争的存在是因为人们彼此不同。事实上，战争的起因有很多，但随着讨论逐步深入，我们发现"差异"这一观点非常重要。社会发展出社会模式，模式被人们认为是正确的，社会就会竭力去捍卫它的模式。那些拥有和我们不同模式的人就会被认为不如我们。如果我们感觉受到了攻击，我们就会奋起反抗。如果我们相信自己是正确的，我们就会试图让别人接受我们的形象。如果我们认为自己比其他群体更优越，他们就会变得不那么人性化，想要打败他们也就会变得更加容易。

种族中心主义的产生是因为互动的这一本质。我们在互动中形成一个共同的文化，然后组成一个整体，我们处在同一个社会结构中，许多行为都合乎我们的制度，所以相对于其他那些与我们没有互动的人，我们就会和他们隔离开来。群体之间各不相同，各自都会包括各自的正式组织、社区和社会。如果不和我们群体之外的人们进行互动，那我们也就很难去理解、接受和评判我们与他们之间的差异。我们满足于我们所拥有的现实，这些让我们得到满足的东西逐渐也就变成正确的东西。而那些我们无法理解的东西在我们眼中则会显得奇怪和错误。于是种族中心主义也就开始生根发芽。

对组织的忠诚鼓励了种族中心主义

几乎每个社会组织都会鼓励种族中心主义的出现。社会化教育我们要忠诚，我们应该感觉自己是集体中的一员。群体里的人会尽量把个体聚到一起，让他们对群体的文化感到自豪：我们不只是美国人，我们还应该为自己是一个美国人而感到骄傲。我们支持我们在世界上的军队；当我们和别的国家发生摩擦时，我们会坚定地支持我们的领袖。我们的身份与我们的自豪紧密相连；只有组织中的生活才是有意义的生活。如果我们是一名海军陆战队队员、施乐公司员工、哈佛学生、全国有色人种协进会成员，归属感就会让我们感觉良好。归属感可以给我们指明方向，给我们带来舒适感和安全感。它为我们的生活带来了社会根基，赋予我们的行为以意义，并让我们更加坚定我们的想法。忠诚感意味着对我们认为重要和正确的事情的一个承诺：我们被教导要对我们的组织负责。既然我们是忠诚的，我们就要做得更好。主动接受要好过武力强迫。

偏常的创造鼓励了种族中心主义

凡是有文化存在之处，就会有持异议的个体和违背文化的个体。无规矩不成方圆，越界者会受到惩罚。惩罚则向所有社会成员都展示了他们能走出的范围有多远。社会向其他人展示了违背规则、道德和价值观者会有什么样的后果。

当我们谴责和惩罚那些偏常者时，我们就是在重申我们文化的正统性、种族中心主义的合法性和必要性。偏常者就是那些被认为违背了社会的规则、真理和价值观的人。他们是"局外人"，他们被排斥在人们认为是"真实的和正确的"范围之外。他们是野蛮人、未开化的人、原始人、恶魔、罪犯、恐怖分子或神经病。每个社会都对各自的局外人进行了划分，一旦越线你就会惹上麻烦。虽然界线也会随着具体情况而发生变化，但它们却始终存在。尽管有时个体差异也会被容忍，甚至会在某种程度上得到鼓励，但容许普遍存在的个性就是承认我们所相信的文化并无特别之处。这样一来也就存在一种危险：宽容会将对文化、结构和制度的替代变得合法化。性向选择在整个世界上都是一个重要的冲突，因为对很多人来说，这是对我们社会中神圣标准的一个威胁。划定界限的尝试，以及进而将某些人确定为违规者、对这些违规者的惩罚和与之相伴的永久的耻辱，都有助于我们重申文化的核心性。强调我们的生活方式是神圣的，就是在助长种族中心主义。从最基本的意义上来讲，惩罚那些违反文化者创造了一个更大的确定性，即"我们确实是正确的"。如果我们确信自己是正确的，那么其他人与我们之间就不只是差异的问题：他们还是错误的。尊重多元化对大多数人来说都是一个很难信奉的价值观。

种族中心主义的存在是因为我们想要使自身行为合理化

17世纪到19世纪早期之所以会出现繁荣的非洲奴隶贸易，究其因是有人意识到存在这样一个赚大钱的机会：可以把大量的人从家乡掠走进行走私，进而剥削压迫他们而无须关注他们作为人的渴望、计划、价值观和生活方式。像大多数其他人一样，奴隶贩子和奴隶主可能也会信仰上帝并有可能认为自己是善良的、正直的市民。我们很难将他们视为疯子或恶人。但事实上，他们又怎能接受自己犯下的罪行？他们还有良知吗？难道他们还能认为自己是有道德的人吗？

每个民族的历史上都有泯灭人性的例子。美国大规模灭绝印第安人，德国则谋杀了数百万被认为是劣等民族的人。东南亚、南斯拉夫、中东地区和非洲部分地区在20世纪最后十年和21世纪早期，都出现了一个群体有目的地屠杀那些被定义为与其不同的人的事例。

这种压迫与种族中心主义之间有何关联？压迫会带来种族中心主义，种族中心主义则会带来压迫，两者互为诱因。毫无疑问，种族中心主义鼓励了战争、奴隶制、剥削和不平等；但与此同时，种族中心主义也是这些行为的后果。从历史记录中可以看出，奴隶制的存在影响了种族歧视的发展。奴隶制最初的出现主要是为了获取经济收益，而并不是因为一个群体被当成劣等民族来对待。源于种族中心主义的种族歧视哲学观就试图为这一制度进行辩护。有些人认为这样的想法是可以接受的：既然有人不那么像人，摧毁他们也就无所谓。他们从想法到行动都鼓励自己变得比那些他们想要摧毁的人更强大。

所有的压迫都是对的，因为他们和我们比起来"存在的价值要少"。"上帝决定了应该由我们来征服和控制世界；为了我们的利益，让他人做出牺牲是必要的和正确的。""老男孩网络"为其对待女性的态度找到了一个合适的借口，他们告诉女性："你们很低级。"剥削廉价劳动力的雇主相信自己正在帮助"那些人"，那些人不需要跟"我们这样的人"有同样的收入。那些掠夺土地、关押和摧毁土地拥有者的征服者，他们对其自身行为的解释是："那些人不会用正确的方式去使用土地。"这样一来，种族中心主义也就变成对邪恶的合理化。因此，我们应该意识到，种族中心主义是一种意识形态，是一种人们为其自身行为进行辩解的思维方式："他们比不上我们。"

社会冲突和社会权力鼓励种族中心主义

冲突也会鼓励种族中心主义，而社会冲突则是社会生活中不可分割的一部分。哪里有差异性存在，哪里有稀缺品存在，哪里就有冲突——虽然这并不一定就是暴力形式的冲突，但却至少会是对有差异的事物和稀缺的事物进行的斗争。种族中心主义是社会权力的一个重要来源。组织性的冲突（组织之间的冲突）通常都会鼓励种族中心主义。战争，竞争，压迫，防御，尝试去影响、去阻止、去争论、去伤害他人或是阻止他人伤害我们：这些都是冲突的例子，哪个组织能够让它的群体相信自己是正确的，哪个组织就能找到胜出的方法。

当我们在为我们的社会努力拼搏时，我们也会试图鼓励种族中心主义，因为这样我们就能胜出。"我们倾向于将最肮脏的动机，通常也是那些我们会避免对自己提及的动机，归咎到我们的敌人身上：[我们倾向于相信]敌人从本质上来说就是背信弃义，傲慢无礼，肮脏卑鄙，残暴无情，退化落后，缺乏同情，天生嗜战。他们所做的一切我们都会从最不受欢迎的角度去加以解释。"与此同时，每次卷入战争，我们都会将我们的动机和行为描述成高贵的："[我们认为]我们极少会因贪婪而去参战，我们是为自由和正义而战，面对别人的侵略我们是在进行自卫反击。我们是坚强的、勇敢的、诚实的、有同情心的、爱好和平的、具有自我牺牲精神的。我们尊重别人的独立并忠于我们的盟友。"(Shibutani，1970)

在与他人的冲突中，我们往往倾向于将自己的方式理想化。我们会有选择性地去看待对方和自己：放大他人的缺点，夸大自己的优点。我们将敌人从一个活生生的人类变形成了毫无权利的"物体"，想要从他们的视角去看待世界也就变得越来越难。在我们攻击别人和我们被别人攻击时，种族中心主义就会被进一步激发；我们是好的，敌人是坏的。在运动场上，为了赢得胜利，我们会强调种族中心主义。宗教冲突、商业活动、社会运动和革命起义都鼓励种族中心主义，那些被推翻的人同样信奉种族中心主义。例如，1990—1991年的海湾危机就是一场由老布什所代表的"善的力量"和萨达姆所代表的"恶的力量"之间的较量。2002年，小布什提醒我们，在文明世界之外还有"邪恶国家"存在。在纽约世贸中心被摧毁和华盛顿五角大楼遭到攻击这样可怕的悲剧中，成千上万名无辜者不幸惨死；因此，相对来说我们很容易给对立的一方贴上"恐怖分子""野蛮人""杀人犯"这样的标签，而这样一来我们也就找到了摧毁对方的正当理由。当然，对方也会重申他们事业的正义性。

齐美尔在他的研究中向我们展示了组织之间的冲突如何既鼓励种族中心主义又打压内部异己分子。人们的想法逐渐变得统一，对提出异议者日渐难以忍受，因此对对方的攻击也就日渐增多。正如涩谷所写，在战争中，"稳健的和通情达理的人事实上被束缚得不能动弹，公众得到的信息是对单一观点的不停重复"。对政策的批评之声被视为一种背叛，就像与局外人的社会冲突被视为对所有正确事物的威胁。战争这类社会冲突会引出我们的事业、我们的生活方式和我们的真理的正义性，我们很容易据此去评判他人是错误的。

人类差异

"为何不能人人都跟我们一样？"这个问题暗示着一种价值判断。（"毕竟，我们的方法才更好！"）这个问题本身就有种族中心论色彩。（"我们的观点、价值观和规范是正确的，那些跟我们不一样的则不一定正确。"）但是，我们也可以在问这个问题时不做价值判断，不持种族中心论态度，而是从学术的、客观的角度重新提出这个问题：为什么人们会跟我们不同？为什么社会之间会有不同？为什么社区、群体、正式组织之间会有不同？人们彼此不同的原因是什么？

互动和组织造成的人类差异

每个组织（每个群体或社会）都是独一无二的。在每个人眼中看来，每个组织都是彼此不同的。每个组织里的状态-定位都不同于其他组织里的状态-定位。因而，我们的组织和定位也就造成了我们彼此之间的差异。我的观点、价值观、道德观和传统与你不一样，是因为我成长的群体与你不一样。我受到不同社会组织的影响；我的生活中没有毒品和酒精，是因为我的生活环境里没有这些东西的诱惑。我的生活与你不同，部分原因是我在明尼阿波利斯市长大，后来搬到了穆尔黑德；我的生活与你不同，是因为和我互动的人都是专业人士。随着我们在全世界范围内的广泛互动，见识到别的社会模式，我们也就明白了我们的大部分都是不同的。

社会组织的真正意义在于，它带来了共性并将局外人排斥在外。只要有互动存在，只要那一互动不能一次性囊括世界上所有人，我们就永远不可能变成一样。是社会互动和社会模式让我们彼此不同。

社会历史与人类差异

历史绝不重复。事实上，从来就没有两个社会（或群体、正式组织、社区）一模一样。每个社会都有一段不同的历史。它们在发展过程中表现出的独一无二的特征，都会在社会的里里外外造成诸多区别，使得"他们"不可能和"我们"一样。所有社会在其历史上都拥有一位超凡的领导，只有在这一点上社会才可能是相像的——一个列宁、一个路德、一个穆罕默德、一个拿破仑、一个林肯、一个甘地——但是，每个领导人都会带来一整套独特的变革；每个领导人都会在那段特殊的历史中占有一席之地。

所有的社会组织都拥有独特的历史，进而也就造就了与他人不同的社会模式。在明尼阿波利斯市我属于一个扑克群体和一个投资群体，当我搬到法戈－穆尔黑德后，我又组建起跟明尼阿波利斯市同样的群体，但它们的演变方式却是有所不同。为什么在法戈－穆尔黑德的群体无法与明尼阿波利斯市的一样呢？因为它们的历史有所不同，所以它们也就创造了不同的模式。

每个组织都有各自的问题和境况

人们之所以彼此不同，是因为他们的互动将其区分开来，他们独特的历史创造了不同的社会模式。群体、正式组织、社区和社会也有各自不同的发展，因为它们遇到的问题和所处的境况不尽相同。组织会发展出起作用的结构、文化和制度。中国不可能和美国一样，因为它要解决的问题与美国完全不同，并且有着不同的社会模式。比如，统一问题和社会秩序问题一直困扰着中国。中国曾是许多个社会而非一个整体，它有很强的分裂传统。中国历史是一部由分裂的封建帝国、军阀混战、权力分散的政府和盘踞一方的经济体组成的历史。反观美国历史，虽然一开始美国是相互分立的联邦，但它团结的传统却是更为强大；这一传统发酵于革命战争和创建一个独立于英国的社会，在内战中得到加强，并由内战后快速发展的交通、通信和经济体系发扬光大。中国曾经受到日本侵略，和俄国有过严重冲突，与周边邻国事端不断；这些情况都影响了它的处事方法。另一方面，美国则从未在与邻国的战争中失利，也没有产生过任何类似的担忧。最后，由于中国历史上对家庭和传统的尊重造就的人口问题，以及历史上长期存在的普遍贫困问题，都让中国成为一个与美国截然不同的社会。面对这些不同的问题，我们怎能认为美国社会和中国社会会一样呢？我们怎能想象在这里起作用的规律在那里也会起作用呢？私有企业在美国是一项非常伟大的制度，但我们却很难将它移植到一个面临诸多不同问题且对亲属关系和裙带关系的重视超过对个人主义的重视这样一个社会中去。

赢过联赛冠军的棒球队不可能像那些还在想法赢取第一场胜利的棒球队一样，提供精英教育的大学不可能像那些提供大众教育的大学一样，面临严重污染问题的社区不可能像那些面临严重失业问题的社区一样，郊区城镇的历史与大城市的历史不一样，民主发展的历史与挣扎在贫困线上的历史更是不一样。

我们经常都会忍不住想将自己的社会与其他社会比较一番，对自己的进步夸夸其谈，对我们想要改造的事物大肆抱怨。我们从事教育事业的许多人都向往英国或新加坡的教育体系，但我们教育系统的目的与其他社会的目的则有所不同。我们打造的高中教育体系是希望能够尽可能多地提供平等的教育机会，我们的大学教育体系则是为了满足整个人口的需求。因此，我们相关的教育配套制度也就与其他国家不一样。但不论结果好坏，我们都在努力创建一个开放的体系，以便能给个体提供尽可能多的成功机会；如果无法彻底改变学校教育的目的，我们也就不可能建立一个跟其他社会类似的教育体系。制度的发展不是无中生有，我们的方式始终都是围绕着我们认为重要的价值观和问题来发展的。

简言之，组织因为以下三个原因而互不相同：（1）互动将它们隔离区分开来；（2）它们的历史是独特的；（3）它们在世界上所处的境况和它们所必须解决的问题，要求它们必须发展出不同的社会模式。

我们还应指出第四个问题。种族中心主义同样是为何人人不同的原因。当我们开始和他人出现分化，我们就会为自己抗争，捍卫我们拥有的方式。我们不愿为了"跟他人一样"而放弃我们所拥有的并会尽一切可能去保护我们的方式。我们追求自己群体的独特之处，我们不但试图维护我们与他人之间的差异，而且和他人之间的冲突还会鼓励我们坚守自身的不同，尽一切所能去保持我们独立的身份。

| 小 结 |

你我都生活在一定的社会背景中；我们生活在哪里、和谁一起生活，会影响到我们是谁、我们做什么、我们相信什么。反过来，这也会在你我之间造成不同。我们互动的频率、我们所拥有的历史、我们所处的境况、我们所面临的问题和组织的模式，以及种族中心主义情感，都会让你我有所不同。虽然很有可能将来某一天你会变得和我越来越像（反之亦然），但我们依然可以期待差异始终存在且为数众多。

从来没有一个世界是人人称道和完美合作的。但归根结底，我们又为什么需要那样一个世界呢？人类之间的差异不一定是坏事；理想状态下，它们甚至是非常好的东西。多元化鼓励运用一种动态的方法去理解宇宙万物，它鼓励我们去评价我们是谁、我们如何生活、我们相信什么；多元化带来了我们知识以外的东西，带来了解决我们所遇问题的新办法和我们生活的新意义。它教会我们从自身现实的角度出发去尊重差异和人性；它带给人们一个有着更深含义的民主，因为它教会我们去尊重独特的少数群体，而不是只接受大众的渴望。

思考题

(1) 许多信仰都能通过证据来验证以确定其准确度。对价值观是否也可如此操作？

(2) 如果我们把文化搁置一旁，人类互相评判的具体标准会是什么？

(3) 本课讨论了"文化相对主义"但却并未提到这一说法。文化相对主义指的是什么？文化相对主义与种族中心主义的关系是什么？

(4) 为什么我们很难在不判断人类之间的差异是好是坏的情况下就接受该差异？

(5) 种族中心主义对压迫和战争有何重要性？

(6) 现今生活在中美两国的人们到底有哪些具体差异？

(7) 三K党活跃分子会怎样回答这个问题："为何不能人人皆同？"

[第七课]

世上为何会有苦难?

社会作为人类问题的重要来源

弗洛姆在《超越幻想的锁链》中描述了激发他成为一位社会科学家的三个事件。第一个事件是，他有位很亲近的朋友，在她父亲死后不久就自杀了；第二个事件是一战，这是一场打着公平正义旗号的"文明"国家彼此之间发动的战争；第三个事件则是二战中由世界上最先进的一个社会发起的对犹太人的大屠杀。这三个事件促使弗洛姆努力去理解人类，以便创造一个更加公平的世界。

像自杀、种族灭绝和战争这样的事件都需要对至少两个方面做出解释：它们的起因很难理解，它们给人类造成的苦难则需要一个解决办法。弗洛姆所有的著作都在努力理解人类的行为及其背后原因：为何世上会有这么多苦难和不公？弗洛姆的追求与许多伟大思想家很有几分相似，所以他的思考对我们所有人来说都很重要。

社会学总是吸引着那些有心去理解尘世间苦难和想法给世界带来正义的学者。马克思面对贫困的惨状和少数人积累的财富，形成了追求所有人平等的愿望；涂尔干面对急遽变化的社会状况和不断觉醒的个人主义，通过共同的道德感，寻找一个可以将人们紧密团结在一起的世界。美国社会学家面对移民问题、城市化问题、贫困问题和社会不平等问题，试图创立一门能够用来解决严重社会问题的实用科学。事实上，很多像弗洛姆一样的社会学家之所以会走上学术道路，都是出于改善人类状况的愿望。社会学创始人孔德相信他正在创建一门专业学科，可以通过研究和解决正在折磨人类的问题来拯救人类。孔德无疑夸大了社会学的能力，但我们大多数人都相信，社会学知识确实能对改进世界做出实质性的贡献。

但奇怪的是，我们却很难给苦难下一个确切定义。"不快乐"和"痛苦"与它有一点接近，但却还不够准确，而且这两个词都暗示了一种更短暂的状态。事实上，每个人都会在某些时候感到不快乐，每个人都会偶尔经历痛苦；因此，也许最好的办法就是将苦难理解为一种长期的痛苦和不快乐状态。当然，如果苦难是随机降临在任何人身上，如果所有人都有平等的机会去经历一辈子的苦难，我们也就无须再去费力找寻产生苦难的客观条件。然而，几乎每位社会科学家、大多数新闻记者和宗教领袖，以及那些与需要帮助的人有过密切接触的人都会同意，世界上确实有某些条件会滋生苦难，想要减少人们的苦难就必须改变这些条件。有可能一个穷人过着比富人更加充实的生活，也有可能一个富人一辈子都过着苦难的生活；但在那些经历过赤裸裸生存危机所带来的恐怖的人们身上，却要更容易发现巨大的痛苦。战争可能会造就英雄，受到父母虐待的孩子可能会变成一个倾其一生帮助那些遭受虐待的人，但据观察家们诚实、客观、准确的报道，战争与虐待会比和平与关爱给人带来多得多的苦难。因此，重要的是要意识到，苦难是由无数多难以枚举的复杂条件引起的一种主观情感；社会中确实存在促生苦难的条件，而且很有必要辨认它们是什么、为什么会存在、为什么会给这么多人造成痛苦。认为任何事情都可能造成苦难的观点，就是忽视了只要找出社会问题并加以改变人们就能过上更好的生活这一可能。虽然我们在什么条件需要被改变这个问题上无法达成一致，虽然我们在如何最好地改造那些条件这一问题上也无法达成一致，但从根本上来说，辨别和理解那些条件非常重要。对社会学家来说，这些条件都是扎根于社会中，它们就是社会条件。

　　社会学家对人们为什么会感觉苦难的关注，远少于对助长苦难的条件的关注。这种情况不足为怪，因为社会学家研究的焦点就是社会条件。而贫困则正是这种条件之一。在每个社会里，贫困都会给人们造成一些生活问题，如压迫，长期经济困难，牺牲，缺乏社会机会，无力保护自己和家人远离疾病、饥饿和犯罪的困扰。

并非只有社会学视角可以帮助我们去理解社会上存在的苦难。心理学家和精神科医生通过测试和治疗精神分裂症患者、偏执狂、自杀者、狂躁抑郁症患者，以及那些缺乏自尊和自控的人，已经找到了一些为什么苦难会存在的重要线索，其中包括内分泌失调、遗传因素、早期婴儿训练、精神创伤、个性发展、学业无成、友谊失败等。宗教领袖则常会寻找这一问题的精神起因并做出精神解答。他们经常声称，苦难的存在是因为我们的选择不对、我们的价值观太过贫乏、我们的行为不道德。他们经常想要弄清楚，为什么会有这么多人都能在没有宗教信仰和道德原则的情况下生活。

苦难也是一个宗教问题，因为对思考者来说它触及上帝是什么和生命的意义何在这一核心问题。对许多当代宗教领袖来说，这个问题已经变成："一个公正的上帝怎能容忍一个存在如此多苦难的世界？"看看上个世纪发生的大大小小的战争，看看二战中的大屠杀和随后对数百万人的杀害，看看世界上的饥荒，看看那些毁灭了成千上万无辜者的瘟疫，看看每天被谋杀的无辜者、抢劫犯、毒贩和被许多人谴责的邻里。上帝的作用是什么？上帝真的是慈爱的吗？上帝是这一切的起因吗？是因为我们背叛了上帝吗？我们该如何解释苦难呢？

《旧约》中约伯的故事经常被宗教人士用来探究苦难和超自然力量的作用。比如，库什纳（Kushner, 1981）就用这个故事来说明他（和许多人）的道德问题。约伯被描述成一个公正的人，这个人拥有精彩的人生，但他却突然间失去了一切。一个公正的和全能的上帝怎会允许发生这样的事情？约伯做了什么而摊上这些事情？库什纳质疑：一个全能的和公正的上帝怎么可能会去诅咒一个公正的人（约伯）遭受所有的苦难？库什纳得出结论，一个人不可能同时相信这三个观点，他只能相信其中两个，而不能相信全部三个。要么约伯不是一个真正公正的人,要么上帝不是一个公正的上帝,或者不是一个全能的上帝。如果约伯是不公正的,那么一个全能的和公正的上帝就是可以理解的——对约伯的惩罚看起来也就会变得合情合理。或者,如果一个全能的上帝不是真正的公正,这也能解释得通:为什么这个上帝会将苦难带给人们,甚至是一个像约伯这样公正的人。对约伯的描述是,他是一个极其公正的人;因此上帝要么是全能的,要么是公正的,但却不可能同时两者皆备。库什纳不愿承认每样事情的发生都是有目的的,相反,他想知道为什么全能的和公正的上帝会惩罚那些公正的人。他的结论是:上帝并不是全能的,上帝并不能决定事情的发展。他认为,世界上有许多事情都是由自然力量引起的,而不是由全能的上帝决定的。苦难并非上帝的所作所为,而是发生在现实存在的自然秩序中;它既会发生在好人身上,也会发生在坏人身上。疾病会侵袭那些感染细菌的人,而不是那些邪恶的人;地震摧毁的财产则是那些正好坐落在脆弱地带的人而非那些邪恶的人的财产。不管是细菌还是地震,它们都无法区分公正与不公。美国内战的发生是因为历史、人文和社会的起因交织在一起,共同营造了战争的条件。一战、二战、朝鲜战争、越南战争、阿富汗战争和伊拉克战争也都如此。

为了理解疾病、战争和地震,科学家转而开始研究起自然。为了理解人类苦难,我们也必须区分自然的(很大程度上也是社会的)起因。苦难之所以会发生,都是源于在自然、社会和个体当中现有的某些条件。科学家认为他们的目的就是要找出这些造成苦难的条件。社会学家则将他们关注的焦点集中在那些社会条件之上。

涂尔干在很久以前就曾提醒我们,想要理解社会事件,就要追溯社会起因。如果贫困、暴力、犯罪、压迫和毫无意义的工作是社会事件(它们确实是),我们就必须查找社会的解释。如果自杀、吸毒、恐惧在社会里普遍存在（它们确实是），我们就必须考察社会的本质来理解这些貌似个体做出的行动。有时，社会的崩溃应该对此负责；有时，成功的社会运作应该受到责备。社会学家首先将社会不平等视作苦难背后社会问题的首要来源，贫困、压迫、剥削、缺少希望和自尊给很多人都带来了苦难，这些因素都与社会不平等紧密相连。不平等也产生了各种制度——如公立学校、私立医疗机构、有钱就能买通的刑事司法系统——这些制度不能也不会为大众服务，其结果也就给很多人造成了苦难的状况。最终，建立在不平等基础上的社会所培养出来的人们（不管他们拥有什么），即使没有生活在明显的被剥削状况中，也常会自觉悲惨。

普遍存在的具有毁灭性的社会冲突和社会秩序的崩溃是社会学视角下人类苦难的第二个来源。社会在很大程度上是一个合作的秩序，它建立在信任和契约的基础之上。冲突的存在是必要的，它有助于社会的维续，但有时它也会变成破坏性的，会搅乱乃至毁坏生活并制造混乱。对许多人来说，它都会带来一种恐惧和对他人心血来潮的突发行为感到无能为力。

苦难的第三个来源是社会化。从生到死，人类都在被社会化，或者被灌输社会的方式。不过，从许多复杂角度来看，社会化也会给人们带来苦难。对一些人来说，社会化是不充分的，个体缺乏适当的社会和情感支持，或是没有学到成功解决问题所需要的自我控制；对另一些人来说，社会化引导其走上了一辈子都充满苦难的人生道路；对还有一些人来说，社会化教会了他们鼓励剥削和毁灭他人的道德规范；对其他一些人来说，社会化则让他们形成了不切实际的期待，所以无论他们已经收获何种成功，他们都无法克服那种苦难的感觉。

苦难的第四个来源则是异化。异化是将人与其他人分离开、与有意义的工作分离开、与自己分离开。是社会条件造成了个体的异化。

下图总结了苦难的四大起因，每个起因都会在接下来的小节中进行深入探讨。

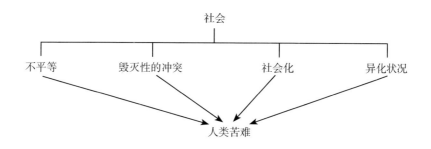

苦难的首要原因：社会不平等

不平等给很多人都带来了苦难。在追求成功的奋斗中，有的人失败出局，最后落得孤苦伶仃、无权无势、受尽剥削。他们最终的处境对他们的家庭也会产生影响；通常，他们的生活没有太大希望，只为生存而苦苦挣扎；他们会将怨气发泄到自己身上，自暴自弃；或者是发泄到亲友、邻居、陌生人或那些剥削他们的人身上。不平等也会鼓动成功者去剥削失败者，然后将他们对世界的想法局限在只为创造和保全一个对他们来说更为安全的社会定位上。他们通常都会发现，他们的成功有一部分也是建立在那些失败者先前付出的努力之上。

几乎每个社会都建立在三种不平等（经济不平等、政治不平等和社会不平等）之上，而且在每种情况下都会出现一个信仰体系来为不平等进行辩护并保护那些成功者。在美国，我们会听到不少肯定的说法："只要努力工作，你，一样能过上特权生活；你，一样能出人头地；你，一样能获得物质成功。""竞争会挖掘出人类最优秀的特质；没有竞争，我们作为个体和作为社会整体也就无法获得成功。""要给工作最努力的人和表现最优异的人许下丰厚的奖励，这是建构良好社会的根基。""为了鼓励人们抓住机遇，为了让他们承担困难的和负责任的工作，我们必须赋予他们能够获得巨大物质回报的希望。""人们有道德权利去保留他们拥有的一切。""获胜者理当值得拥有，他们无须对失败者负责。"类似这样的观点也有真理成分在内，但它们通常都是对现实的夸大，旨在去捍卫而不是去理解这种体系。

不平等意味着在社会关系（从面对面的关系到整个社会的关系）中，有一些人相比另一些人占据优势地位。定位非常重要，因为它们会将一些行为者置于另一些人之上或之下。性别、种族、阶级定位，以及企业里的定位和政府里的定位，都将其中的行为者进行了排序并造成了一些后果。在一个定位不平等的社会世界里，既会有一些人胜出，也会有一些人失败。在大学里，根据成绩的正态分布曲线，不是所有学生都能取得 A；在资本主义社会，不是所有人都能当上百万富翁。当然，最早出现百万富翁的一个重要原因是，一些人能够找到另一些人给他们干活，而且后者所得的收入比他们（百万富翁）所得的要低上很多。有一些人稍微少一点（上中层阶级），大部分人都会少很多（工人阶级），还有一些人则几乎什么也得不到（穷人）。

在将不平等与社会阶级联系在一起时，我们必须注意两个方面。第一，在阶级社会，一个人占据优势或劣势，取决于他所积累的经济收入；第二，一个人趋向于通过教育机会、社会接触或直接遗赠，将其优势或劣势传给下一代。由此造成的实际效果就是，随着时间推移，在社会内部和世界上不同社会之间进行的资源分配，会引起巨大的不平等。那些人上人富得流油，有些人生活富足安稳，许多人勉强维持收支平衡,还有人则挣扎在饥饿的边缘。前往美国任一大城市的敏感的旅游者,都会留意到那些没吃的、没穿的、没住的、没有尊严的乞讨者,而与此同时也可以看到另一些人随随便便走进一间画廊,掏出 10 万美元支票买下区区一幅画。

社会不平等与苦难在七个方面相互关联:社会不平等滋长了贫困,助长了犯罪,强迫人们去从事糟糕的工作,助虐一些人剥削另一些人,伤害人们的自尊让他们失去希望,在整个社会中制造高压力,形成引发苦难和维护苦难的制度。

不平等的后果:贫困

关键问题是:那些被社会遗忘的人又会怎样?对大多数人来说,其结局就是贫困。政府从法律上设置了一条贫困线。2009—2010 年度,对一个四口之家来说,贫困线标准是 22 050 美元(在 48 个州)、27 570 美元(在阿拉斯加)和 25 360 美元(在夏威夷)。在这一年度内,总人口中有 13.7% 的人都生活在贫困线下。若是依据其他"贫困"的定义,则会包含总人口中高达 25% 的人。

贫困与一系列劣势相连,进而深刻地影响到人们的生活:贫困者很难得到稳定、安全、有收益的工作。缺乏充分的医保和糟糕的身心健康都是很严重的问题。邻里选择、教育机会、地理流动性和法律保护与其他人相比极为有限。贫困的邻里、家庭的压力和混乱无序、捉襟见肘的经济,它们所产生的问题都比穷人本身更引人注意。

贫困限制了人们解决日常问题的能力,任何对未来的规划都必须顾及每日生存。许多社会里最为严峻的社会问题都可归因于贫困,这并不只是因为穷人被剥夺了其他人所享有的一切,而更是因为贫困的受害者经常会沦为愤怒、犯罪、暴力冲突、家庭解体和政治动乱的牺牲品。当然，即使穷人不对未来进行有希望的规划，社会问题也仍会出现。单是贫困状况自身就会引发这些社会问题。

站在特权的高度上去俯视穷人并抱怨"这都是他们的错""我们必须自己照顾好自己"，这一论调很有诱惑性。这种态度会将资源的不平等分布永久固化，进而使得再分配成为一个大多数人都没有动力去接受的巨大挑战。事实上，贫困已经融入不平等的社会。造成贫困的体系是这样的：一些人的成功是以其他人为代价，一些人一出生就处于不利的机会中，社会变化青睐一些人而遗忘另一些人。不平等是结构化的，而非一己之力的后果。

不平等的后果：犯罪

在一个充斥着巨大不平等的社会里，经过社会化的人们会根据物质上的成功来判断自己和他人："我这个人很不错，因为我在人生这场竞赛中得到了很多。""一些人得到的比我多，但只要努力我也能做到；但更多人得到的都比我少，所以我还算是幸运的。"物质成功是许多人共同持有的价值观。一个不平等的社会会把尊严赐予那些爬到社会顶点的人，而把尊严从那些处于社会底层的人手里收回。

然而，生命的游戏亘古不变，机会从来都不是平等的。有人一出生就享有特权，有人一出生却是一无所有；阶级在很大程度上是一种遗传序列。我们学会了在社会里成功意味着什么，那些处于劣势地位的人所能有的选择也就再清楚不过："要么守着这一劣势位置，要么就努力工作去改变自身定位。如果你选择努力工作去改变自身定位，你还要做一个选择：要么在别人占有优势的体系里加倍努力，要么就逾越这一合法体系去达到你的目的。"许多贫困者都无奈地接受了他们的定位,只为生存而苦苦挣扎;许多人都会选择在合法的秩序里加倍努力好去实现改变的目标。但也有一些人对遵守法律不以为然,因为在这个充满竞争的秩序里,那些法律与其自身背道而驰,它们都是那些能从该秩序里获益的人制定的。因此,偷盗、卖淫、贩毒和暴力犯罪也就成了最佳选择。有些人通过犯罪成功地摆脱了贫困,但绝大多数人都无法做到。那些无法改变自身处境的人仍然身陷贫困并越来越多地成为社会福利、法律制度、医疗制度和监狱制度的牺牲品——这些制度存在的目的就是对他们的生活严加控制以确保他们不会对社会中的其他人构成威胁。所以他们的苦难也就会逐日加深。

不过,穷人绝对不是唯一想要破坏法律借助法外手段获得成功的人。由于不平等广泛存在而人们又急切地想要提升他们的社会排位,使得犯罪潜伏在社会的各个角落和各个层面。犯罪的存在是因为有钱人想要维持现状和变得更富。那些被逮住并受到惩罚的人则需要应对额外的问题。收受贿赂的政治家、进行非法交易的股票商、在医保中走捷径试图愚弄保险公司和政府来赚大钱的医生、做假账的会计、不能保护员工远离危险废弃物的老板,就是这样的例子。然而,事情的最终结果却几乎总是一样:他们的处境绝对不会跟穷人中那些不成功的违法者所遭受的苦难相似,因为法制体系对穷人的惩处要更加严厉。有钱人可以通过上交罚金、聘用高价律师说服法庭他们不会对社会造成危害来逃脱法律制裁。

一提到犯罪,大多数时候闪现我们脑海的都不是行凶者,而是那些被我们设想过着苦难生活的受害者。那些受害者(他们成为违法者的牺牲品)大都是穷人。他们的社区里潜伏着各种帮派和毒品;有组织的犯罪弥漫在这些贫困社区的各个角落,暗中提供非法的货物(手枪、赃物）和服务（卖淫、销赃）。穷人极易接触到那些犯罪分子，他们既是最容易受到剥削的人，也是最不容易受到法律体系保护的人。

还有一点绝对不应忽视：不平等在很大程度上就是社会犯罪的起源。社会上几乎无时无刻不在教导我们"只有在物质上取得更大成功才能凸显人生价值"，致使许多人都将犯罪当成通往成功的捷径。街头犯罪、毒品交易、价格垄断、抢劫银行，这些都是一个强调物质成功的社会造成的恶果。这些犯罪也会对我们所有人产生重要影响；事实上我们都是受害者，因为犯罪会给社会带来混乱，给我们的日常生活带来恐惧和不信任。

不平等的后果：糟糕的工作

不平等带来的远不止贫困和犯罪，它还会让许多人去从事那些乏味的、低薪的、危险的和不安全的工作。许多人从事的工作都只能提供少许物质回报，从而将他们牢牢地束缚在勉强维持生存的生活状态下。苦难之所以存在，部分原因就是存在苦难的工作；那些在这件事情上没有选择的人只能被动接受，要么就得去死。以挖矿为例，对生活在阿巴拉契亚地区的人民来说，他们世世代代都在干着"矿工"这种低薪的、乏味的、危险的和不安全的工作。为什么？因为"总得有人去干"。那些拥有矿产的老板只有通过让工人一直处于贫困状态才能赚到钱。如果工人取得物质成功，想要一份更体面的薪水，矿场主发现开矿赚不了钱也就不得不关门大吉。所以穷人必须在没工作和差工作之间进行选择。同样道理，那些给中产阶级家庭打扫卫生和照看孩子的妇女，她们工作的安全感也依赖于低薪。换句话说就是，她们"自愿"接受这些低薪工作，这样才能保证她们工作的长久性。糟糕的、低薪的工作将永远都会是社会的一部分，因为一方面有人需要以此为生，另一方面则有人需要以此为垫脚石取得成功。

糟糕的工作往往也是最不安全的工作。那些处在雇用阶梯最底层的人所从事的，往往都是最没有技术含量的工种——那些最有可能被机器替代的工作，那些最有可能被其他社会中的劳动力所替代的工作，或者是被那些愿意用更低的报酬来获得这一职位的工人所替代。一旦遇上经济大萧条，他们就会是第一个失业的，也是那些最有可能长期失业的。

工作占据了人类生活的绝大部分时光，所以苦难的生活必然导致苦难的人生。与贫困和犯罪一样，它也是不平等社会的一个产物，而剥削则是另一个产物。

不平等的后果：剥削

马克思相信，不平等进而会以另一种方式产生苦难：它总是能被转化为权力。一旦存在任何类型的不平等，就会不可避免地出现不平等的权力。届时，不平等到底是建立在经济收入的基础上，还是建立在政治的、职业的、性别的、种族的和宗教的定位上，都已不再重要。无论在哪里，只要权力是不平等的，剥削（别人对自己的使用）就会成为可能，因为贫困者必须依赖于他人对他们的要求。"照我说的做，不然就走人。"一个人越是贫困，就越有可能被替换，因为他／她几乎无法得到任何保护。一般来说，没受过教育、不具备劳动技能、面对事物没有选择权，其结果就是无法获得工作或被剥削。马克思强调了经济上的剥削：那些拥有生产方式（如工厂）的人是拥有很大权力的人，所以他们能够剥削那些只有依靠他们才能获得工作的人。如果没有强大的工会，其结局就是工人所受的剥削不断加重。

不过，社会学家在对不平等和权力的分析上已经超越了马克思。身体虐待和精神虐待更有可能在依赖和剥削的情景下出现。妇女和儿童成为家暴的受害者，一部分原因是生理上的不平等，另一部分原因则是他们依赖男人挣钱养家，他们害怕挑战他或者是离开他会带来的后果，所以他们也就处于相对弱势地位。和美国许多社区一样，在世界上很多社会，政府都没有提供充分恰当的保护让儿童和妇女远离虐待。占据主导地位的男性会控制、威胁、剥削处于从属地位的妇女和儿童。非白人被白人剥削，手无寸铁者被暴徒剥削，小企业则被大公司剥削。所有形式的不平等都意味着没有权利和依赖，而依赖则自会助长剥削。

剥削无权势者几乎是每个社会都存在的一个特点。我们自己的历史（通常我们都会对其理想化）是一部黑人被奴役的历史，亚裔、来自南欧和东欧的移民和墨西哥裔移民都被用作廉价劳动力。印第安人则成了我们对肥沃土地贪婪欲望的牺牲品。许多欧洲社会都会歧视和剥削犹太人，并会迫害和剥削非主流教派的基督徒。恐惧、愤怒、人身驱逐、处决、灭绝、被剥夺主流群体所享有的权利和特权，这些都是由那些不平等的体系所造成的苦难的例子。当然，凡是有不平等存在的地方，剥削和苦难就会继续存在下去。

几乎每个社会都有一个建立在性别之上的不平等体系。凡是存在极度性别不平等的地方，性剥削（强奸）就会被视为正常的、合法的。人们会要求对女性进行残忍的割礼，而丈夫对妻子进行身体虐待则会被认为是正确的。性别不平等断绝了女性在政治、经济和社会秩序上的平等参与权，她们被剥夺了男性所享有的受教育机会和法律权利。男性获得的特权建立在女性处于弱势定位这一基础之上。

不平等的后果：自我价值缺失

当人们被剥削、当人们干着糟糕的工作、当人们仅能勉强糊口、当人们从事犯罪活动、当人们成为犯罪活动的牺牲品时，他们就会逐渐形成对自身的看法。那些处于较低定位上的人会因此而受到影响，他们的自尊会受到打击。那些被人瞧不起的人很难摆脱自怨自怜的形象；那些在别人眼中没有尊严的人，在他们自己身上也很难重拾尊严。穷人常被定义为咎由自取和懒惰之人；非白人与白人相比被认为技不如人；妇女则被定义为附属的、被动的、智力低下的和男人的性欲对象。很明显，这些观点都会被用来为不平等的制度和歧视被剥削群体的权利进行辩护。

同样明显的是，这些观点也倾向于物化那些一无所有者。那些人也有可能是人，但他们与我们其他人则有些不一样，他们不像是真正的人类，而只是具有情感的物体，这种状态使得他们的苦难比较容易被我们接受。

当然，对那些处于被操纵的群体中的人来说，这些观点就是他们苦难的原因，因为许多人都会慢慢接受别人教给他们的关于自身的观点。苦难之所以存在，部分原因也是人们看不起他们自己。他们这样做的原因，有很大一部分都是因为别人将他们视为没有太大价值。如果那些有权势者在为其自身定位进行辩护时声称他们"工作努力""高人一等""聪明过人"或"更有天分"，这样的言论对那些处于劣势地位的人来说又会意味着什么呢？这也是那些受压迫者苦难的一部分：他们被灌输并逐渐开始相信他们要为自己所处的定位受到谴责，或者是他们的性别、肤色、宗教自动就会让他们低人一等。

巨大的苦难源于自我价值的缺失：对他人的愤怒与仇恨，精神疾病，酗酒，吸毒和自杀。在一个以物质成就水平高低来衡量人们尊严的社会里，上述条件也并非每一项都能追溯到对物质成就的奋斗上，但其中许多情况都可找到关联。苦难会带来损失，而且对社会中的一些人来说，这一损失还会非常巨大。在每一个这样的社会问题中都是穷人受苦最多，但所有认为他们无法达到要求的人都是脆弱的人。

不平等的后果：压力

一个看重竞争、物质成就和奢侈的社会，会在它的人群中制造出很大的压力。同样情形也可在大学校园里看到。在一个有着如此巨大不平等的社会中，我们作为人的大部分尊严都与经济成功相连。我们必须将它当成一场人人必须参与的赛跑——一场"你死我活的竞争"。"谁赢的奖品越多，谁就赢了。""谁落在后面，谁就活该受罪。"在我们周围可以看到一个层层分级的社会，有些人位居我们之上，有些人位居我们之下。文化在我们很多人身上都创造出一种忠诚：要努力胜出，要争取获得到比别人更多的东西。置身比赛中的我们害怕失去我们所拥有的任何一样东西，一些人甚至还期望能够改善其现有定位。在害怕和希望的交替刺激下，我们不得不努力工作；但是变成现实的害怕和持续受挫的希望则给我们带来了苦难。苦难既会降临到社会高层者头上，也会降临到社会底层者身上，因为它部分来自在这个不平等体系中人们对成功之缺乏的感知。当然，穷人的苦难问题还会由于自始至终都存在的生存问题而日渐恶化。

维持或改善现状这一想法给人们带来了犯罪的诱惑，反过来它也给那些犯罪者及其受害者带来了更多苦难。这方面的一个例子就是毒品。与毒品相连的罪行是穷人和富人联手犯下的，因为两者都有兴趣提高其自身社会排序。对许多穷人来说，这貌似是唯一的上升途径；而对许多富人来说，这则是聚拢更多名气和财富的快捷之路。但最终只有穷人才会受到最严厉的打击，只有他们才是最有可能的受害者，只有他们才会被剥削得最惨并最容易因其所犯罪行而被投入监狱。

对无家可归的流浪汉所做的研究提醒我们，任何一个人都有可能沦入社会底层。我们上学，找工作，努力打拼，买房买车，付房贷车贷，希望从此就能过上快乐的生活。但是，任何一个人都可能会突然发现自己失业了，或者生意破产了；我们的公司和社区可能会在一夜之间关门大吉；我们房产的价格可能会随着国际经济力量的抽身而大幅下跌；我们持有的股票可能会突然跳水；我们的生活计划可能会瞬间改变。或者我们结婚了，有了孩子，靠我们的配偶挣钱养家，然后突然婚姻失败，一无所有；再或者我们退休了，却突然发现：单靠之前积攒的那点积蓄根本就无法生活下去。

我们这个社会共同持有的一种信念就是，财富是成功的一个肯定的标志。这样一个世界也许会鼓励努力工作，但对许多人来说，为此付出的代价却是一辈子都在过着一种压力巨大和担惊受怕的生活。

不平等的后果：产生和维持苦难的制度

不平等产生了无法让所有人都满意的制度。这些制度的创造者认为，如果我们想要作为一个社会生存下去，那么所有人都必须遵守这些制度。但是，所有的制度都是一成不变的——不只是在我们的社会里，凡是在有不平等存在的社会中全都一样：它们会给那些位于社会顶层的人带去好处，但却很少会去扶助那些处在社会底层的人。制度发挥作用的方式是将这一结构永久化,然后创造出能将人们束缚在他们出生时的位置上的条件。通过成体系地保护和施惠于那些成功者别人无法享有的好处,制度本身就造成了苦难。种族隔离、社区学校和离婚,都以一方的代价为基础来保护另一方;资本主义、企业、递减税、私人卫生保健和建立在金钱基础上的法律系统,一直都在保障一些人富裕和另一些人贫困。几乎没有一种社会制度意在解决人类苦难的这些问题,除非是苦难触及那些有权势者的生活。

我们的私人医疗和私人保健体系首先照顾的是那些付得起费用者的需求。我们的教育系统通常都会维持学生们最初所处的阶层位置。我们的法律系统、政党系统、法庭和监狱系统首先保护和施惠的都是那些在阶级体系中高高在上的人,并且至少要保证在这个社会中普遍存在的不平等体系的稳定性。过去半个世纪,东欧社会以普通老百姓为代价创建了只给掌权者带来好处的政治、法律、经济和教育体系。在美国历史上,我们也能罗列出大量这种制度的例子:以穷人和工人阶级为代价来给有钱人和中产阶级带来好处,以非白人为代价来给白人带来好处,以女性为代价来给男性带来好处。在我们生活的这个时代,中产阶级的工作和机会大大萎缩,上层阶级则变得越来越富有。我们为克服社会里的苦难所付出的努力,从来都比不上我们对一个建立在不平等原则之上的社会付出的忠诚那么多;如今,我们的税收政策破坏了许多曾对陷入苦难者至关重要的公共制度。许多人都在质疑未来是否可能实现真正意义上的"美国梦"。只有当所有人都受到尊重、所有人的自由都很重要、所有人都能从现有的特定制度中获益,民主和公正才能算是真正落到实处。

社会问题和社会不平等将会永远伴随我们左右,我们不可能根除贫困、剥削、压力和犯罪。制度也永远做不到绝对公平与公正,我们只能对这些条件进行修改和限制。苦难确实存在，但许多人也都意识到，一个公平和民主的社会必须致力于解决这些问题，将苦难最小化。

苦难的第二个起因：具有破坏性的社会冲突

从社会学视角来看，世上存在苦难的第二个原因就是具有破坏性的社会冲突或暴力。当冲突变得具有破坏性时，人们就会因此而受苦，生活遭到破坏，真正的问题无从解决。

破坏性冲突的意义

并非所有冲突都具有破坏性；事实上，将一些冲突视为不可避免的、必要的乃至是有建设性的非常重要。冲突意味着处于社会互动中的人们为了他们看重的但又不是人人都能得到的事物所进行的争斗。冲突也是一种互动，在此过程中行动者运用权力尽力去实现他们自身的意志。竞争也是一种冲突的形式：一种发生在有明确规则界定下的冲突。无论什么时候行动者想要说服对方，无论什么时候他们为了信仰的事业而进行斗争，冲突都会随之出现。无论什么时候我们试图实现目标，但又涉及他人的目标，争斗就会不可避免，而且通常还会进一步出现谈判和妥协的结果。谈判的结果通常都会是积极的：双方都能得到一些东西，组织会有所改变，人们的愿望会得到聆听，问题会得以解决。具有建设性的社会冲突是一种生活常态，它不但不会引起苦难，反而是认识苦难和减轻苦难的一种方式。

破坏性冲突则另当别论：战争开打，人们被杀或流离失所；暴乱引发人身伤害、杀人和由暴动分子及其领导者造成的财产损失；由政府、群体和个人发起的恐怖主义残害的对象则是普通大众；对配偶和孩子的虐待从短期来看会造成身体伤害，从长期来看则会造成严重的情绪障碍。在破坏性冲突中，总是会有受害者。

破坏性冲突的特点是极度的愤怒和伤害对方的强烈愿望。这类冲突常会升级，变得越来越暴力，给受害者造成身体和情感伤害。它的结局就是伤害，同时也未能真正解决在人与人之间导致冲突的首要原因。

破坏性冲突的起因

为什么冲突会变得具有破坏性？为什么一些原本可以对人类福祉做出贡献的事情，结果却变成人类苦难的一个来源？

造成破坏性冲突的部分原因在于，具有建设性的冲突被压制、被忽视，真正的差异和问题既未得到面对也未得到解决。更有权势者拒绝承认他们与少有权势者之间的争斗，而少有权势者也害怕在公开场合表达有可能会引发冲突的自身利益。

对深陷其中的各方来说，有时他们之间的冲突看起来是不可调和的，所以试图建设性地去解决它们也就没有太大意义。通常，人们之所以会避开具有建设性的冲突，是因为害怕它有可能升级成具有高度攻击性乃至暴力性的对抗（家庭冲突就是这方面的一个例子）。但若冲突长时间被压抑，它反而会变得更加猛烈、更不合理、更情绪化。之前各方努力追寻的目标都可能丧失殆尽，取而代之的是充满敌意地而不是以目标为导向地去进行商谈和解决真正的差异。

社会不平等也是破坏性冲突的一个重要来源。暴力革命起源于不平等，通常它都是由那些在社会秩序中爬升未果的人所发动；许多暴力犯罪都来自不平等滋生的挫折和愤怒；许多战争都是一国打击另一国的结果，因为它拥有优势资源，想要得到对方的一些东西。通常，侵略的出现都是因为社会内部的不平等没有得到及时面对、问题外显化、领导人企图通过捏造一个共同的外敌来掩盖国内的真正冲突。在不平等体系中被剥夺权力的个体会变得沮丧、愤怒，有时甚至会将暴力对准家人、对准陌生人、对准社会上的成功者，最终则是对准他们自身。当有权势者发现在实现自身意志的过程中有人（如父母、老师、政治领袖、帮派成员等）质疑他们，同时发现暴力是一个不错的应对方法时，在这种情况下也会发生破坏性冲突。

破坏性冲突的出现，还因许多人都学会了用暴力来解决我们所面临的问题。在涉及他人的情况下，为了努力实现我们的意愿，我们学会了暴力对抗。对暴力的使用，有时也是文化性的和制度性的。相比其他社会，美国社会有时更为暴力，有时则也更为温和。我们的领袖通过其言行向我们展示了用暴力冲突和破坏性冲突来解决问题是正确的。父母在对孩子的教育中往往也传递了这种信息，电影、电视乃至音乐也都进一步强化了这一信息。卡通人物、超级英雄和那些必须通过进攻性的暴力来展示其阳刚之气的男性就是一些典型例子。我们历史上的多次重大事件教育我们，破坏性冲突是必要的，甚至是有益的，像西进运动、扩张战争、奴隶制，以及对少数族裔的残酷镇压，都是这样的例子。当然，美国社会中也有相应的价值观、准则和制度来约束暴力冲突和破坏性冲突，比如，通过选举制来参与民主进程，政治中盛行的妥协与谈判的风气，依赖法律，尊重个人权利。

在冲突被抑制并禁止人们为了个人利益去进行公开且有建设性的谈判的情况下就会激发破坏性冲突。在文化鼓励个体和群体使用暴力的情况下，它实际上也在鼓励破坏性的社会冲突和人类苦难。无论何时，只要政府、家庭和领导人将暴力的使用合法化，他们就是在向他人展示，暴力是一种能够解决问题的方法。暴力并不是简单地存在，它已融入各种社会模式。

破坏性冲突作为苦难的起因之一

具有破坏性的社会冲突会给暴力的受害者带来伤害。至于它是来自父母、警察、违法者、高管还是政府，这都不重要；它的目的就在于伤害和摧毁他人并常会得遂其愿。它会在受害者之间激起愤怒，这种愤怒也许是沉默的，但却常会演变成长期的和根深蒂固的，其中有的能够得到发泄，有的则会溃烂腐朽。尽管它的目标是对准他人，但它也会以自我毁灭的形式将目标对准自己，如滥用毒品、沉溺赌博或自杀等。

我们完全有理由相信，即使一个人在破坏性冲突中胜出，苦难也不会彻底根除。破坏性冲突的循环很难制止，一方的胜利经常会引起另一方的愤怒及其日后加以报复的可能性。胜利让一方（和另一方）相信破坏性冲突可以让人获得想要的事物，因此鼓励人们不断使用。从心理学上来说，它会在行凶者内心激起更多的攻击性情感。攻击性不但不会让人感觉良好，反而更易让人对受害者感到愤怒和具有破坏性。究其因，就是攻击者通过将受害者去人性化来为自己的暴力找寻借口，他们说服他人和自己"受害者罪有应得"，而这一信仰体系则会进一步激发攻击性行为。

暴力和破坏性冲突经常发生在合法秩序之外，它们并不是我们通常期待会从别人那里获得的，它们属于藐视常规之举。社会互动依赖于常规和不言自明的观点，我们所有人（包括陌生人）都要遵循该常规。互动始于信任，而破坏性冲突的真正受害者之一就是信任。在暴力冲突的搅动下，一个可预测的和熟悉的世界变得不可预测和混乱无章，人们找不到可以信赖的规章制度。一个互不信任、没有规范可循、不可预测的世界，会让许多人的生活都变得痛苦不堪，进而沦为暴力冲突的牺牲品。

社会中的苦难可以追溯到许多根本性的起因上。目前我们关注的起因有两个：社会不平等和破坏性冲突，这两大起因揭示的一个主题是：那些看起来是社会里不可分割的一部分，甚至对社会的延续来说是必需的一部分，都会给社会里的许多人带来苦难。在我们的生活里占据相当大比重的不平等给大部分人都带来了苦难，这一苦难最终则会转向有钱人和有权人，进而危及被许多人视作理所当然的社会制度的延续性。社会冲突，作为所有社会里必需的和具有生产性的一部分，可能会变得暴力和具有破坏性；而破坏性冲突则会摧毁受害者和伤害违法者，最终则是阻碍社会自身发展。

苦难的第三个起因：社会化

所有社会学家都承认社会化对我们会成为什么样的个体所具有的重要性。社会化影响了我们的选择，教给了我们规则、价值观和观点，我们运用它们来控制自己，看待世界；它将我们安置在社会结构内各自的定位上，向我们介绍统治社会的各种制度。如果以上步骤都成功了，它就会鼓励爱情、责任、心理健康，以及解决生活中出现的各种问题的能力。社会化通过将我们塑造成社会存在并赋予我们语言、自我和心智，最终完成了大自然所开始的进化过程。

不恰当的社会化：自我与自控问题

有些人出生在社会化不充足或不恰当的环境中：早期家庭内部的互动非常有限，或者太具毁灭性，或者缺少关爱和情感，或者没能教给如何学会自控。亲密而温馨的关系缺失了，而这对我们的智力和情感成长则是必不可缺的。有充分证据表明，与他人缺乏亲密联系的婴儿会过早夭折，或者心理严重受损；同时还有证据表明，在早期的发展中被剥夺情感关爱的人，会在日后引发严重的情绪和行为上的后果。没被人爱过的人很难学会如何爱自己；童年时没有与他人建立起亲密关系的人，很难在日后与他人发展出亲密关系，并且经常会给人一副可怜的自我形象。在早年的社会化过程中，没有关爱和他人支持的生活，通常也是苦难的一个重要根源。

早期的社会化除了必须提供爱和亲密关系，还必须让人学会自我控制。我们应该独立自主，学会处理遇到的各种情况。如果没能学会如何有效地控制自身行为，个体就会不计后果地冲动行事。社会化会教会我们社会的各种方式，我们则会逐渐将其内化进而控制我们自身。我们的道德心会根据他人的权利来影响我们的行为。我们行为的一部分则涉及思考问题、解决问题、学会如何学习及交流。

出于一些原因的影响，我们中有些人无法学会社会化本可促成的那些必要特质。对这些人来说，有意识的思想和自控都不再是重要的引导。此时会出现两个严峻问题：第一，有人成为我们缺乏自控的受害者，我们给他们带去了苦难；第二，缺乏自控也会给我们的人际关系和实现目标的能力带来一些问题。因而，一个有目标引导、可以成功解决问题的人生，也就变成一个沮丧的和愤怒的人生。

朝着苦难方向发展的社会化

然而，给我们带来苦难的并非只有不充分的社会化，成功的社会化引导我们前进的方向也会给我们带来苦难。我们大多数人都被社会化了，特别是在爱护家人和供养家人方面；我们也学会了控制自身言行。但社会化者并不总能帮助我们过上丰富多彩的成功生活。社会化会极大地影响我们对毒品的看法和使用、我们对教育是趋之若鹜还是不屑一顾、我们会挑什么专业和选什么职业、我们是守法还是违法、我们是结婚还是单身、我们会与什么样的人结婚、我们会怎样对待我们的配偶。我们的父母、老师、成年邻居、朋友，以及我们的雇主和兄弟姊妹，都会影响我们的人生道路。我们观察他人、倾听他人、留意他人对我们的言行做何反应——通过这些，我们去尝试那些看起来对我们来说是正确的方向。社会化所教育我们的内容构成了我们当下自身的大部分。从最根本的意义上来说，那些将我们社会化的人代表了社会，我们受到了他们的规则、他们的价值观、他们的观点和他们以身作则的影响。利博（Liebow，1967）在《泰利的街角》中向我们展示了华盛顿特区内城中的年轻黑人如何通过观察年长者的行为来学习自身应该如何行事。年长者终日无所事事，到处闲逛；他们的工作也是那些临时性的、薪水微薄的、毫无技术含量的而且通常还很危险的工作。工作无法让他们寄予希望，只能让他们勉强糊口；由于无法对未来抱有任何希望，这些人只能抓住当下每个机会及时行乐。生活仅仅是维持生存，除了能从街角的同类那里赢得一点点尊严之外，毫无尊严可言。年轻人慢慢开始相信这些年长者就是他们日后可望变成的样子，他们从别人身上看到了将来的自己。

当然，与我们素昧平生的人也有可能将我们社会化。我们可能会在一位政治领导人、一个篮球明星、一名出色的歌手、一个富有的商人、甚至是一个目无法纪的罪犯的影响下改变我们生活的方向。我们读的某本书，我们与感动我们的某个人偶然进行的一次互动，也都有可能改变我们的人生方向。人们常爱过分强调那些离自己非常远的人物对自己的重要性，但在大多数情况下，我们的社会化都是由那些与我们非常接近、每天都会与我们互动的人进行的。前任最高法院大法官马歇尔（Marshall，1979）记录了他深入贫民窟给那里的黑人以身作则树立榜样有多么困难：他们的生活与他的生活有天壤之别，他们拥有的机会与他把握的机会大不相同，他们心里对存在于他们之间的鸿沟再清楚不过。

那些由本身就过着苦难生活的人所社会化的人们，会受到影响走上将会给他们带来苦难的道路。这就是社会化的真相。通过周围人，我们开始意识到我们将会成为什么样子和应该成为什么样子。我们了解到我们有权利从生活中期待些什么：是从名牌大学辍学还是顺利毕业，是在贫困中挣扎维生还是过上富裕生活，是侥幸成功还是有缜密的事业规划。对很多人来说，他们的角色榜样会吸毒，犯罪，制造破坏性冲突，蔑视他人；或者社会化会将他们带入死胡同：不具备好工作所要求的技能，个人的天赋和能力没有得到发展。人们生活在苦难中的一部分原因就是社会化将他们引上了这个方向。为了克服个体一生下来就置身其中的苦难，他必须通过现实的角色榜样来进行社会化，这些角色榜样需要努力对抗社会化并改变一个人决定前行的方向。如果一个人始终处在苦难中，想要找到现实的角色榜样来帮助他逃离苦难几乎是不可能的，因为他已深陷苦难的重重险恶中。

同时我们也应该记住，人们通常也是被社会化去伤害、压迫和剥削他人的。我们如何对待他人的方式，特别是那些在某些方面处于劣势的人，会支持和创造苦难的条件。将我们社会化的这个社会，它的"底线"（谋利、积累财富）是一种占据主导地位的价值观。它使我们中那些按照这种方式来引导生活的人非常容易忘记劳动者的需求、那些被剥夺财产者的需求和那些没有任何资源可与我们竞争者的需求。我们受之影响去剥削他人，将他人视作我们的财产和工具。我们通过社会化相信，只要每个人都足够努力，每个人都会获得成功；我无须对他人负责，我只需管好自己；自由竞争会创造最好的社会；被社会抛弃的人是因为他们自身不够好，政府没有责任去帮助他们。在我们应该如何对待非白人、移民、女性、同性恋、穷人、孩子、我们雇的人、违法的人、与众不同的人、与我们竞争的人、与我们持不同意见的人等方面，我们也都被社会化了。我们对待他们的方式通常都会给他们带去苦难，究其因，这大都是社会化的结果。

充满不可能的或混淆的期望的社会化

　　社会化给人们造成苦难的最后一种方式就是期望的影响。我们中的大多数人都会认识一些"看似拥有一切"但却仍对生活感到不满的人。长得漂亮的人嫌自己长得丑；有钱的人仍然觉得自己穷；考试全得"优"的人，得了一个"良"就崩溃了。我们苦难的一部分也是根源于客观现实（我们实际上如何表现，我们实际上拥有什么）与自身期望之间的差异。我们对自身的期望大都源于我们的社会化；随着我们被他人社会化，他们的期望对我们来说也就变得重要起来，他们的需求最终则会变成我们的需求。我们也可能会反抗提出过分要求的父母或朋友，但更常见的是我们永远也无法摆脱他们的期望，尽管我们自己对此可能很是不以为然。

他人传递给我们的信息通常都是不清晰的，这也会导致问题。一方面，他人告诉我们："接受你现在的样子，了解你的能力和局限，对你在生活中拥有的一切感到幸福满足。"另一方面，他人又告诉我们："只要你工作足够努力，你就会得到你想要的一切。追逐你的梦想吧，你总是能做得更好。"我们需要承认这样一个事实：个人苦难的一部分就是由这些通常并非有意对我们造成伤害的期望所造成的。对我们大多数人来说，不管我们在生活中获得了多少，我们都不可能对自身感到满意，因为他人已经将我们社会化成了不可能自主掌握我们行动的人，或者是将我们社会化成了对于该如何取得成功和如何成功地从自己身上获得满足感而感到困惑的人。

当我们看到连环杀手、恐怖分子、企业大亨、年轻黑帮和毒贩给他人带去的苦难时，我们所有人都理当追问："为什么会有这样的人？"如果我们仔细究查原因，我们几乎总能发现社会化是最重要的起因之一。也许我们会逐渐明白，人类的这些问题都是有因可查的，并承认那些生活在苦难中的人并非只是"他们自己的错"。

🍃 苦难的第四个起因：异化

从社会学视角来看，苦难的另一个起因就是异化。从最简单的意义上来讲，异化意味着分离。社会学家经常用这一概念来描述：（1）与他人相分离（独自一人；孤立）；（2）无法从事有意义的工作；（3）无法成为一个有主动性的个体。

与他人相异化

异化是马克思著作中的一个核心主题。对马克思来说,资本主义是一种经济秩序,它建立的基础是竞争而不是合作,是剥削他人而不是与人分享,是物质主义而不是关爱与尊重。马克思依据自己的观点描述了在资本主义社会人们如何将彼此视作物品,视作劳动力市场上可以买卖的商品,视作财产,视作达成目标的途径,而不是视作他们自己。

其他许多社会学家也都承认现代生活造成了社会异化,但却并未像马克思那样将其归罪于资本主义。韦伯描述了官僚主义的许多益处,但他也不断提醒我们,官僚主义社会是一个非人的社会,是一个没有感情和传统的社会,是一个只强调组织中的效率和效度的社会。我们所有人都被困在"资本主义的铁笼"中,不断地谋划,不断地算计,不断地解决出现的问题,与此同时则牺牲了友谊,牺牲了与他人之间亲密的情感奉献,牺牲了集体感。社会学家库利(Cooley, 1909)曾在上世纪初描述过初级群体(面对面地蕴含了亲密情感纽带的群体)对人类的重要性。他为人类社会变得越来越非人化和个体化而扼腕叹息。亲密和关爱正在逐步被社会异化所取代。

社会异化在齐美尔的著作中得到了最好的描述,他是一位与韦伯和涂尔干(他们三人都逝于1917—1920年间)同时代的德国社会学家。齐美尔将现代生活看成是陌生人的生活。我们生活在大型社区里,我们首先关心的是我们自身的需求,我们与他人的联系淡之又淡。对我们许多人来说,城市生活就是一个陌生人的世界,人与人之间昔日那种亲密无间早已消失殆尽。对现代社会里的许多人来说,其结果就是无尽的孤独与苦难。

个人主义是本世纪占主导地位的一个主题。无数革命的爆发都是为了将个体从独裁专政的束缚下解救出来。教育也是为了让我们多一些独立，少一些传统，少一些共性。城市切断了家乡小镇对我们的专制控制；富足给予我们机会，让我们可以宅在家中，尽享无须与人互动的惬意生活；学生们可以待在宿舍，通过上网与从未谋面的人进行交流，享受无须去和楼下人互动的好处。然而，人们也为个人主义付出了高昂的代价。它让我们与他人越来越多地分离开来，与亲友间的亲密关系逐步衰落，只关心我们自己而不关心我们所生活的社区。伴随着去人性化和受到社会鼓励的自私自利，它更是进一步促成了人与人之间的异化。

社群主义是当今社会科学中的一种理论运动。面对一个尊崇个体权利而忽视忠于社区的重要性的世界，社群主义号召我们要意识到个体有必要致力于维持社会的延续性。个人主义和自由必须在考虑到社区及其文化的情况下彼此平衡；个体为了追求各自的目标所进行的竞争，必须通过合作和让整个社区胜出的愿望来加以平衡。按照社群主义的观点，我们不应该只追求什么对"我"来说是最好的。实际上，有时从长远来看，真正对我来说最好的反倒是妥协和尊重更大的共同体。虽然很多社会学家都质疑社群主义在苛求对整体的忠诚这一点上是否做得有些过头，但对大多数人来说很明显的一点是，对个体的崇拜经常会变得太自恋、太自私、太不负责，进而则会对个体和共同体产生两种负面后果：对前者来说是社会异化，对后者来说则是集体感受到损害，对任何真正意义上的社会秩序都缺乏忠诚。

与有意义的工作相异化

在现代生活中,社会异化也伴随着与创造性工作的疏远。在马克思看来,人类是一种有创造力、工作努力、具有生产力的生物。但在现代人类历史的大部分时间里,工作都意味着为有产者的物质利益而卖力、为他们愿意支付的薪水而卖力、为外在的回报而不是为从创造性工作中获得内心的收获而卖力。我们为他人而卖力,我们的劳动汇集起来只为完成一项小任务,而最终生产的成品我们则从未见过。工作对人类来说已经失去了其自身意义,而这种失去也给我们带来了苦难。

韦伯认为,在早期资本主义的那段时间,人们四处探索,创造性地建立了他们关心的企业。早期资本主义是企业家的时代,是商品和企业创立者的时代,是发掘了工作真正意义的具有创造性的冒险家的时代。但在效率的名义下,在巨大的现代官僚主义企业中,所有的创造性都已烟消云散。现在的行动者只不过是一台巨型机器中的小齿轮,他们在工作中几乎找不到意义,他们只为追求自身定位的稳固性,而不是追求工作中的乐趣。

马克思和韦伯是工作社会学的创始人。他们提出了一些具有启发性的问题,这些问题全都跟有意义工作的可能性有关,他们得出的结论都是控诉现代生活,因为在现代生活里人类已经无法轻易找到这种可能性了。对很多人来说,人生的目标已经由挣钱取代了有意义的工作;通过休闲而不是工作来追求满意的生活已经成为一个标准。对许多人来说,生活就是要在一场将人与人异化,也将人与有意义的工作异化的比赛中取胜。

正如我在一堂社会学入门课上谈及工作时所提到的,我们对工作的看法在20世纪已经发生了改变。我指出，我们那代人把工作视为能过上一种富有成效的生活的基础。我们去工作，因为我们相信这是人们应该做的并几乎将此奉为一种道德责任。进入1960年代，许多年轻人都开始追寻他们认为"有意义的工作"，这种工作也给人们和社会带来了益处。到了1970年代，工作开始变成一种实现目标的方式，一种获取物质成功的方法，一种在商界做强做大的方法。我问班上一个学生他对工作的看法——他是否将工作视为过上一种富有成效的生活所要求的？他是否想找到一份有意义的工作，或者只是将其视为一种取得物质成功的方式？他看着我说："我不那么看。""说说你的看法。""工作让人恶心。""它不是让人成功的一种方法吗？""不是。""那你想变得有钱吗？""当然想。""那你会怎么做？"他最后的回答是："买彩票。"自从那名学生做出那样的回答之后，工作越来越变成一个不得不为之的恶魔，意义和幸福只能在别处寻找。过多地炫耀消费和退休看起来都无法成功地替代富有成就感的工作。但若工作本身真的对过上有成效的生活和有意义的生活来说么重要的话，那么，正如马克思和韦伯所预测的，在现代社会中，与工作逐渐异化无疑也是人类苦难的一个源泉。

与主动性自我相异化

与作为一个主动性个体的自身相异化，简单说就是人类在与其周围世界的互动中变得被动起来：他们放弃了一切，他们允许政府来统治他们，允许雇主来雇用和解聘他们，允许邻居来打扰他们，允许孩子从他们那里不断地要求和索取，允许社会力量去操纵他们。他们的生活不是他们想要的，而是由一些不受他们控制的、非人的力量来驱动的。被动性给许多人都带去了苦难：他们变成他人随心所欲的牺牲品，他们无法在出现问题时有效地解决问题，更重要的是，在他们的个人生活和社会生活中，他们经常感到无能为力。

社会学家一再追问："我们的社会生活（我们的社会）是怎样创造出这种被动性和软弱无力感的呢？"在很大程度上，它是现代社会的一部分。我们称呼自己是民主社会，但很显然，我们投票选举的结果在一个如此巨大、复杂和难以理解的社会中并没有太大意义；我们称呼自己是资本主义社会，但市场却是由无数商业巨头乃至更大更没有人性的经济力量所操控；我们称呼自己是一个看重个体的社会，然而事情发展的方向却不是我们个体所希望看到的。甚至是在我们的个人生活中，无能为力感也受到了社会本质的鼓励：父母的苦口婆心敌不过同龄人、电视、电脑和青年文化的影响；对职业的选择由市场决定；从一所体面的大学得到一个体面的学位的机会，被大学里的各项规章制度、老师的作业，以及招生办、导师和我们从未见过的学校行政管理人员的评价所决定。类似种种条件也就孕育滋生了软弱无力感，而这种感觉则会给现代社会中的很多人带来苦难。

现代化与异化

社会学家通常都是将异化作为现代社会的一项特质来进行讨论。19 世纪和 20 世纪是社会逐渐变得机械化、工业化、城市化和官僚化的时代；面对急剧的社会变化，社会变得依赖于科学并强调个性化。社会学家和其他人将这种发展描述为"现代的"，他们研究它的起因、可能性和现代化的发展问题。人们对社会异化、工作异化和自我异化进行了区分。马克思、韦伯和涂尔干都在现代性与异化之间建立了联系。20世纪中叶，法兰克福学派和存在主义哲学家也试图去理解社会中的异化。

除了现代社会，我们还有传统社会。在这种社会，我们生活在乡村，生活在小型社区或街坊里。过去对我们来说非常重要，社会的文化无比神圣。我们与社区、家庭、过去、宗教和领导权威之间有着强有力的联系，我们从生到死都生活在同一个社区。我们的整个世界都触手可及。个人特征和自由或许对某些人来说很重要，但整个人群都忠诚于一个更大的集体："我们"而不是"我"。现代生活引入了自我的重要性、人应该为自我而工作的想法，以及生活的很大一部分就是要突破社区的约束、决定自己的方向、寻求现世的好生活而不是等候来世的想法。

但真正问题在于现代生活中有众多陷阱，它们让个体变得越来越异化。我们很难对自己的生活拥有更大的权力，因为如今我们生存在一个很大的国家、一个很大的世界、一个很大的宇宙中，这里有诸多巨型企业、大型官僚机构、世界范围的经济力量和世界范围的相互依赖。现代通信和因特网、手机、电视、飞机等技术能将个体从他们的小小社区带往世界各地，我们意识到我们的生活是由世界各地所发生的事情造成的并塑造了我们会变成什么样子。2011年日本发生的地震、海啸及随之而来的核辐射泄漏告诉我们，世界上一个地方的毁灭与我们所有人都性命攸关。世界范围内的经济会影响我们的工作、我们的财富、我们的期望和我们的愤怒。我们只是这个巨大地球上的一个小人物。因此，我们不但无力掌握自身生活，反而变成被异化的个体——孤单的、独自的、毫无意义的个体。

异化就是失去与他人之间的联系，工作没有目标，在生活中感到软弱无力。它所造成的后果多种多样：生活不稳定，缺乏亲密感，丧失地位与身份，吸毒，好斗，自暴自弃，孤苦伶仃。异化与人类所有的特征一样也是一个程度问题。我们如何能在现代社会中做到游刃有余，对我们的异化程度有重要影响。

| 小 结 |

很难理解人类的苦难及其起因。但可以肯定它有很多起因，这里我们只提及了那些最重要的起因。实际上，心理学家、哲学家和宗教思想家对人世间为何会有苦难这一话题有更多说法。

不过，社会学家告诉了我们一些有价值的东西：人类苦难的起因，一部分源自我们的社会和我们社会生活的本质。人们出于一些社会的原因去伤害他人，这些原因是我们可以进行辨别的。人们维持苦难的存在，并非因为这是他们理性的、自由的选择，而是因为一些他们通常意识不到或无法理解的社会力量的作用使然。我们的社会生活对我们会成为什么样的人起着至关重要的作用，对我们是过上完美而富有成效的生活，还是过上悲惨而具有毁灭性的生活，也有至关重要的作用。

将本课中提到的有关人类苦难的四种社会基础的要点放到一张图中来理解，或许会对我们更有帮助（参见下页图）。

我们能否改变这四种宽泛的社会条件，进而对消除人类苦难产生些许影响？人类的苦难是不可避免的吗？我们是否只能接受它？这是一些多么难以回答的问题啊！所有的宗教哲学家都在探索这些问题的答案，所有追求正义的人也在寻求回答这些问题。这些问题催生了革命，就连那些给他人带去苦难的人也会为他们的非人性编造合理的借口，"就算我们不剥削这些人，别人也会这样做的"。人类的苦难也许是不可避免的，

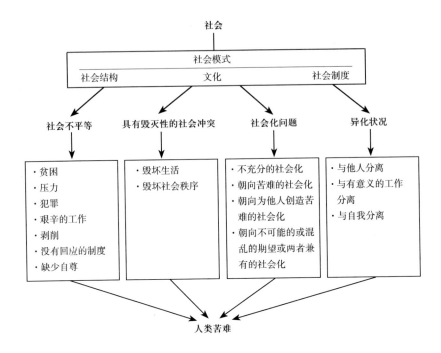

但它完全可以不像现在这般深重。我们完全可以创造一个有着较少苦难的社会，但实际上我们却创造出了一个有着更多苦难的社会。例如，当今世界的贫困与1960年代相比，分布范围更加广泛；但相比1850年代，它的面积又缩小了很多。在工会和现代技术诞生之前，社会上的工作并不那么具有剥削性。与其他许多社会相比，美国的疾病和饥饿状况也并不那么普遍；但还是有一些社会在医保和福利方面要比我们做得成功得多。苦难无疑将会持续存在，但与此同时也有一个永恒存在的问题就是："我（或社会）能在多大程度上接受它的存在？"

对我们来说，重要的是要意识到，世界上的许多苦难都已融入社会本质。如果不能改变形成已久的社会模式，我们就不可能在消除人类苦难这方面取得任何进步；如果不能减轻贫困、极端的不平等、人类尊严与物质成功之间的关联，我们就无法有效地解决愤怒、异化和暴力犯罪问题；如果不能对工作的本质和社会中我们赋予个人主义的重要性提出质疑，我们就无法处理异化问题。当然，我们中有些人并不想改变社会（毕竟我们过得还不错），那我们就必须做好准备去接受他人的苦难。如果我们不去改变引发苦难的条件，苦难就会持续存在甚至进一步恶化。事实上，苦难最终很可能会引发深刻的社会巨变，而那则是我们大多数人都不愿看到的。

暴虐成性的父母害死自己孩子的恐怖事件，对我们大多数人来说都会觉得不可思议，难道父母与孩子之间的爱不是天生的、自然的、普遍的吗？我们的社会正在越来越多地揭开虐待配偶和孩子的黑暗历史，那些孩子大都没有机会长到成年就已悲惨地死去。但我们也会假设，如果他们熬过了这些恶劣的条件，他们又会变成什么样子呢？一些孩子也许能够很好地克服这一切不利条件，但却有更大的可能则是他们的社会化会制造出新的一代残害他人的人。通常，那些给他人带去苦难的人自己也有着极其悲惨的命运。受虐会鼓励施虐。我们作为旁观者很容易去指责施虐者，好像他和她掌握着自由选择权一样；但细心的学生就不会去轻易指责他们，而是会变得深受困扰——他们会被社会中虐待的起因所困扰。

严肃的学生明白，终结苦难几无可能，但若相信"只要我们一起来抱怨和祈祷苦难消失它就会消失"这种看法则非常愚蠢；同时他们也会意识到，相信"相对来说免受苦难侵扰的我们永远不会被那些过着苦难生活的人们所打扰"这种看法也是愚蠢的。

思考题

(1) 苦难不依赖于社会条件而只依赖于主观感受,这是真的吗?如果是真的,那么有没有可能减轻苦难?

(2) 本章提到的导致人类苦难的四种社会条件,哪一个在当今美国社会最为常见?

(3) 穷人和富人谁更有可能在生活中遭遇苦难?还是说他们有相同的可能性?

(4) 社会冲突永远都是不好的吗?

(5) 具有破坏性的社会冲突的始作俑者怎样给其自身带来苦难?

(6) 如果父母想要降低他们的孩子长大后过上苦难生活的可能性,他们应该遵循什么样的原则?

(7) 在现代社会中,什么样的工作可能不会让人异化?

(8) 在社会中,我们可以改变什么来缓解社会异化?

(9) 在社会中,使得人们感觉他们对自身生活没有控制力的最重要因素是什么?

[第八课]

个体真的会产生影响吗？

社会变化简介

我在大学里念本科时，对政府和政治了解得并不多。我知道我生活在一个民主制国家，但我却从未认真想过那到底意味着什么；我对共产主义持怀疑态度，但我并不清楚它到底是什么。我很期待21岁那天快点到来，到那时我就可以投票了，虽然我并不知道我是否会做出明智的选择。现在回想起来那时的我真是够天真的，但至少我真的想去了解政府和政治。有一天，我在图书馆碰到一个学生，他看上去已经到了投票的年纪，所以我就问他在最近的选举中他投票了没。他就回了一个字"没"，我很震惊，就问他为什么。他这样解释道："我投不投票，结果都不重要。一个人的投票永远都不会改变任何事情。"我指出，要是每个人都像他这么想，我们的民主就会是一场闹剧。他回答说，他指的并不是"每个人"，他说的只是他自己。我问他这样做是否会对身边人（包括亲友和其他同学）产生任何影响。他回答说，他们并不知道他是否投票了；如果愿意，他们尽可去投票。

在那之后我就开始了对民主的研究。实际上，我参与了大大小小的各种投票，上至国家和各州，下至村镇和社区——不是因为我相信投票真能改变这个世界，而是因为我生活在一个努力想要实现民主的国家，我感到自身有责任为此尽一份力。我只是碰巧相信投票是领导人更迭最公平最和平的方式，尽管我的投票并不是很重要，但却是我对这个影响了我去投票的民主社会最真实的承诺。在日后的生活中，我仍会不时回想起我在图书馆碰到的那个同学。我是真的想要为政治贡献绵薄之力，但现实情况却是难上加难。即使我支持的候选人赢了，他或她也不一定就会去做我设想的他们当选后会做的事情。即使他或她会为了我的利益而努力，考虑到现有的社会模式和那些觊觎我位置的人，个体要想产生真正的影响依然无比困难。由于我们生活在大型的群体、社区和社会中，所以想要真正改变组织历经多年形成的模式，仅凭一己之力真可谓难于上青天。

当然，美国有一种很流行的观点，那就是：一旦个体下定决心，就能做成任何事情。如果一个人想对他人、社会乃至世界产生影响，他或她也是能够做得到的。还有一种很流行的观点则是：只要个体做出努力，社会就会随之发生改变。对这些观点抱有信念并不能让它们顺利成真；我们之所以会对它们抱有信念，只不过因为它们是社会灌输给我们的。对人们来说，相信自己能够产生一定影响是很重要的："我很重要。""我的生活事关重大。""我确实会影响他人生活。""我能塑造社会的未来。"

本课着重考查个体改变社会的力量。但我们会从细处入手，首先看看个体会在哪些方面产生影响：（1）他们自己的生活，（2）与他们互动的那些人的生活，（3）他们归属其中的各种不同组织。然后我们会考查社会。你将会看到，每个话题都极其复杂；你也许还会发现，个体实际上能够产生的影响比你想象的要少得多。

个体对其自身生活的影响

如果我们是完全自由的，能够对我们的观点、价值观、行动和方向进行自主控制，那么每个行动者都会对其自身生活产生影响。我会影响我所做的。我会做出决定选择走这条路而不是另一条路；我会选择相信这件事而不是另一件事；我会以某一种方式行动，或者成为某一种类型的人。我们在第五课中考查了自由这一问题，虽然有各种社会力量在限制我们的思想自由和行动自由，但我们对自己的生活还是拥有一些控制权；在指引我们的思想和行动方面，我们也有能力去做出一些影响。在本课的内容中，如果我们声称自己在某种程度上的确是自由的，那么我们的生活对我们自己来说就是至关重要的。我们会对自己的生活产生实实在在的影响。

但是，由于存在许多控制我们的社会因素及其他因素，这一能力也就总是有限的且经常都是在一定限度之内。我们总是在一定的社会背景下行动，所以社会模式对我们来说也就非常重要。角色、阶级、文化和制度总是会指引我们的决策和生活。我们的个人问题几乎总是与社会问题联系在一起，我们的成功总是与社会的状况联系在一起。社会学视角确实给个体自由留出了一些空间，但这一空间并不大。

当人们询问个体是否真能产生影响时，他们实际上想知道的是对他人的影响。我们的行动在影响他人、群体、社区和社会方面是否真的重要？这一主题实际上变成个体及社会变化的一部分：我的行动能影响他人吗？——对于除我之外的其他人，它们是否仍很重要？

个体对他人的影响

我们首先来看一下社会互动，以此来理解个体在产生改变的过程中的重要性。个体是否会影响他人？个体是否会影响他们的亲友？他们是否能够帮助、教育、影响、改变和塑造他人？他们是否能够影响那些身陷贫困、无知、罪恶和糟糕精神状况中的个体的生活？

测量一个人对他人的影响

就让我们从最简单的情况开始：在我们做的所有事情中，我们都会碰到一些跟我们有着不同兴趣爱好的人，一些跟我们有着不同观点、特权和问题的人。如果让我们尝试一下，我们是否能对他们产生影响呢？例如，老师就能发挥一些重要影响。厄尼·维拉斯培养了我对音乐的爱好；泰德·兰格教会我思考历史；约翰·施耐德使我立志当一名教师；大卫·库伯曼则对我攻读博士起了关键促进作用。我的父母也对我有深远影响，只是很长时间以来我都对此毫无察觉。我想我对我弟弟也有巨大的影响；但如今我已意识到，他对我的生活也很重要。没错——我们会影响他人，而他人也同样会影响我们。

但在另一方面，老师的形象也不见得总是如此美好，他们通常都会夸大他们对学生的影响。实际上，我的朋友对我的重要性可能要胜过任何旧时的老师；家人对我的重要性也超过了我的老师；我的书籍、我的邻居、我的梦想、我的问题，可能比之前任何课本知识都重要。总体来说，父母认为他们是在教育孩子，然而对孩子的学习来说，还有其他一些重要的知识来源。最常见的情况就是，我们打算对他人施加的影响经常会产生意想不到的效果。我想对他人产生影响，但我也意识到，总是会有许多原因让我无法轻易确定我能塑造他人。

第一，人们几乎总是会忘记他们学到的知识，因为那些东西对他们没太大用。每个老师都清楚地知道，课堂教学并不能保证学习就有成效。头天教的东西第二天就不知所踪，考前恶补的内容考后就忘得精光，我这周学到的书本知识并不意味着我下周还会记得。

第二，在我们想法影响他人的同时，也有许多人在积极地影响他人。我影响他人的范围取决于所有其他影响。我的家庭内部问题也许远比我正在努力学习的地理知识重要得多；被朋友接纳的渴望也许比去听一个我不认识的人照本宣科地做一场关于毒品的讲座要重要得多。

第三，我对他人的影响可能更多是无意识而非有意识的。我可能会对他人产生影响,但其方式却是我不曾尝试过或不曾想象过的。老师可能正在讲授各国的地理位置,但学生学到的却可能是厌恶地理;老师可能正在宣讲毒品的害处,但学生学到的却可能是成人们的期望都是非常虚伪的、他们不值得相信。当然,影响也有可能收获到出其不意的正面效果:地理课上的学生可能会对了解其他社会兴奋不已;正在了解毒品危害的学生可能受到启发去劝其父母不要酗酒。一个人对另一个人的影响很难取得与预先设想的一模一样的效果。我们可能会对他人产生影响,但这是一种极其复杂的影响——有时甚至完全会与我们最初的打算南辕北辙。

第四,像"个体至关重要并能影响他人"这类想法,还必须考虑到我们的行为通常会对与我们互动的人产生有害影响。因此,我们绝不能认为我们总是能对他人产生积极影响。例如,如果我们虐待儿童是因为我们想让他们变得有道德(像我们一样),结果很可能是孩子会过得很悲惨。如果有人教育自己的孩子不要去关心他人、去憎恨那些与自身有差异的人、去伤害或剥削他人,这些言行同样会影响到他们孩子的行为。我们中那些伤害他人的人也可能会造成情感伤害,而这也会对他们的生活产生影响。实际上,回望过去,我忍不住想知道我有多少行为曾伤害过别人;是的,作为一名老师,对于那些高中时被我判了不及格的学生,我可能会对他们产生不好的影响。但在那些需要我帮助时却被我粗暴以待的学生身上又发生了什么呢?

是的,我们的确能够影响我们周围的人,而且能够对别人做出真正是自己的贡献。也许我们所有人都具有这种或那种影响力,甚至这种影响力每天都会存在。有一些人,如社工、法律顾问、老师、医生、护士、心理学家、律师或消防员,他们都在试图影响别人,而且通常也都会取得较为理想的效果。许多学生都告诉我,他们真的想要跟人们一起工作；这通常意味着他们想要去影响和帮助人们，而他们中的大多数人最后也都会如愿以偿。同时我们也要意识到，恐怖分子、杀人犯、煽风点火者、诈骗犯通常也想影响他人，他们也可能会对他人具有极端的重要性。

在社会互动中，每个参与者都有一定的影响力，但却很难确定谁在影响他人、谁又在被他人影响。社会互动（进而也包括影响）是双向的、三向的乃至多向的。我做出行动，在我的行动中我可能会对你的生活施加影响；但与此同时你也行动了，在你的行动里你可能也会对我的生活产生一定影响。公平来说，如果我们一方声称"是的，我对对方产生了影响"，我们就必须意识到对方也可能对我们产生了影响。我们彼此的影响会不断角力；正常情况下，没有一方能够拥有压倒另一方的力量。我可能会影响我的爱人，但我的爱人对我的生命同样有很大影响。在最低限度上，我们都对彼此产生了影响。我的儿子们同样也影响了我的生活，而且有时还很难评估他们实际产生的影响有多么大。如果认为社会影响是单方面的事情，那就夸大了个体在互动中的重要性。社会互动作为我们生活的一部分确实非常重要、复杂和具有影响力，但它通常并不只是一个人的影响。

我们大多数人都不会知道自己对他人的实际影响是什么样的，我们甚至会在毫无察觉的情况下就对他人产生了影响。一些对我们来说最最"有重要性的他人"甚至根本就不知道他们对我们的重要性。对于配偶和孩子，我们每个人都可以通过对待他们的方式和对待别人的方式进而对他们产生积极影响。甚至我与一位图书销售员的偶然相遇就深刻地改变了我的人生，若不是那次相遇，我可能绝对不会想到要去写一本书。我不知道他的名字，我敢肯定他也不知道我的名字。

我写本书的初衷是为了影响他人，我是一个很现实的人，我有多少可持续的影响力呢？对大部分学生来说，并不多——我们可以毫不犹豫地列出几十种原因；对小部分学生来说，也许我会对他们所选择的人生道路产生一丁点影响；对更少的学生来说，我可能会培养他们对学习的热爱、对社会学的热爱、对人类命运的关心，这些热爱和关心会对他们的一生都产生重要作用。但遗憾的是，我也担心我会助长褊狭的、性别歧视的、种族歧视的、反智力的或反社会学的念头——这都是无意识但却是真实的影响。一些杰出个体（我们称其为英雄）立志要帮助他人并取得巨大成功。他们中有些人本身就是名人，另外一些则是默默无闻努力改善他人生活的人。

面对本课初始提出的问题："个体真的能够产生影响吗？"答案是肯定的，我们有时既能影响我们自己，也能影响其他个体。

最后一点：留意社会在每个人身上所起的作用。让我们再重复一次！个体的影响总是存在于更大的社会背景之下，意识到这一点非常重要，能否形成影响的可能性依赖于更大的社会趋势。我能否影响你去像我一样喜欢歌剧，这种可能性依赖于歌剧在社会中是否受到人们的普遍喜爱，是否它已被摇滚乐所替代；依赖于我们生活在意大利还是美国；依赖于我们生活在 1990 年代还是 1890 年代。老师会影响那些做好了准备和对其所讲内容有兴趣的学生，宗教领导人会转化那些寻求皈依的个体，政治领导人会影响那些赞成其政治观点的个体，或者有时候是那些反叛他们父母政治观点的个体。查尔斯·曼森（Charles Manson）不可能吸引每一个人，他只会对那些生活在我们历史中某个特定阶段、某个特定集体中的人有吸引力；一个年轻人会被代表他所属文化的电影明星所影响；影响他人吸毒的个体则会受到那种将吸毒视为一种可接受行为的社会背景的帮助。

由此来看，一个行动者对另一个行动者的影响可能是真实存在的，但这一影响通常都会被其所处的社会背景所夸张、扩大乃至复杂化。我们所有人偶尔都能产生一定影响，那一影响的方向既可能指向宽容、爱护、关心和成长，也可能指向褊狭、仇恨、漠视和毁灭。通常我们都没有办法去知道我们影响了谁，以及影响的程度有多深。对我们大多数人来说，更多的时候，人际间的影响仍是一种我们彼此都相信的信念。

个体与社会组织

社会学研究的不只是个体。它的起点是研究一个人和另一个人（社会行为），但它很快就发展成研究他人的社会互动，最后它所考察的就是人们的组织。社会互动创造了组织：人际关系、正式组织、社区、社会。试想一下，想要影响另一个个体有多难！然而，影响他人是一回事，影响一个组织则是另一回事。要记住：组织里有早已成型的社会模式，这些模式历经岁月发展而来并受到组织中人们的保护，而权力通常也都是站在组织那一方。

大学毕业后我找的第一份工作是高中历史老师，我做好了要在世界上大展一番拳脚的准备，至今我仍记得当时我想为全人类贡献我的力量；也许我将教出能成为伟大领袖的学生；也许我将教给学生可以四处传播的观念；也许我将会被奉为一名万人景仰的特级模范教师。虽然我并不清楚具体该怎么做，但我知道我想在社会上留下我积极的印记。但真正走上讲台没多久，有些事情就变得很明显——我的心气太高了，可我相信，至少我还能对学校所在地圣保罗社区的人们产生影响。大约教了一个月左右，我认识到，如果我想对他人产生影响，我必须接受哈尔丁高中。当我看到只有很少学生来上我的课或者知道我是谁时，我的理想主义开始发生改变。就像大多数抱有理想主义的老师一样，最终我意识到，我想要影响他人生活的真实机会，只有在每周五个课时的时间里与 150 名学生的互动交流中才能找到。而且我也慢慢意识到，我根本不可能期望在这里会有什么伟大的事情发生。对很多人来说，我根本就不是一个重要的人。有些人将我视作他们生活中的入侵者，有些人根本不理解我到底想教些什么。实际上，我的授课行为最终只影响了几个学生，但恐怕能对其产生真正持久影响的则更少，甚至根本就不是朝我想象的那个方向发展。我从未真正影响过社会或圣保罗社区，明了这一点后我离开了哈尔丁高中——而我对学校的影响也是微乎其微，甚至根本就没有。

我是真切地想对一个组织产生些许影响，但为什么我却未能做到呢？是什么阻碍了我？为什么对个体来说想要对组织产生真正的影响会如此之难，甚至是不可能的呢？

个体与社会模式的对抗

现在让我们回到社会模式上来。每个组织最终都会发展出某些行事方式，而这也就是日常生活中我们所说的"有组织的"意思。人们知道别人将要做什么，并且他们也明白自己应该做什么。社会结构将各种定位分布在一个组织里，那些定位通常都是按照顺序排列，并会安排好人们各自的角色和脚本，确定出对人们的期望。文化被传授给所有人，创造出一套共享的信念、价值观和规则来引导人们进行互动。社会里也存在各种各样的制度——这是长久以来就确立的用于指导个体的各种程序，比如，在美国社会，婚姻被确立为一种制度，我们绝大多数人都会遵守这一制度。当我们结婚时，我们需要做的事情的大体轮廓早就提前罗列出来了：求婚、订婚、宗教仪式、招待亲友、宣誓忠于彼此，以及为对方付出爱、金钱和时间等。在我们各自的婚姻里，随着时间流逝，我们也会建立起各自的社会模式：家务活怎么分工、我们各自的独立程度有多高、我们应该花多少钱、我们应该存多少钱，等等。在夫妻关系中，随着新问题的出现，我们不得不找寻新的解决办法，而它们也会被进一步确立为模式。当我们有了孩子、换了工作、从一个社区搬到另一个社区，我们就会需要改变我们之前的做事方法，但通常都是在旧有模式上稍作修改而非全盘推翻。改进后的做法会成为我们遵守的新模式。人与人之间的纽带依赖于我们的情感，以及我们共享的所有的模式。如果我们中有人决定抛弃或彻底改变这些模式，就会搅乱我们的关系。如果我们在没有得到一致赞成的情况下去改变事情，就会出现无法解决问题的危险。

事实上，在约会和婚姻等社会模式上已经有了真正的变化；许多人都不再"约会"，而且在同居之前既不急着结婚也不追求婚姻。这些做法在社会上都有其各自的模式，虽然这些模式与我们的父母和老一辈人的模式不一样，但却是它们所在集体的一部分。

单是改变婚姻中的社会模式就如此之难，可想而知，要在一个更大的社会组织，如一群朋友、一所学校或一个社会里进行变革又会有多难。一个具有持久性的群体，如一个有30名学生的班级，很早就确立了它的模式——这些模式通常都是在别处发展起来，用于引导所有这样的班级，或者是在老师的要求下或在每日的互动中建立起来。任何一个个体（包括老师在内）想要彻底改变这些模式，都会威胁到班级这个组织。甚至学生们对此也会早有察觉，一旦他们的模式建立起来，如果有老师或新来者想改变其规则，他们都会迅速对此做出反应。

球队的运转方式也是与此一模一样,比赛规则和联赛规则管理着球队的运转,个体不许公开挑战它们。球队本身也会发展出其独有的战术、战术呼叫和换人步骤,或者是随着比赛的推进改变个人做法的微妙方式。那些自行其是的个体则会危及球队取胜。

有组织的范围的对立面就是社会。社会的历史悠长深远,它早于每个行动者出生之前且在所有行动者都死去之后仍会存在。它的模式(社会结构、文化和制度)历经多年建立起来,这些模式被个体视作一种普遍接受的现实。个体既可以抗议:"我不想做你们要求我做的事!"也可以离开该社会而不再受其影响。沉默的反抗也是可能的,但若个体试图改变占据主导地位的社会模式将会非常困难。事实上,改变社会就是威胁世界的持续存在,因为它是为许多人而存在的。

在涂尔干看来,社会模式自有其生存之道。它们存在于"那里"的某个地方(对我们来说则是看不见的、真实的、外在的),影响着我们,甚至控制着我们。如果我们破坏这些模式,我们就是在挑战它们的现实存在。当我们决定在社会组织里孤注一掷,与那些很久以前就已建立的程序、规则、真理和价值观背道而驰时,我们可以看看会有什么事情发生。我们正在讨论的不只是法律,而是许多其他指引我们迈出每一步的社会模式,从在大街上跟人打招呼到埋葬逝者,等等。我们的行为既不是自发的也不是随机的,而是所有的一切都遵循很早以前由陌生人所制定的模式进行的。

那么,个体在对抗社会模式上可否还有什么机会?对于我们生活其中的社会现实,其他人早已习惯,而且普遍害怕失去。不管我们有多么厌恶当下境况,在我们大多数人身上都会有一种维持我们现有的结构、文化和制度的需求。我们也许会憎恨当今社会,但它却是我们所拥有的唯一世界。

一些个体确实影响了社会模式

个体确实也能对组织的成功运转产生影响——在它的社会模式界线内,个体既可以帮助组织达成它的目标,也可以阻碍组织去实现它的目标。一个优秀的四分卫能把一支糟糕的球队凝聚成一个整体,一位杰出的总统能引领社会朝着正面方向发展,一位卓越的商人能让一个濒临破产的企业起死回生。这些个体确实能够产生影响——有时还会产生很大的影响。正常情况下,这样的成功并不会改变组织的社会模式(这些个体只是现有模式中杰出的行动者而已)。这些改变也许非常重要,但却不会产生持久而显著的变化。这些个体将会产生影响,但他们就像优秀演员一样,总是在按照写好的剧本来行动。

但也有一些个体确实重塑了社会模式并在历史上留下了深刻的印记。比如苏联领导人戈尔巴乔夫,他在1917年就已建立起来的政治结构中逐渐爬升,并最终利用这一社会模式爬到权力的巅峰。正常情况下,一个人掌权后会更加支持这一体系,因为是这一体系让他的高升成为可能。但戈尔巴乔夫与众不同,他对苏联和全世界都产生了巨大影响,因为他执政后立即倒戈批评他正在领导的政治结构。他还批评那些给他那样的人带来好处的经济的本质。他质疑大规模军事系统存在的必要性,这曾是苏联社会不可分割的一个组成部分,并广开议政渠道。这就是一个真正产生影响的人:手握权力,具有批判思想,致力于在一些社会模式中促成最根本的变革。戈尔巴乔夫是一位不同寻常的革命家,其他大多数革命家都是从外部来反对占主导地位的社会模式,而他则是来自系统内部:他拥有极高的地位,拥有强大的同盟,拥有非凡的聪明才智;他经过精心策划掀起了一场巨大的变革。他可以说是产生了非常巨大的影响。

这样的事情既不易做也不常见。存在已久的传统紧紧地牵绊着他。那些明显受益于该体系的人支持该体系，对他发起猛烈攻击。由于原有的政治系统、军事系统和经济系统没有太大成效，也不做出任何反应，这一点许多人都很清楚，所以他们自然就会猜想一个新的体系是否必然会更好。每件事看起来都在反对一个人可能造成如此巨大影响的任何机会。事实上，我们可以更保险地说，戈尔巴乔夫的影响远比他想象的要大得多。在他的努力下，变革自动发生了，并且他原先未曾设想的许多事情也发生了。最后，他被灰头土脸地撵下了台，被其他人取而代之，每一位继任者都竭力去应对各种极其困难的问题，都试图建立新的制度，但却都发现想要改变代代相传的制度实在太难——甚至是不可能的。苏联已不复存在。戈尔巴乔夫将会作为一个对世界历史产生重要影响的个体而被载入史册；没有他，世界依然会发生变化——但是，变化的方式和速度都会有很大不同。

推翻流氓政权的革命家通常自己也会变成流氓，而不会改变太多事情。我们投票反对其他政党，结果却是发现新上台的政党同样无力实现它所承诺的真正变革，这并不是因为它的党员是骗子，而是因为很难在既有的社会模式里引发革命性变化。总统有时会努力产生些许影响，但却经常以失败告终；新当选的官员情绪激昂地扬言定要改变政府，但一上任他们就要面临既有的社会模式这一巨大的难题。

社会学视角下的社会变化

如果社会学家承认：个体有时确实能对社会组织的变化产生影响且该影响通常是比较次要的和无意识的，那么他们将会怎样处理社会变化问题呢？如果个体不对变化负首要责任，又该由谁来负责呢？在做出解答之前，我们也许最好是先列举和解释六条指导原则，这些原则是大多数社会学家对社会变化所持有的想法。

原则一：变化存在于所有社会组织中

第一条原则是，每个组织都在永远不停地变化。随着它的规模改变，它发生变化；随着它变老，它发生变化；随着它所处的环境发生改变，它必须做出调整。它的历史上发生的每个事件都会纳入它的过去，这一过去可以被不断回忆并作为日后决策的基础。社会模式代表持久的稳定和秩序，但将社会组织视为它的一种牢固而永久的机制就错了。每位个体的每一次行动都会对社会造成一丁点变化，而政府的每项决策也会对社会产生一丁点变化。当然，有些行动、有些个体、有些决策相对于其他的具有更大的重要性，但问题的关键在于，社会绝不会每时每刻都保持不变，变化尽可期待。不管人们对当今社会的一切有多么喜爱，它的音乐，它的电影，它的家庭模式，它的宗教信仰程度，都会不可避免地发生改变。今天存在的一切，明天至少就会有细微不同。

每个社会都有其各自不同的变化速度，一些社会的变化速度明显要快于其他社会。社会变化的速度是社会不可分割的一部分，我们可以将它理解为社会模式的一种。随着社会变得现代化，可以预期它的变化速度也会加快。许多事件和个体都会影响该速度，可以让其暂时降低或加速，但从长远来看，变化的速度通常只会由更加宏观的世界范围的或社会的趋势来决定，如全球化、殖民化、经济衰退、战争、贸易、工业化和科学。一个社会越是成功地进行了现代化，它的变化速度也就越快。突然决定进行现代化发展的独裁者，的确会对变化的速度产生影响，但是一旦现代化发展起来，任何个体想要决定变化的速度或强度都是非常困难的。

不过，许多独裁者并不追求大的变化，事实上，他们所做的大部分工作都是维护他们在社会中的定位。他们会追求军事发展，但社会则倾向于静止。财富会聚集在少数人手里；冲突不会公开化，即使有冲突发生，它也更多是负面的而不是正面的；社会问题也会被忽略。独裁者完全可以成为一个能够真正产生影响的个体，但这些影响通常都是抵制变化的。

变化通常都是高度相互依存，当社会的一部分发生变化，如教育、贸易或修建一座水坝，社会其余的大部分也会发生相应的改变，变化速度也会改变，通常新的速度会更快。一些重要事件和趋势让中国领导人决定到2000年要让中国在世界经济中扮演一个举足轻重的角色，他们的这一决定改变了整个社会的变化速度。随着领导人不断推进现代化，他们对变化的控制也在减弱，一些他们并不想看到的情况也将继续存在。

美国社会的变化速度在内战后开始急剧加速。到了19世纪末，工业化、城市化、交通和通信创造的变化速度改变了社会中的一切。1900年后，变化仍在继续，并且越来越深入，速度也是越来越快。2000年的美国与1900年的美国有质的不同，到2000年，新的发展让我们的变化速度进一步加快。21世纪的通信引发了一场又一场革命，不过2010年的经济衰退降低了变化的速度；许多美国人都在努力做出调整，以适应降低的生活水平。

现代化、民主、资本主义、全球化和科学是21世纪席卷全球的趋势，其结果就是变化不断加快；非洲的一部分、中东、亚洲及南美仍在强调它们的传统文化，其结果则是非常缓慢的变化和被孤立，在这些地方一旦有人尝试变化就会引发剧变。

变化的速度和类型极为复杂并对社会具有极度的重要性。变化的类型不只包括军事变化、政治变化、经济变化，它还与文化、宗教、家庭、艺术、社会制度和社会结构相关。

成年人一再提醒年轻人："今天这个世界跟我们当年长大的那个世界大不相同。"放眼你的周围，你现在看到的社会与十年前有显著不同。你喜欢的一切可能都已消逝，你不喜欢的一切既可能会被改进，也可能会进一步恶化。所有的事物都在改变，只是变化正在逐级加深，通常我们不可能指定某一个体或群体来为变化负责。

原则二：变化依赖于社会权力

在思考个体对一个组织所产生的影响时，我们许多人都忽略了社会权力这一元素。个体只有在他或她拥有一定权力基础的情况下才能改变一个组织。社会权力意味着在涉及他人的情况下实现自己意愿的能力。权力成功与否依赖于资源。在社会结构中占据高位是一种重要资源；技能、吸引力、大量追随者、财富、武器、才智、信息、组织、号召力也都是资源的例子。父母对孩子拥有绝对的权力，可以影响他们的方向、观点和价值观；但随着其他渠道的竞争，父母的影响力就会减弱。企业高管也有很大权力，他们会以自身利益为基准来制定政策，这些政策有时也会改变社会（如税收结构、贸易、政府"干涉"程度），但更多还是保护而非改变社会模式（如私营企业、家族企业、付钱就能开脱的司法系统）。美国总统拥有巨大的权力，因此他要比我们更能对社会进程产生更大的影响（毕竟我们又能动用什么权力资源去影响社会前行的方向呢——投票？为某一官员服务？挨家挨户为我们支持的候选人拉票？）。在一个装备精良、组织健全的革命群体中，一个老练的领导人会对社会产生很大影响；一个经验丰富的宗教领袖也会对他的信徒乃至社会前行的方向产生影响。对于那些能够改变社会的人来说，社会权力就是他们的通行证。

权力必须与欲望相结合，只有借助权力各种观点才能得到有效的挑战，批评也必须得到权力的支持。一个组织对新方向的选择，必须由那些不只是拥有卓越远见和良好意图的人来决定；新的社会模式只可能来源于那些有权力制定它们的人。权力是一个复杂的事物，第一，最有权力的人通常并不希望社会发生根本性改变，因为他们从现有社会模式中获益最多；第二，一个行动者的社会权力是均势的一部分：权力由两方共同施加。尽管一个人渴望改变并努力带来改变，但处在对面保护该社会模式的那一方同样拥有权力——而且几乎总是拥有要大得多的权力。每个组织（从家庭到社会）都有相应的机制来对付那些想要改变组织的人。

因此，变化的发生通常都不是个体一人所为，而是人们共同作用的结果——他们组成权力基础，然后带来变化。就算是美国总统，也不可能单凭一己之力就能改变社会；他或她需要寻求资源，包括那些愿意朝着同一变化方向努力的人。1789 年，法国的工人阶级和中产阶级联合起来，围绕在新生领导人周围，共同推翻了君主政体。1950 年代，南方黑人在马丁·路德·金的组织下，和其他人一道开始终结种族隔离体系。金是一位重要的领导人，但若他只是一个人在奋斗，他就无法在社会上凝聚权力，也无法有效地改变社会。2011 年，数万民众聚集起来反抗埃及独裁统治，他们为什么会获得胜利？他们拥有哪些资源？许多人自愿上街集合，通过和平组织表达他们的愤怒和希望,以及一种集体情感。而独裁者则是众叛亲离:他的军队离开了他,他的财富也无法保护他,他的合法性已不存在,美国也不再庇护他,他的手段和领导权都已失去效力。

没有人能保证成功,不管他有多么强烈的愿望,不管他拥有多么强大的力量,不管他的事业有多么高尚。我们的付出会带来四种可能性:(1)社会模式也许没有变化;(2)社会模式也许变化了,但却是朝着没有预想到的方向发展(通常都是朝向更多的压迫);(3)社会模式也许朝着预望的方向发生了变化;(4)社会模式完全照着预先的设想发生了变化。第一种可能性最高,第四种可能性则最低。

原则三:变化起源于社会冲突

第三条原则是,变化更多来自社会冲突,而非来自任何个体或群体的行为。任何一个组织都在不断演变,绝不停歇。异议和反抗永远存在,当领导人说"不"而其他人继续说"是"的时候,冲突和社会变化就会出现。这样的个体几乎不会有任何获胜的机会,但他们为其信仰所奋斗,最终还是会影响这一冲突。美国社会中的民权运动从未实现它所追求的种族平等目标,但因它而起的冲突(支持民权运动者和支持种族隔离及种族歧视制度者之间来来回回的斗争)却使社会结构、文化和制度都发生了改变。这些冲突给许多非白人提供了更好的教育机会,给大多数人带去了更为平等的政治权利和民权,特别是给中产阶级黑人带去了更多的经济机会。但对那些并不拥有真正的经济及教育机会的黑人来说,它却几乎没有产生任何影响;对不断增加的年轻的、单身的、少数族裔的父母来说,它也没有产生任何影响;对内城恶化的犯罪和滥用毒品,它也几乎没有产生任何影响。

马克思认为，社会冲突是变化的真正来源。他写道：历史是相互对立阶级之间的斗争。社会由工人阶级和有产者组成，随着时间发展，两者之间不可避免的冲突就会改变社会。有很长时间，这些冲突都是受到控制的，然后突然就会爆发一个巨大的变化推翻旧社会，创造新社会。按照马克思的看法，新社会是一个综合体，它是新旧的融合。马克思把英国革命和法国革命视为创造这种综合体的大型冲突的例子；它们都是从封建主义社会过渡到资本主义社会的例子，革命实际上是千百年来社会冲突不断积累的后果。

大部分社会学家都将冲突视为是不可避免的：只要存在持有不同观点和利益的人群，就会有冲突；只要存在冲突，一切就都不会保持原样。每样事物都处在不断的流动中，没有什么事情是不可避免的，每样事情都可能受到挑战和发生改变。

像马克思一样，韦伯也认为社会变化来自冲突，这些冲突发生在那些捍卫传统秩序者与那些反对传统秩序者之间。通常，当群体变得越来越强有力、越来越有组织性且有卓越领导人带领，变化就会发生。随着传统秩序被推翻，新秩序就会被接受，最终新的也会变成传统的；历史就是一场在传统与革命之间持续不断的斗争。

社会学家强调社会运动的重要性，即那些会引发社会冲突和社会变化的群体。社会运动是非正式的（它们既非制度化的，也不是社会的一部分），它们通过挑战社会而发展出一些能够为其自身利益和价值观获胜的策略。社会运动通常都是聚焦于一到两个核心问题。反抗英国的美国革命是一场社会运动，法国革命则是反抗皇室和贵族，为自由、平等和同胞进行的斗争，类似例子还包括俄罗斯人反抗沙皇的运动。美国文化中存在各种群体，如废奴主义者、禁酒主义者、劳工组织者等。此外还有其他一些社会运动，包括进步主义运动、女权主义运动、动物权利群体、儿童权利群体和环保群体。

城市社会、计算机技术发展和通信技术大爆炸让社会运动在改变社会方面变得更加主动和有效。止如社会会创造民主，社会运动也会对此有所助益；它们能够影响人民的希望。"茶党"是一个重要的社会运动，它是愤怒的人民发起的一项草根运动；人们批评和反对华尔街救市，反对政府刺激消费，反对赤字开支，反对一个强大的联邦政府。它确实影响了社会，但却很难预测它会造成什么样的后果。

原则四：变化最有可能在有利的社会情况下发生

第四条原则就是，当社会情况呈现出有利的一面时，个体、群体和社会冲突最有可能改变一个组织。希特勒就是一个在历史上造成巨大影响的个体的典型例子，他极大地改变了德国的社会模式，以适应他的独裁专制；他建设超级德国的努力引发了一场世界大战，在他的影响下，数百万人被残杀。就是在他死后六十多年，我们仍能在世界各地感知到他的影响。一些个体和群体仍在迷恋他的学说并将他奉为一位伟大的领袖。但世界上大多数人都将他视作人类有史以来最邪恶的代表，以及最万能的个体可能做出的罪恶的代表；我们大多数人都会承认，希特勒确实对历史产生了影响：其中一部分是有意识的，另一部分则是无意识的。

然而，希特勒想要改变世界的想法却并未成功，他既是历史的领导者，也是历史的一部分；他既是德国社会的铸造者，也是德国社会的产物。没有合适的社会环境，他也就不可能产生他实际的影响。历史学家提醒我们留意希特勒掌权的几个最重要原因：一战后签署的带有屈辱性的和平条约；1930年代摧毁德国经济的大萧条；在多方极端分子折磨下陷于瘫痪的德国政府。希特勒本身就是德国文化中各种社会模式的产物，在他攫取权力崛起的过程中，他满足了以下各方的需求：德国国家主义、军国主义、专制主义和反犹主义。很大程度上，他的当政和产生影响，也是因为他恰好接轨并利用了德国的文化模式。希特勒同时也对世界产生了巨大的影响，由于德国高度官僚主义化，科学技术非常发达，他得以利用官僚主义原则来组织社会、控制人口、建起高效的军事机器，并运输、监禁和系统地谋杀了几百万人。他还利用德国的科学家群体来开发优于敌人的精良的战争武器。

没有这样的社会背景，希特勒不可能掌权，也不可能去影响德国社会和世界。对历史上每一个有影响力的领导者来说，这都是同样道理。只有当社会条件恰好合适的时候，个体才能产生影响；路德、列宁、毛泽东、罗斯福、林肯、金和戈尔巴乔夫这些个体能够产生影响的部分原因都是，社会为他们做好了相应的准备。

韦伯在对历史上魅力型权威的分析中也强调了这一点，那些发动革命的人更容易出现在历史上某个特定时期，在这一时期，旧世界摇摇欲坠，政府机构近于瘫痪，旧观念行之无效。他们之所以会站出来，是因为世界上有许多对现状不满的人都寄希望于他们。简单说，革命的个体只有在一个为他们的影响提供了成熟条件的更大的社会背景下才能产生影响。革命家可能永远都存在，但只有在其他条件都已做好相应准备的时期，他们才能产生影响。如果没有人愿意服从他们，他们也就不可能产生任何影响。

观念有时也会改变社会，但它同样存在于一定的社会背景下。个体若想创造新的观念，就必须将其建立在已知的背景上。伟大的观念经常都是他人观念的系统总结，或者是对他人观念的回应。牛顿、伽利略、哥白尼、达尔文、弗洛伊德和马克思都是思想家，他们革命性地改变了人们的思维方式，但他们的观念都是建立在那些已经过去的观念之上。而且，这些观念所能产生的影响也取决于鼓励它们传播的社会条件。并非只要是"真理"就会在社会中胜出（它可能会也可能不会），最终的获胜者往往是那些拥有许多支持者的观念；它们的支持者也就是那些愿意相信它们和将它们推销给其他人的群体、社区、社会运动和阶级。确实有一些个体的观念会产生影响，但却也总要有一个社会背景来帮助确定它是被接受还是被拒绝。

社会学家很容易低估个体对社会的影响力。事实上，某些个体确实既能影响他人也能改变社会模式；有时他们的影响还会大到无法被轻易忽视的地步。但更重要的是，不要忘了把个体放置在一个更大的社会背景中去考察，因为是社会背景孕育了他们并让他们的影响变得意义重大。这一点适用于任何社会组织。不管是群体、正式组织还是社区，它们都能产生影响，但它们成功的部分原因都是因为它们处于一个更为宽泛的社会背景下。

原则五：更长久的变化来源于社会趋势

第五条原则是，我们所谓的社会变化大都来自客观的社会趋势，对此个体行动者无法施加任何控制。社会潮流是一种变化，它来自许多个体的行为：他们在日常生活里的做法，他们朝着同一个方向行动，由此对社会所产生的一种积聚性效应。很少有人会真想去改变社会，但他们的行动汇到一起又确实会引起变革。因此，例如，如果许多人都不结婚，或者是拖到一大把岁数才结婚；如果许多人决定离婚；如果许多人离婚后又复婚，那么这些就是社会趋势，即被社会上许多人所广泛接纳的普遍潮流。这样做的结果就是，社会发生了变化。社会趋势本身是由更大的趋势引起的,如工业化、不断增强的个人主义、男女平等。当前我们社会中重要的普遍趋势可能包括人口趋势(生育率、死亡率和迁移率)、城市化、工业化、日益增加的技术应用、计算机化、通信革命、官僚化、世俗化和全球化。例如,美国一直在经历一场计算机技术革命。技术发展(运用知识来解决人类问题)已在过去至少三四百年间成为一种不断加速的社会趋势。计算机正在改变我们生活的方方面面,从教育到音乐,从远程会诊到发动战争等。与那些有意制造持久性变化的个体相比,这些趋势的力量看起来要强大得多。

社会趋势是能够影响社会中各种社会模式的、长期持续的、影响深远的、普遍的发展。长远来看,这样的趋势是社会变化最重要的力量,它们将社会引上了一个不可逆转的发展方向。个体的行动和观念若能与这些趋势相一致,就会为社会变化做出贡献。尽管社会上也会有许多人憎恶这样的趋势并会进行反抗,制造各种冲突,但这些趋势是有惯性的:它们一旦形成就会具有自己的生命,很难扭转过来。

韦伯强调,一种被他称为"理性化生活"的社会趋势正在主导着欧洲社会。他写道,在整个社会中,人们对计算、效率、解决问题、科学和目标导向行为的依赖正在逐渐增加。对韦伯来说,这就是现代生活的意义:抛开传统,人类看重的是实现目标——最高效地组织自己,以获利最丰的方式去制造和销售商品,计算出得到他们想要物品的最有效方法。"我们一直都是那样做的"已被"这是最聪明的做法"所替代。传统不再被看重,能否实现我们的目标才最重要。事实上,正如韦伯所说,我们已不再致力于去追求以价值观为导向的行为——我所做的事情不是因为忠诚于价值观(如知识、善良、平等、爱与自由),而是因为我的行为是我达成目标的最合理方式。随着人类变得越来越理性和善于算计，韦伯记录了传统、价值观和感情不断削减的重要性。社会在各个方面都变得效率十足：我们能够生产百万台电视，收割成吨的小麦，培养大批的本科毕业生。我们能够为人类历史上最多的人次提供医疗保健；我们能够鼓励人们不用任何现金购物；由于科学和数学主导了我们的社会，我们能够提供比以前更多的答案；我们发现，生活中的隐私越来越少，因为计算机和官僚制会监督我们的一举一动。

对韦伯来说，这就是最重要的现代趋势，许多社会学家也对此表示赞同。趋势一旦发端，任何个体都很难将其扭转。个体在社会中也许关乎重要，但跟这一潮流相比，他们的影响力可谓微乎其微。与其他大多数趋势一样，理性化生活也是喜忧参半之事：它既带来了更好的生活，也带走了一些重要的东西：计算的兴起挑战了神秘与迷思，官僚制的兴起威胁到了小型企业，心智的主导弱化了情感的地位，找到最佳做事方法的渴望抹杀了过去。理性化生活对宗教也有重要意义，它不仅改变了宗教过去的地位，还创造出了意图破坏宗教对社会所具重要性的力量（详情参见下一课）。

还有一些潮流也是清晰可辨，它们中的每一个都很重要，每一个都是成千上万个体努力的结果：他们忙于生计，抚养小孩，养家糊口，循规蹈矩。没有一个人能够独自拥有巨大的影响力，但汇聚到一起，他们也就组成了趋势的一部分。个体真能产生影响吗？当我们看到这些总体趋势时，我们很难给出肯定的回答。

我们很难清楚地界定：是某一个体产生了重要影响，还是许多个体组成的总体趋势产生了重要影响？换种问法就是，"如果不是那一特定个体，社会是否会与现在的样子有所不同？"例如，是"猫王"普雷斯利或"披头士"主唱约翰·列侬给音乐带来了我们今天所感受到的那些真实的变化，还是说即使没有他们的影响，音乐也会变成跟现在差不多的样子？一位来自我所在大学音乐系的同事不停地追问我：是摇滚乐创造了我们的社会？还是社会创造了我们的摇滚乐？他个人的观点是：虽然摇滚乐的出现必须被理解为是在社会和音乐史共同作用下产生的一些其他重要趋势的结果，同时某些个体在摇滚乐的形成上也产生了重大影响，但摇滚乐确实也促成了社会的重要变化，包括培养个人主义精神、更强的创造力和社会中更有朝气的青年文化的发展。当然，事情的另一面则是，实际上是社会中的变化（如许多人进入青春期、成功的大众音乐市场和一些世界性事件）引起了音乐中的摇滚革命。

我们中那些不喜欢变化的人经常会攻击它并将错误怪罪在某些个体和群体身上。变化是一种复杂的东西，没有人是"有错的"。现代化过程中的许多变化就像"飞出笼子的鸟儿，再也关不回去了"；我们周围的革命只是受到其他真正趋势的起因的影响。没有人能改变趋势，一种趋势通常都是由其他趋势引起的。社会运动可以批评和扭转趋势，甚至阻止它，只是做到这一点非常困难。皮草曾是一种趋势，但现在不是了；体罚小孩曾是一种趋势，但现在也不会了。通常情况都是，一种趋势取代另一种趋势，而不是运用权力去改变它们。

原则六：社会改变了，但社会模式却存留了下来

我们的最后一条原则是，剧烈的变化是很难的，因为社会模式有一种强烈的固守不变的倾向。让我们思考一下，一种社会模式是什么样的。人们进行互动，时间一长就会发展出一些惯例：规则，期望，共同的价值观和真理，如何实现目标的规章制度。这些惯例确定下来

后就会成为社会互动中不可分割的一部分。在这样的一个模式里，有些人比另一些人拥有更大的权力；有些人比另一些人拥有更多的特权和声望。一个与此相关的模式是，角色会被确定下来。互动的时间越长、频率越高，模式就越重要、越稳固。它们越是扎根于一个组织的历史中，新成员被特定模式社会化的可能性也就越高。

类似模式很容易保留下去，因为这是我们一直以来做某些事情的方式，是我们长久以来的思考方式，是我们一直信奉的规章制度。过去成为一种保护正确事物的力量。而且社会上那些相对富裕的人还会花费金钱、生命和时间来捍卫这些模式，他们从内心深处相信它们是正确的。实际上，不管对构成我们生活的社会模式持何种批判态度，我们大多数人都有点畏惧变化，因为它很有可能会危及社会组织自身的存在。我们之所以会墨守成规，部分原因就是我们担心挑战过度将会失去一切。

如果个体的行动限定在组织的模式之内，他或她就可以影响他人或者影响组织前进的方向，但最根本的改变（一个组织的社会模式发生变化）却是很难实现，通常它发生的原因并不仅仅是个体有意识的行动。

🦋 对生活的一些喻义

"真理就是真理。"这是韦伯临终前说的一句话。他这样说的理由并不是他在弥留之际认为自己发现了真理，他的话远远不止这个意思。跟其他人不一样，他意识到真理是无法探究的。他的这句话反映了他一生都在致力于追求真理，而不是安于无知的现状，他完全明白许多观点中所存在的不妥之处。

　　社会观点是在相当长的时间里发展而来然后扎根于社会之中,这些观点属于我们所说文化的一部分,它是人们对现实进行思考的一种方式。在美国长大,就是要面对各种各样的制度教给我们的一套"真理",这些观点也许并不真实,但对我们来说却很重要。这些观点之一就是:"只要一个人下定决心,他就可以去做任何事情。"这一说法明显有误,但它却是许多人都持有的一种重要信念。我们相信个体不仅能够实现他们的选择,而且如果他们愿意,他们还可以对他人造成很大影响。由于我们的文化使然,我们对社会变化的看法倾向于简单化。在我们的社会中,应该关注个体,而不是去关注一些像社会力量那样抽象的事物,这一点很重要;要相信需要对变化负责的是个体而不是无人能够操控的社会趋势,这一点也很重要。

　　相信我自己是很重要的,相信我所做的事情会以我的意愿对他人产生影响,类似这样的想法会让我觉得很舒服,但从社会公正的角度来说,重要的是我应该意识到我的行动会产生影响。而这也正是美国民权运动实现其目标的方式:人们深信每个个体都很重要。我喜欢那一运动所实现的目标,因此坐在电脑前宣称民权运动是一个有组织的群体在正确的社会背景下行动的产物,难免会显得有些冷酷无情。

　　有些人质疑我过于强调社会变化中社会权力和社会组织所起的作用而不是个体所起的作用。也有人指出我忽视了在社会运动中个体的重要性,他们提醒我,21世纪是一个由有志之士领导的充满斗争的世纪;他们还指出,许多社会学家都不赞成我在本课中所持的观点。他们是正确的,一些社会学家更可能将个体看得很重要。但在这里我会尽最大可能做到坦诚以待,是社会学引导我得出了以上结论,虽然它们听起来可能会让人不太舒服。个体对社会的影响微乎其微,除非是在有权力基础和社会条件有利于变化的时候。在我看来，社会冲突和社会趋势更有可能引发长久而重要的变化。

那么社会学必然会导致冷漠无情吗？一个人是否会因无法对他人产生太多影响而陷于绝望？人们是否会从想要产生影响的生活走向毫无希望的生活？绝对不是的！关于社会变化和个体能对他人产生的影响，社会学引导我们采取一种更加现实的态度。它帮助解释了谁能在什么情况下产生影响，它还帮助解释了为什么很难产生这样的影响；它警告我们，有些影响也许是意料之外的。它告诉我，也许我无法改变社会不平等体系，但在我的个人关系中，我完全可以反对性别歧视和不公正并对身边人施加现实的影响。有时候，这就是我能做的唯一长久的贡献。

社会学告诉我，我最大的影响会涉及那些与我互动最多的人，我对他们有最强大的影响力。因此，我的言行可能会极大地影响我的孩子们的未来。社会学告诉我，要想对社会产生影响，一定要拥有权力（作为个体，通常我都无法拥有）。因此，我必须明智地将我的金钱和时间花在能够代表我所关注的事物的社会运动上，将时间和精力花在能够影响政策朝着我所期望的方向发展的组织上。社会学告诉我，想要让变化按照我所期望的方向发生并不是一件容易事，我必须将对不公正的愤怒和现实的期望这两者予以平衡。它告诉我千万不要被人蒙骗：真正的变化是在社会的模式上；简单地投票赞成一个人而反对另一个人并不意味着改变，简单地通过一项法案而否决另一项法案通常也改变不了社会运作的方式。最后它还提醒我，变化通常并不符合那些成功者的利益，如果我想要变化，我就必须与那些从现存社会模式中获利的人进行抗争。事实上，我必须意识到，如果我既想要变化又想从现存模式中获利，我将不得不做出艰难的抉择。

社会学并未让我屈服，相反，它教会了我用现实的观点去看待个体、社会模式与社会变化之间的关系。在我的努力可能会带来什么影响上，这一观点也赋予我更多自信。

小　结

社会变化是一个难解的话题，坦白说，社会学家通常都会觉得讨论秩序要更为轻松。个体行动者生活在社会力量的统治下，其范围包括从那些亲密人际关系中的力量到社会作为一个整体的力量。我们最容易意识到的是个人能够影响与他或她进行互动的其他人，最难意识到的则是个体怎样对社会及其模式产生影响。但是，如果有些个体能在有利的社会背景下行动，如果他们拥有强大的权力基础，他们就会产生巨大的影响。我们必须意识到，想要影响社会就必须面对长期存在的社会模式的力量，这些模式受到在其中拥有利害关系者的捍卫。

社会学家在考察社会变化时，通常都会超越个体的影响。变化存在于每个社会组织中，它是持续不断的和不可避免的；它起源于社会运动、社会群体和社会冲突，它趋向于具有无人能够掌控的一般性社会趋势的特点。

社会学家对个体在一个不断变化的社会中所起作用的描述，可能会让很多人都感到不舒服，但它在理解我们作为社会存在这一点上却是很现实也很有用的。

思考题

(1) 个体真的能够产生影响吗？我们有多少种不同方式可以来回答这个问题？

(2) 一个人要对另一个人产生有意义的影响，什么是最基本的？

(3) 谁处在能给美国社会带来最显著变化的最佳位置上？

(4) 如今美国最重要的社会趋势是什么？

(5) 从社会学视角来看待社会变化，是否会鼓励冷漠无情？

(6) 一个为救世军工作的人可能会怎样回答这个问题："个体真的会产生影响吗？"

(7) 奥巴马总统在竞选时一再强调，一旦当选他将会带来"真正的"改变。你认为他在最基本的变化上成功了吗？如果成功了，在哪些方面？如果没成功，为什么？他能或不能造成最基本改变的一部分原因是社会背景吗？

[第九课]

有组织的宗教对社会来说是否必要？

传统、现代化和世俗化

对社会学来说，宗教并不是一个容易进行研究和写作的话题。很多人都认为，宗教处于科学的管辖范围之外。它是一个人所拥有的某种信仰，是一种宗教的承诺和对上帝话语的接受。对一些人来说，这让宗教成为一个不能进行考察的神圣的话题；对另一些人来说，只有那些有信仰的人才能研究宗教，因为他们是最了解宗教的意义和权力的人；而对另一些人来说，宗教正在变成一种宇宙中的落后观点，不再具有研究价值。然而，对任何有兴趣去研究社会、人类历史和人类行为的人来说，不管其各自信仰是什么，如果忽视宗教是社会上的一股重要力量，那他的研究都是不可能的。对社会学家来说，宗教一直被视为社会一个核心的和必须进行了解的方面。社会学家无法向人展示某些宗教信仰是对还是错，他们认为，这只能是由每个信徒或非信徒自己去决定。

有组织的宗教对社会来说是否必要？为了回答这个问题，下面我们将讨论三个话题。与前面一样，这一讨论也是从社会学视角出发，因此我们关注的焦点就是宗教在社会中的重要性，而不是宗教对个体的重要性。引导三个话题的问题如下：(1) 什么是宗教？(2) 有组织的宗教在社会中所起的作用是什么？(3) 在现代社会中有组织的宗教是否有必要？尽管社会学家对这三个话题中的任何一个都有许多不同看法，但通过考察它们，你将会具备良好的背景知识去了解将我们分开的问题，并可更深入地去了解宗教在人类社会中所起的作用。

定义宗教

关于宗教是什么，人们的看法不尽相同；关于宗教的定义非常重要，因为它会影响我们对宗教的看法，以及对如今的宗教是比过去的宗教更重要或次要的看法。一些有思想的人甚至拒绝给它下一个定义，因为他们明白，定义会引发无穷的争论。

有人认为，宗教最简单的定义就是对上帝的信仰，但这也会引出几个重要问题。佛教并未教导我们去信仰上帝，而大多数人都将它视为最重要的世界宗教之一；有人声称科学论教是一种宗教，而该教派并不要求信仰上帝；有人将苏维埃共产主义或法西斯视为宗教，而这两者都不认为上帝是宇宙的一个重要部分。还有一些人则可能确实信仰上帝，但却并不把它当成一门宗教最核心的部分。"信仰上帝"只是一个初始条件，它能告诉我们的东西太少，留下的空间则又太大。要具有怎样的特质才能被我们称为一门宗教呢？宗教是否不只是一种信仰，而是还必须包括实践在内？宗教是人们的一个组织，还是每个人都能有自己的宗教？

涂尔干对宗教的看法

社会学家对宗教定义的追寻始于涂尔干。涂尔干认为，宗教是一套将世界划分成神圣和世俗两部分的信仰和实践。宗教信仰"表达了神圣事物的本质"、它们与其他神圣事物的关系、它们与世俗事物的关系。宗教实践决定了在神圣事物的现场人们应该做出怎样的行动。在涂尔干看来，宗教是一种声明：对宇宙来说，不只是物质的存在；对有意义的生活来说，不只是及时行乐；对生活来说，不只是人类的日常琐事。这一"对生活来说更多的"是神圣的；它是宇宙的一部分，我们将它与每天的凡俗生活区分开来。它之所以被称作"神圣的"，是因为它是特别的、普遍的、超越我们感官之外的、超越直接感知的，它会受到人们的崇拜、尊重和敬畏。

人们会区别对待神圣的和凡俗的。当神圣的被观察或被遵守，这一区分可以给予信仰者一种特殊情感。如果一个人对待上帝、灵魂、道德、正义和宇宙的意义就跟对待别的事物一样——就像人类的奇思怪想或像一些用完就扔的事物——那么所有这些就是物质的、凡俗的世界的一部分。但若我们将生活中的一些方面剥离出来，将它们当成无法解释的、令人信奉的东西，我们就进入了神圣的世界。神圣的事物之所以珍贵，在于它超越了功利价值。神圣的事物并不认为个体必然会相信一个上帝，而是认为意义、精神、美、善、爱乃至永生都在宇宙中占有特殊地位。

神圣的事物是人类在其社会生活中创造出来的。是人类将宇宙区分开来，是人类指定什么东西应该被当成神圣的来对待。墓地可能是神圣的，个人的坟墓也可能是神圣的；我们认识的特定人物的坟墓可能会变得尤为神圣。事实上，这样的神圣还可扩展至某些酒和水、某些祈祷者、某些特定建筑物、某些地方、某些道德、某些价值观、某些看法、某些人群、某些职位和某些仪式。一些看法可能会被视为神圣的——"世界上只有一个上帝""美丽的东西能给人带来永恒的快乐""要爱人如爱己""上帝是公平的""美国意味着自由""只有信仰上帝，人类才能得救"。对那些将这些看法视为神圣的人来说，它们被认为是理所当然的、不能对其进行批评。某些特定的生命循环事件：出生、洗礼、坚信礼、成人礼、婚姻、死亡、葬礼，对有些人来说都已成为神圣的事情。甚至一些并不具有明显宗教意味的物体,像旗帜、我们珍藏的一张照片、我们从小住的房子、一件艺术品、一个1948年世界职业棒球大赛的棒球、一个伟大人物或一本小说,如果人们指定了它们,它们也会变得神圣。纽约的双子塔并不仅仅是两栋建筑,它们显然是神圣的,只因它们代表了纽约这个共同体,以及美国这个共同体。人们将有些物体、想法和行为确定为神圣的,但神圣的事物并不是自己简简单单就在我们的生活中确立下来的。

共同体与神圣的事物不可分离。对神圣事物的侵犯就是对共同体的侵犯,最终共同体自身也变得神圣起来。神圣事物的存在提醒每一个体,生命远不只是自私的、个体的、平凡的乐趣,而是还有一些更为永恒和更加重要的东西存在。依据涂尔干的看法,宗教实际上就是一种普遍的潮流;只有在建立起某种形式的宗教并将共同体重建为对其成员来说是神圣的情况下,一个共同体才能长存下去。

韦伯对宗教的看法

韦伯也强调宗教的社会层面。他强调宗教作为人类文化的一个核心部分,是人们理解自己的生活与宇宙关系的一种方法。他将宗教当成一种"伦理",一种文化的看法,一个人们用来理解自身生活和赋予生活以意义的工具。宗教会影响人们所做的,它可以帮助人们创造真理。随着时间推移,宗教信仰及实践就被组织起来并被确定下来。他们的宗教观点影响了他们的政府、他们的经济世界、他们的法律、他们对共同体外人们的看法、他们的生活目标、他们的成败。为了捍卫其宗教信仰,人们会发动战争;同样也是为了其宗教信仰,他们也会寻求和平,努力工作,忠于家庭,帮助或迫害他们的邻居,发展民主的或资本主义的价值观。有时候，宗教是他们行为最重要的起因；有时候，对物质利益和政治权力的追求则是他们行为更重要的起因。

　　韦伯关于宗教的论述有很多。他详尽地研究了新教主义、古犹太教、佛教和印度教并一直努力想将它们与人们生活中的其他方面联系起来。他最重要的著作是《新教伦理与资本主义精神》，他写这本书旨在证明：人类受宗教价值观和理想的驱动，与受经济利益的驱动一样多。与那些强调经济力量影响宗教的人不同，韦伯努力向我们展示了相反的一面也是正确的：经济发展同样依赖宗教信仰和实践。他向我们展示了，在西欧和美国，资本主义发展建立在一种宗教伦理之上：一种卡尔文式的新教主义；它教导人们，那些拥有正确信仰和行动的人就是好的基督徒，他们会被上帝选中或被人们选出。好的清教徒理应努力工作，成功谋生，将他们的钱投资在生意中，然后将他们的大部分财富奉献给宗教和家庭事务，而不是用在花天酒地上。韦伯想要传达的信息是，塑造人类行为和社会的不仅仅是经济利益而更是观点和价值观；而宗教对人们的观点和价值观来说则是一个极其重要的基础。

　　除此之外，韦伯关于宗教的著作也展示了在宗教的历史上冲突所起的作用，展示了在各种教派与已确立的宗教之间、牧师与先知之间、传统与神力之间的斗争——它们是宗教为什么会不断变化并影响更大的社会不断变化的重要原因。他同时也向我们展示了：传统社会与现代社会之间的冲突，是宗教社会学中所包含的辩论的整个基础。对韦伯来说，世俗化可能会伴随我们正在创造的这个世界。但韦伯疑虑有时甚至是焦虑的则是，当对宇宙所做的超自然解释被更理性、更科学的途径替代之后，社会将会变成什么样子。他想知道，当无法解释的事情被科学剖析之后，生活中那些神秘和激动人心的事情将会变成什么样子；当建立在传统与情感之上的宗教被延续不断的变化、非人性和效率取代之后，人们的价值观和情感又会变成什么样子。

伯格对宗教的看法

伯格活跃在 20 世纪六七十年代，他也强调宗教的社会本质。他认为，宗教是生活在一个共同体里的人们从他们所生活的现实中寻求意义的一种方式。宗教就像是一个背景：一道"神圣的帷幕"，我们从中努力去寻求生活的意义。在有悲剧发生的地方，宗教帮助我们理解它们；在混乱无序看上去要发生的地方，在我们看上去找不到意义的地方，宗教帮助我们找回事物的秩序。当人们做恶事或行善事时，宗教同样可以帮助我们做出解释。

对伯格来说，从宗教角度来看待宇宙，意味着超越了科学和世俗的层面，找到了一个意义深远、更永恒持久和更神圣的宇宙。在这里，意义这一概念极为重要：伯格想让我们意识到，宗教能够帮助我们将自己的生活看成是重要的，将我们的行为看成是有价值的，将我们在宇宙中的位置（虽然微不足道）看成是特别的，而不仅仅是一种平凡的物质的存在。宗教可以多多少少帮助人类超越（或高于）这个物质的宇宙。对伯格来说，宗教是对莎士比亚在《麦克白》中所提问题的答案：生活是有意义的，或者它只是"一个白痴讲述的神话，充满喧嚣与愤怒，却什么也没表达出来"？我们中有许多人——也许是大多数，也许是全部——都处在"一种去定义和寻求一种有价值的、有意义的生活的紧迫性中"。这就是为什么对伯格来说宗教会不断有追随者并会持续成为人类文化的一个核心方面。因此，在伯格看来，宗教就是能够帮助人们从其生活事件和其存在的宇宙中获取意义的一种视角。

宗教的定义：一个开始

涂尔干、韦伯和伯格都相信宗教是社会中的一股必要力量，是一种社会建构，对每个社会来说都是必需的。至此我们已经可以对宗教下一个可行的定义了：宗教是一种对宇宙的看法，它通过信仰和实践将一个特殊的、独立的、神圣的世界和我们物质的、世俗的、平凡的、日常的存在区别开来。它是在社会中创造的，它是人类文化的一部分，它对人类的行为和共同体的持续存在具有重要的影响力。这方面有一个例外就是，有些宗教，如禅宗，几乎是根据物质宇宙中的一切创造出一个神圣的世界，然后从最世俗的活动中找寻意义。在禅宗的世界里，一切都是神圣的：神圣的事物存在于最平凡之中。

到目前为止，我们已经考察过宗教的意义，接下来我们将转向宗教的社会功能。宗教事实上都做了些什么？宗教的功能会进一步帮助我们去理解什么是宗教，以及它是否仍有必要存在。

宗教的社会功能

为什么有些宗教看起来具有普遍性？它的功能是什么？它真是人类状况不可或缺的一部分吗？如果个体和社会想要离开宗教而生存又会发生什么？看起来似乎有三种方式可以回答这些问题：一种是宗教路径，一种是个人主义路径，一种是社会学路径。

那些从宗教路径来解释宗教普遍性的人通常认为，宗教的存在是因为超自然力量的存在。简单说就是，宗教的存在，是因为上帝的存在，是因为神圣事物的存在，是因为有一些不仅仅是平凡物质世界的事物的存在，是因为精神世界的存在。事实上，教徒往往会用这种宗教的普遍存在作为上帝存在的一种证据。也有一些人强调宗教的重要性是因为个体需要它，宗教能为个体解释许多问题。一开始可能是因为人类的无知和想要去了解他们所生活的环境。当然，直到现在，许多重要而深奥的问题仍然有待解答。宗教是行善的基础；宗教将意义赋予人类，生活因此变得有价值；宗教将希望赋予世界和来世。当被问到"为什么要有宗教"时，一些人会转向个体需要去寻求答案。社会学家则强调在宗教的发展过程中社会的重要性。个体总是生活在社会里，社会教给个体语言和一个抽象的现实并会教育个体；社会创造了答案、价值观和道德观。是社会创造了这个神圣的世界。那些制定规则的人则创造了宗教的基础。从社会学视角来看，社会上总是会有某种形式的宗教存在。一旦社会将其创造出来，那就将是一个神圣的世界：那里会有一些神圣的人物或动物，一些神圣的观点，一些神圣的道德观，一些神圣的词语，一些神圣的过去，一些神圣的地点。有些东西是特别的，而共同体本身则是最为神圣的。

  当然，这三种一般性解释并非相互排斥。有些人会用所有这三种解释来理解宗教的功能。因为我们关注社会学的看法，所以社会才是我们接下来考察的对象。还有一点：我们在这里并不是想让大家认为，所有这些功能对社会和对个体来说都是积极的和正面的。即使宗教对将社会中的人们团结到一起来说是重要的，也并不一定就意味着这对社会和对个人都有好处。宗教对社会的持续存在有促进作用，但那一社会也有可能并非你我所认为的好的社会。它也许会通过将生活的确定性给予个体来发挥作用，但这种确定性却有可能与批判性思考和开放心态发生冲突。

社会团结：第一种社会功能

四十多年前我刚搬到明尼苏达州穆尔黑德时，一个人都不认识，后来我慢慢开始与周围人打起交道并结交了一些朋友。但我仍不觉得自己属于任何一个团体。直到有一天，我一个朋友的兄弟突然过世，我去参加了葬礼。我并不认识他的兄弟，但通过那一仪式，我慢慢觉得我终于属于那一团体了。一种与那一共同体的团结感对我来说变得真实了许多；突然之间，我就觉得自己和许多以前从未谋面者的关系变得亲近了许多。

其实我早就应该意识到，涂尔干早已在他的著作中提到过这一切。他强调宗教会将一个共同体里的人们凝聚在一起。宗教的重要性并非简单的行善或追求真理，而是一种在一起的重要感觉。婚礼、葬礼、洗礼、音乐、艺术、建筑、成人礼和命名礼将人们之间的距离拉得更近；情感的经历是真实的、强烈的。它是一种共同的经历，其焦点不在个体或家人身上，而在整体、在这个共同体、在"我们"。当我们共同参加一项仪式时，这一仪式就会将我们彼此联结在一起。对超自然力量的崇拜变成对我们所在共同体的崇拜。社会不再只是建立在暴力或害怕之上，相反，社会之所以能够存在是因为个体成为它的一部分。不管是从内部还是外部来看，宗教都将我们提升到一种情感的高度，告诉我们所有人，我们是社会的一部分。

当然，宗教也会在人们之间制造分化。宗教会带来巨大的冲突（甚至战争）和排外。一个共同体内部的团结一致通常都会排斥局外人，那些崇拜一个神圣共同体的人很可能会与其他人之间产生分裂。

美国的宗教历史很是独特。纵览美国历史，从来没有一种宗教主导过社会。人们总是在逃离各种宗教迫害，移民认为他们只有生活在自己的宗教团体里才能避免更大的社会或政府的迫害。因此，不得不提的一个问题就是：美国是怎样成为一个没有任何主导宗教的社会？有些人认为，美国社会真正的宗教是一门神圣的"民权宗教"，即承认多元主义原则（这是一种民主道德）。这一民权宗教是一种政治宗教，我们可以称它为民主，它已成为我们共同的神圣的宗教。民权宗教努力在人们之间达成一种共识，即宗教差异能够也应该共存。

当今世界上极少有哪个社会追求宗教多元主义。几乎所有国家都只有唯一一种官方宗教来主导这个国家，统治者是宗教领袖，政治机构和教育机构是宗教性质，少数派宗教受到压迫。在美国，宗教不但没能将我们凝聚在一起，甚至连尊重多样化的民权宗教也变得越来越势单力薄。反倒是教会学校和家庭学校在脱离传统民权社会的情形下，在小范围内带来了越来越多的团结。

涂尔干告诉我们，宗教能在社会中发挥作用。凡是有宗教存在的地方，人们就会聚到一起；当社会中存在不止一种宗教时，每种宗教都会变成社会里的一个小集体，然后就会出现冲突——它们经常都是破坏性的。在有些社会里，宗教是政治性的（民主的），是一把避免许多个体间发生宗教冲突的保护伞。事实上，在对多样化的追求中也存在统一性。多样化是神圣的；在这样的社会里，彼此不同的人们会主动汇聚到一起。

保护群体认同：第二种社会功能

宗教除了能将社会中的人们汇聚在一起，还有助于社会中的各种共同体。宗教便于社会中少数族群的存在：在有宗教信仰的情况下，他们更能继续保持自己的身份，更能保护自己不被主流社会同化。墨西哥人移民美国后仍是天主教徒，他们的文化由天主教进一步强化；正统犹太教强调宗教在将犹太人社区团结在一起上的重要性；叙利亚、埃及、土耳其、印尼、伊朗和伊拉克都信奉伊斯兰教，即使人们离开祖国后，也仍然信奉伊斯兰教。宗教就像语言，它是确认和保护一种民族身份的文化不可分割的一部分。只有在社会包含宗教的情况下，社会的独特之处才能得到延续。文化与宗教之间有着千丝万缕的联系，没有宗教的存在，一种独特的文化也就很难在一个非常大的社会里延续下去。

所有来到美国的移民最终都要做出一个重要决定：是努力变成美国人，还是努力保持其自身文化和制度的原貌。他们中有些人既想成为美国人又想守住自己的根，有些人则放弃了自己的根，还有些人则坚决拒绝被美国化。对世界上每一个从一个共同体搬到另一个共同体，或者从一个社会搬到另一个社会的人来说，这都是一个需要面对的选择。鱼和熊掌不可兼得，一个人越是想变成美国人，他就会离自己的根越远；同理，一个人越是想守住自己的根，他就越不可能成为美国人。每个群体和每个人所要做的决定都依赖于宗教。因此，宗教的第二个功能就是维持共同体的延续性。

控制个体：第三种社会功能

社会控制个体的方式有许多，但在这里重要的是要理解宗教所起的关键作用。有组织的宗教会通过将人们社会化成拥有一种神圣的道德规范来控制个体。同样，它也会教导人们一种能够维护那一道德规范的公正的看法。最后，它还会鼓励人们承担起对共同体的责任，而不是简单地听从自我利益的指引。

通过道德体系进行社会控制　道德是脆弱的，它不太容易确立，而且总是会有人向它发起挑战。连同家庭、学校、邻里和媒体一道，宗教也变成引导个体控制其自身的一股重要力量。在现代社会中，很多人的道德规范都有某种宗教基础。

宗教通过将其自身卷入神圣世界，赋予共同体的道德规范以合法性。宗教尽力想要使道德看起来具有普遍性。宗教使一些实际上来自社会的、人性的、暂时的、情境性的、可变化的、有争议的重要规范，变成普遍的、神圣的、真理的绝对规范。社会变成一种道德力量，它对"文明的人性"是不可缺少的，其道德规范从一代人传给下一代人。大部分宗教都是指令性的，都会努力推动个体去接受已经确立的文化。宗教也会教育人们尊重他人，承担责任，与人合作，接受权威；在传统社会，宗教、家庭、社区和学校倾向于协同合作。但在现代社会，我们很难预测宗教在个体心中的存在度有多高。不过，现代社会中仍有宗教，它是对个体的一种重要控制。

社会能够脱离道德秩序而存在吗？一种一般性的道德秩序能够脱离宗教基础而存在吗？是否存在道德自由，即个体拥有自行选择什么是善、什么是恶的权利？如果社会上每个人都认为"我的道德规范是我自己的事情，没人有权利告诉我我是错的！"社会又该如何存在？用社会学术语来问就是：道德自由能否成为整个共同体的标准？

宗教是社会控制个体的一种特殊努力，只有让个体接受规章制度，社会才能得以延续。宗教既教给人们宽容，也教给人们压迫；既教给人们和平，也为战争辩护；既教给我们仁爱，也教给我们恐惧。最终，宗教成为社会的一种道德工具。

从一个公正世界的角度来进行社会控制　宗教也会通过教导人们世界是一个公正的地方来控制个体。宗教通过解释和鼓励人们去接受一个公正的世界，进而鼓励人们去遵从共同体内已经确立的道德生活："我们的行事总是会有结果。""做错的事总是会纠缠着做错事的人。""若要人不知，除非己莫为。""罪人终身都不会幸福，而且注定会下地狱。""有道德的生活才是唯一有意义的生活。""上帝奖励受苦受难，最终公正将会在这个世界上普遍存在。"诸如此类的信念会给道德的世界带来秩序，并告诉人们为什么服从道德共同体对每个人来说都很重要。对教徒来说，这些信念能给他们带来希望、承诺、意义和对生活的理解。即便不信上帝，让我们的共同体变得神圣的种种宗教体系也会告诉我们：对共同体的持续存在或个体性格的成长来说，个人的悲剧有时候是必要的；个人的牺牲或失败是对一个更崇高目标的奉献。创立一个与宗教体系相连的公正逻辑，是控制人们在生活中选择做什么的重要方式。

接受一个公正的世界，既可以给个体带来秩序，又能对所发生的事情做出解释："上帝正在注视着你，正在评价你的行为。""上帝正在惩罚你。""你罪有应得。""上帝从来都是公平的。""对无辜的人进行迫害，是上帝的一种测试。""如果有邪恶存在，如果有战争、飓风或贫困，那是上帝在惩罚我们——或者你。""如果你是善良的，你就会受到奖赏；就算不是现在，来世也会。"通过教导大众，不管他们选择行善或作恶，总会有一定的后果与其相伴，宗教由此加强了社会的道德规范。

通过共同体的信念进行社会控制　宗教对个体的控制是通过教育他们应该在共同体里协同合作，而不只是追求各自的私欲。我们被灌输的知识是共同体是重要的，因此我们所有人都必须为他人而非只为我们自己工作。我们的行为会对他人和共同体的未来产生重要后果。共同体并不是像变魔术一样存在，它们的存在是因为人们愿意为了它们而去工作和牺牲。宗教提醒个人，生活的意义存在于共同体和无私的追求中。宗教教导我们，忠于共同体甚至对个体的成长来说都是首要的。对共同体极端的忠诚，可能会引导我们为共同体做出牺牲，捍卫它，为它进行战争或自杀式爆炸袭击。

许多人都相信，个体自由与对共同体的忠诚之间存在冲突；但对社会学家来说，这一关系要更为复杂。对个体的社会控制并不一定就意味着个人主义和自由的终结。涂尔干意识到，现代社会鼓励这样的观点，即个体有尊严、有价值、有权利去施展才能，但这一切只能是在一定的道德秩序之内而非其外发生。事实上，涂尔干担心自由和个性化会变成某些人的通行证，导致集体道德观和价值观的衰败，进而终结我们所拥有的一切自由。托克维尔写道，宗教支持道德，道德支持法律，而法律则是"自由存在的最可靠的保证"。

虽然在没有有组织宗教的情况下，有些人仍能坚守道德；在没有有组织宗教的情况下，有些人仍能信任一个公正的世界；在没有有组织宗教的情况下，人们仍能忠诚于共同体；但社会学家想要知道的是：整个社会能够脱离有组织的宗教而存在吗？我们能够创造出一个没有有组织宗教的社会吗？

捍卫民主远离专制：第四种社会功能

社会学家利普赛特（Lipset，1994）曾指出，民主从不会在一个神权政体（即一个由宗教领袖统治的政府）下繁荣发展。民主最大的障碍之一就是独裁主义和原教旨主义宗教。确保思想自由和言论自由，尊重个体，相信人类平等，相信人类应该努力改善他们在这个世界上的生活，传统宗教信仰和实践都与上述想法背道而驰。

不过，宗教与民主之间的关系也有另一面，社会学家争论说，有组织的宗教实际上也能支持民主社会的发展和成长。宗教能够启发人们参与政府管理，确保民主政府不会陷入专制的深渊。托克维尔是19世纪一位杰出的社会思想家，他在游历美国后指出了美国社会与欧洲社会的不同。我们信仰宗教的程度和有组织的宗教对许多人的重要性程度给他留下深刻印象，他注意到美国市民对各种各样的宗教和其他社会群体的广泛参与。他写道，我们是参与者，我们的宗教群体是我们所参与的群体中最重要的。民主之所以会在美国社会繁荣发展，是因为我们在各种群体里的参与，让我们在各自的共同体里表现积极并参与政府管理。通过各种群体，我们的利益得到了代表，我们也被告知政府正在做些什么。我们有一个健康的组织来观察政府并努力限制它的权力。托克维尔担心民主会败给一个大规模社会：大量孤立的、无组织的、无法影响政府的个体，他们绝望无助，容易被新闻媒介、政治领袖、企业和政客操纵。因此，宗教群体能保护我们远离大规模社会和专政。当然，当宗教群体用民主程序去推翻民主原则、言论自由、宗教自由、新闻自由和对个体尊重的制度时，它们就像一些政治运动一样实际上也会危害民主社会。

理解和发现世界的意义：第五种社会功能

受韦伯影响，伯格强调指出，宗教最重要的作用就是，在看待我们所处的世界时，能够帮助我们从混乱无序中理清意义。对伯格来说，宗教的目的就是建立一个人们可以去理解和信任的神圣的宇宙。

宗教将人们放置在一定的时空里，帮助人们赋予生活以目的和满足。这成为人们文化中的一个核心部分，由一代人传给下一代人。文化可能会控制我们，但它也会给我们提供一种理解我们所处世界的方式。伯格和韦伯都将宗教视作一种人们在其中找寻意义的方式。去寻找意义，就是从与世界的关系中去理解自身，去发现一个人是什么和做什么的重要性，去相信生活在某些方面很重要。"宗教是每个人类群体都会遇到的关于核心存在问题的一组连贯明了的答案。"（Bell，1980）韦伯认为，人们有动机去建立一个对他们自身来说是有意义的世界。格雷利（Greeley，1995）写道："宗教的功能就是赋予生活以意义。如果需要由人类来做出评价，那就总是会有宗教的存在。即便不是对每个人来说事情都是这样，对多数人来说也会是这样。"

在宗教赋予我们的诸多意义中，有很大一部分都是关于对死亡的恐惧，几乎所有宗教都会包含"肉体死亡并非我们生存的终结"这一观点。人类有一个自我——也就是说，他们能够回过头来将自己视作宇宙中的主体和客体。最终，这会带来关于我们是谁的问题，以及关于我们自身重要性的本质的问题。宗教是我们处理这个问题的一种方法，不论它是传统宗教还是现代宗教；是主要宗教还是次要宗教；是一个教派、宗派还是异教；是一个有组织的宗教还是一种个体主义的宗教；是一个信仰上帝的宗教还是一个不信仰上帝的宗教。

对意义的追寻也包括艺术的创造或欣赏，爱，大自然的神奇，伟大的戏剧、文学或音乐。但从传统上来说，是有组织的宗教在一个有组织的文化中引入了一种超自然力量，是这一力量让我们在无限的宇宙中找到目的和重要性。

捍卫社会：第六种社会功能

我们许多人都很熟悉马克思提出的"宗教是人民的鸦片"这一说

法。他的意思是，对那些受到恶劣工作条件和贫困压迫的劳动人民来说，宗教是一种从现实的悲惨世界中的解脱。马克思相信，有组织的宗教通过将人们的注意力从他们所遭遇问题的真正来源（经济条件）上转移开去，以此保护社会模式远离批评和免遭改革。

马克思对所有社会制度（从宗教制度到教育制度、政治制度和经济制度）的看法都是，它们在社会中的首要功能就是捍卫经济秩序和该秩序中那些有钱有势者。在马克思看来，通过缓解穷人的艰辛和保护有钱有势者远离穷人，宗教在保护社会模式远离侵害这一点上是有帮助的。

马克思的看法中包含一些重要真理。事实上，大多数社会运作的方式都是在保护已有的不平等；宗教作为社会的一个核心部分，同样承担了这一功能。它通过将人社会化，让他们接受自己的社会定位和服从社会权威；它威胁那些不遵守社会法律和道德规范的人；在许多社会，它都会为私有财产积聚在少数人手里以及伴随而来的多数人的贫困找寻借口；它通常都会教导人们，此生的灾难微不足道，来世的一切才最重要。宿命论的宗教教育我们，我们几乎无法改变世界；事实上，甚至有些宗教还承诺死后的回报，条件是人们要接受现世的命运，而不要去质疑和批评他们的生活状况。宗教领袖将政治秩序包装成神圣秩序来捍卫政治权威，并争辩说宗教秩序与政治秩序紧密相连，普通人不得对此提出质疑。宗教支持家庭体系，年轻人通过家庭得以社会化；它还支持和鼓励社会中占据主导地位的价值观。宗教曾捍卫过奴隶制、种族不平等、性别不平等和对同性恋的压迫，它几乎总是在保护成功者。从这方面来说，社会上的各种安排都得到了宗教的辩护，它将领导者、宪法、法律、价值观包装成神圣的秩序，保护现有社会远离人们的批评。

批评社会：第七种社会功能

宗教还有一个极其重要的方面。它并非只会捍卫社会，通常它也会成为社会的批评者。宗教是一种重要力量，它可以帮助人们找出社会中存在的问题，批评社会运作的方式，将人们召入对社会产生显著变化的社会运动里。近年来，宗教在组织社会运动上扮演了一个重要角色并成功地推动了东欧剧变。在那之前，宗教在美国的民权运动中也出力不少，而且在终结南非的种族隔离制度上同样起了关键作用。从这方面来说，宗教不只是会捍卫社会，它同样也会激发改革。

支持现状的宗教正在受到那些对社会和世界所选择方向持批评态度的宗教的挑战。一些宗教群体反对乡村美国的消失，另一些宗教群体反对资本主义的过度扩张，还有一些宗教群体则为追求性别平等和同性恋权利而努力奋斗。有些人在争取较少现代化和更多传统化的社会，另一些人则在推动更民主更多元的社会。一些新的宗教运动之所以会对现状和主流宗教展示出巨大的不满，只是因为社会中有太多事情需要批评。

宗教自身的历史变成一场持续不断的辩证法，也即，它是一场持续不断的斗争：它既是那些利用宗教来保护社会的人与那些能够预言和启发新的社会方向的人之间的斗争，也是那些已经成为保守社会结构的一部分且建立了文化的人与那些宣称是上帝的启示引导他们反对主流宗教和政治现状的人之间的斗争。芬恩（Fenn，2001a）写道，宗教是社会上的一股动态力量，无论何时它都会提示不同于现在的对未来的暗示。对全面的社会变化来说，宗教一直都是一股重要力量。

有组织的宗教是否仍然必要？

社会科学中最有意思的辩论之一就是，对现代社会中宗教的作用和重要性的评定。关于这个问题有两种比较常见的看法：第一种看法认为，宗教在当今世界正在走向衰落。持这种观点的人将世俗化描绘成几乎是所有社会中最重要的趋势之一。他们认为，现代生活不可避免地削弱了宗教的重要性。第二种看法则声称，现代生活有可能改变宗教，但却不一定会削弱宗教的影响，反倒是在许多方面还增强了它的重要性。传统的有组织的宗教可能变得没那么重要了，但新形式的有组织的宗教则会继续吸引人们，那些没有被有组织的宗教吸引的人们仍会继续信仰宗教。生活的世俗化并不是一种普遍趋势。

传统社会和现代社会中的宗教

社会学在 19 世纪兴起的最重要原因之一就是，许多社会思想家都在猜想社会的未来。他们意识到欧美发生了巨变，他们承认这一变化的速度越来越快并预测了这一切变化会走向何处。随着欧洲殖民者征服剩余世界上的绝大部分，他们也接触到了更多的传统社会（那些没有与欧美同样的技术水平、政府、经济体系和文化的社会）。这些社会思想家给所有社会作了一个大体上的划分：一类是"传统的"，另一类则是"现代的"。他们同样也承认这样一种普遍趋势，即随着现代经济和社会变化被越来越多地引入传统社会，所有制度都会发生巨变。许多人都认为这是一个良好的变化：随着社会变得现代化，整个社会都会变得更加富裕。毕竟，谁能不承认"进步"呢？但如今，大多数思想家对这些变化的看法已有所不同，并更加怀疑真正的进步到底包含什么。问题也由此而生："一个人如何能够真正确定，到底是传统社会还是现代社会对人们更好？"

现代化发生在不同的时间和地点，但如今在世界上有些地方仍是一片空白。西欧的现代化可以追溯到 15 世纪文艺复兴的创造时期，16 世纪占据主导地位的教会分裂，15、16 世纪开始的现代科学和数学的兴起，17、18 世纪民族国家的兴起以及最终传统君主制的衰落，还有 18 世纪的工业革命。官僚化、科学占据主导地位、城市化和逐渐兴起的个人主义，逐渐成为西欧的常规；美国的现代化在国家建立伊始就已启动，在 18 世纪工业革命、兴建铁路和 19 世纪的内战后开始加速。世界上其他大部分地方的社会，直到在 19 世纪和 20 世纪开始与西欧和美国接触后才开始受到现代化的影响。现代化意味着农村社会日益变成都市社会，农业社会日益变成工业社会，传统社会日益变得视野朝前和不断变化，传统文化让位给理性的和科学的问题解决方法。人们先前在一个地方生活一辈子的社会，变得越来越具有流动性；以前是传统和家庭纽带占据主导地位，现在则是个体性、进步和效率变得越来越重要。

上述每项特质都会影响宗教的本质和角色；因此，重要的是进一步详述现代化与宗教之间的联系。一般说来，随着社会变得现代化，每样事情都会发生改变，包括宗教。下面我们就来简要地看一下这一重要进程。

1. 传统社会是由过去主导的社会。 过去是重要的，包括人们所相信的来自遥远过去的真理。人们行动的方式是由过去流传下来的风俗和规则来安排的。宗教也倾向于由过去来主导。真理、道德观、价值观和制度之所以为人遵守，是因为它们是一个拥有悠久历史的宗教共同体的一部分；另一方面，现代社会则更多地关注现在。我们越来越不容易受到我们从祖先那里继承下来的宗教体系的影响。在现代社会，我们更多是以当前的目标为基准，来评价和改变我们的信仰、价值观和道德观。传统制度不再具有它们昔日的神圣性质。我们也逐渐失去了对过去（包括宗教）的记忆。多年前形成的信仰、价值观、制度和规则被人们不断地进行讨论、质疑和重新阐释。过去成了一种"不合潮流的"思考和行动方式。过去的事物能否应用于现在，取决于它在当今世界的有用性，而不是它的悠久根源。宗教也扎根于过去，但当社会已不再看重过去时，它也必须做出改变。

2. 传统社会并不具备进步这一观点。在一些传统社会，人们的惯常做法是将时间视为循环的而非直线的，就像周而复始的季节。在另一些传统社会，真正的进步一定是精神上的进步，并且这种进步在此生都毫无希望。传统社会更强调一种宿命论观念：相对于死后的永生，此生此世并不重要，极少会发生什么改变。而在现代社会，进步则被视作理所当然。我们更容易相信我们在世界上所面临的问题能够通过理解和技术得到解决。一旦需要为更加美好的生活做出任何改变，传统就得让步。人们的努力更多都是关注如何让生活变得更美好、如何提升他们的社会地位、如何增加他们的财富、如何活得更久、如何解决他们在生活中遇到的问题、如何让世界变成一个更加美好的地方。为了寻求指引、目标和智慧，将希望寄托在未知的来世和传统上这一做法，如今正在逐渐被追求现世更好的生活所取代。传统社会质疑"进步"，现代社会则深受"进步"的驱动。

3. 传统社会中的人们倾向于高度忠诚于共同体而非个体。共同体是神圣的，它起源于遥远的过去并会持续到将来。它的特点是延续性，而不是个体成就。个体之所以重要，是因为他或她是这个共同体的一员。人们通常认为个体将会在共同体中度过他或她的一生。人们对个人幸福的追求并不像追求共同体的幸福那么多。传统社会里的宗教强调宗教共同体的重要性，它强调个体对共同体的贡献是重要的并认可个体对共同体所做贡献的意义。

现代社会带来了个体的全胜，他们对自身更感兴趣；他们不是从共同体的权威出发去决定真理和意义，而是根据世俗教育及个人调查和体验。一个人在宇宙中所处的位置并不是上天的旨意，而是他或她通过个人努力得到的。现代社会中的人们变得越来越个人主义化："我的生活是我自己的。""我相信我想要的一切。""因为这段关系带给我的好处不如我想象的多，我决定放弃它。""道德？谁的道德？谁说的？我有我自己的道德。"现代社会中的宗教更多关注个体需求。不是宗教共同体强加在个体身上，而是个体根据自身需要，自由选择宗教。宗教的信仰、规则和仪式，只有在它们适合个体生活的情况下才是正确的。现代社会里的宗教或许会令个体感到振奋，但它却并不一定会要求个体忠于共同体。

4. 在传统社会，宗教主导了关于生活中事件的阐释权。正是通过宗教这一镜头，生活中的事件得到了认知。牺牲、祈祷、信念和遵守宗教法律，是解决我们在生活中所遇问题的非常重要的方式。现代社会创造出了可与世界性的宗教观相抗衡的视角，虽然从未能取代它们，但确实也逐渐拥有了越来越多的解释权。科学对自然事件的宗教性解释提出了越来越多的质疑，通过已发现的各种自然规律，宇宙也逐渐变得更能被人理解；个体不需要仅仅相信超自然力量的决定权。疾病和死亡都追溯到了其自然起因，星辰、地球、行星、动物和人类都是自然规律统制自然宇宙的一部分。通过解密被传统社会视作极其神秘的和只有通过传统宗教观念才能解释的事物，我们能够改善我们的生活、我们的社会和我们的物质世界。

5. 在传统社会，宗教占据一个永恒的、包罗万象的主导地位。 共同体是一个团结的宗教共同体，而非个体追求各自目标的松散集合。其他一些制度（政治制度、家庭制度、医保制度、经济制度、军事制度、教育制度）都与宗教制度相互影响相互联系。共同体中的许多领导都是宗教领导。法律和惩罚制度都受到宗教观念的深厚影响；教育重申的是宗教和共同体的价值观；政府和企业必须遵守宗教的原则。另一方面，在现代社会，宗教的包涵面则要窄得多。在地方性的小的共同体里，宗教得以蓬勃发展；在更小的传统的共同体里，宗教更容易占有压倒一切的重要地位；但在更大的去人性化的社会里，各种专门化的角色和制度，使得宗教无法再像过去那样去控制生活的所有方面。

6. 在传统社会，宗教主导着共同体和个体。 人们接受的真理被铭刻在宗教文本中，人们相信这一文本会被超自然存在或一个特殊的被选中的个体流传下来。由于真理为人共知，所以新观点必须满足旧有真理的标准，与那一真理进行竞争肯定是错误的。传统社会并不接受多元主义，它们持有一种广为接受的观念：宇宙是不应该被挑战的。尊重不同观念是可能的，但却并不受欢迎；人们的好奇心通常都会受到这样或那样的打压。神圣的世界是真实的世界，我们应该接受它。现代社会则给人们创造了一个有许多选择机会的氛围，因为并排存在着许多宗教。逐渐地，信仰某一宗教并不一定就要排斥其他宗教的规则或真理。宗教让步给了选择。宗教的垄断地位随着社会变得现代化和多样化而受到很大削弱。

世俗化的意义

传统社会与现代社会这一划分，引起了我们对世俗化的探讨：它为什么会发生？它是否可以避免？

"社会的世俗化"指的是宗教制度在社会中和在个体的日常生活中的重要性不断减弱。它指的是一种特定类型的自觉，当人们在对生活进行思考时，对宗教的思考和关注强调得越来越少。世俗化意味着人们花费在宗教活动上的时间大大减少；教育逐渐变成关键的、科学的、有目标的。人们在生活中有太多选择可以和宗教竞争，如时间和金钱，所以宗教信仰和实践的重要性也就下降了。涂尔干这样总结了世俗化的趋势："如果说历史教给了我们一条毋庸置疑的真理，那就是，宗教在社会生活中占据的份额越来越少；而在过去，它则覆盖了一切，社会上的每一件事情都带有宗教色彩。"

有关世俗化的争论

有些人认为世俗化是不可避免的 根据一些社会科学家的看法，由于现代化的影响，世俗化几乎是不可避免的。一旦现代社会发展起来，就不再可能把时钟拨回到传统社会，所以宗教也就失去了它的重要性。对这一群体来说（我们姑且称其为世俗化理论家），下列价值观在现代社会占有绝对主导地位，并创造了世俗化：(1) 个体高于共同体；(2) 科学高于权威；(3) 现在高于过去；(4) 进步高于宿命论式的接受；(5) 追求每日的"凡俗"，而不是追求更具普遍意义的神圣生活；(6) 人在生活中的位置和地位具有流动性，而不是将我们固定在出生时的地位上不得改变；(7) 人们将时间和精力倾注在（家庭的、经济的、社会的、教育的、休闲的）世俗世界，而不是宗教世界。所有这些都意味着，宗教生活对越来越多的人来说都已不再重要。

对世俗化理论家来说，这一普遍趋势可以在西欧社会找到缩影，在那里，已经没有太多人去教堂了，教区没有牧师，学校教育极少关注宗教，许多信仰体系和行为都没有宗教基础。那些相信这一世俗化主题的人指出美国同样存在这一趋势，并认为只要任何社会变得现代化，它都会逐渐变得世俗化。

当然，宗教仍将是人类生存的一部分，它的一些传统功能仍将继续存在，某些信仰和实践也会保留下来，但世俗化已是社会发展的一个主导方向。事实上，有很多运动都在反对现代化和世俗化所引起的变化，其中不少都由强大的宗派和异教领头；它们既批判主流宗教，也批判现代化趋势，它们认为是现代化和世俗化导致人们的集体感、意义、方向和道德价值观的消失。对那些接受世俗化理论的人来说，虽然新的有组织的宗派和个人灵魂主义者仍在反对现代化，甚至有时还会变得强大起来，但实际上这是对现代化和世俗化的攻击——对这两者我们都无力将它们倒流。

对世俗化理论的批评　那些研究过美国宗教的社会学家们对世俗化理论持批评态度，他们不相信世俗化是不可避免的；他们认为，现代化－世俗化这一理论是一种夸张。相反，他们倾向于认为宗教虽已发生改变，但其重要性却是尚未减弱。

他们罗列出许多证据，表明宗教对许多人来说仍然是重要的；在美国，与西欧不同，世俗化并未崛起。他们的证据表明，信仰上帝仍跟以前一样，是人们信仰体系的一部分。虽有证据表明大型传统教派在吸引活跃的参与者上有所减少，但人们只不过是转向了那些更新更有吸引力的选择上。人们仍在追寻意义和共同体，越来越多的人都愿意牺牲自己的名望和财富去投身宗教追求。他们同样也指出，伊斯兰社会的一些宗教运动和东欧社会出现的活跃的宗教运动，有一些看起来成功地阻止了生活的世俗化。他们认为，并不是宗教变得不重要，而是选择对宗教生活来说变得更重要；对许多人来说，选择需要更高的忠诚度。宗教就像现代生活中的其他领域一样：知情的消费者们衡量得失，然后选出一条最适合他们的宗教道路。

对世俗化理论的批评者来说，现代生活并未拒绝一种对更神圣更有意义的生活的追寻；这一追寻包括传统上已经确立的宗教，一些更加自由地确立的宗教，没有所属教会的个体灵魂主义，更小也更严苛、反对主流宗教并与之竞争的宗派，以及与社会脱离关系但却反对现代化的异教。对很多人来说，宗教看起来更像是追求个人完满，而不是对特定共同体的忠实承诺。除了原教旨主义，人们对不同于自己的宗教的包容度也是越来越高。许多人也在不强调超自然事物的共同体中，如小型朋友圈、治疗群体、家庭、社会行动群体、退休群体和读书、音乐、艺术、诗歌等群体中寻找精神答案。想要超越平凡的、日常的、物质的存在这一渴望，如今给现代生活中的人们呈现了许许多多的选择。

宗教个人主义和多元主义的现代趋势，可以在广为流行的所谓新时代宗教里找到缩影。这一对生活进行探索的宗教路径，其特点是规模最小的正式组织。神圣存在于自身，个体对他或她所相信的和所做的拥有最高决定权。信仰是一个人期望能够接受的东西，有许多可供选择的信仰体系，如本草主义、神秘主义、禅宗、冥想主义。个体几乎不再忠于绝对真理，人们被鼓励按照自己的方式去追求美好生活。人们可以在不受他人批判的情况下，随意加入或退出各种各样的运动。为了确保主观性，科学常被否决；为了确保个人的灵魂主义，有组织的宗教常被否决；为了确保心灵和肉体的结合，将两者割裂的视角常被否决。人们不再是简单地遵守传统，古老的智慧仍在被人们学习并会在合适的情况下被付诸运用。男性的形象不再主导思维和实践，女性的强大形象开始变得重要起来。如果说有什么东西将这一途径组织起来，那就是鼓励信仰者之间进行交流的大量书籍、杂志和文章。

伯格也提醒我们，经验数据支持"前所未有的美国人正在有规律地参与宗教服务，支持宗教组织，描述他们有强烈的宗教信仰"这一结论。伯格列举的有关持续升温的宗教狂热的两个典型例子就是伊斯兰社会和福音派新教主义。这两者都反对现代化，这两者都有强烈的认同感和神圣的使命感。西欧社会有可能是世俗化的一个缩影，但在世界上其他地方却是"依然和从前一样弥漫着宗教狂热，甚至还可能有过之而无不及"。伯格写道，从更加传统的宗教里释放出的自由，确实可能带来一种失落感并被人们暂时接受，但它也鼓励许多人在新的地方重新追求重要事物的确定性。伯格相信，现代社会并不一定就会变成一个世俗社会，个人甚至能因他或她可以"从头开始"追求宗教的真理而收获良多："我认为，我和大多数宗教社会学家在1960年代所做的关于世俗化的论述是错误的。当时我们潜在的论据是，世俗化和现代化会携手并进，越多的现代化会带来越多的世俗化。这并不是一个疯狂的理论，而且在当时它也得到了一些证据的支持。但现在我则认为，从本质上来说它是错误的。今天的世界很显然不是世俗化的，而是有着浓厚的宗教色彩。"（Berger，1992）

世俗化理论家的回应　那些坚持世俗化理论的人则依然不为所动。小型的、高度传统的宗教共同体正在从世界各地涌现出来，虽然它们只包括很少一部分人，但却会要求许多人都不愿再付出的精力、时间和热情。它们很容易变成对社会趋势进行批判的宗教派别，通常只能存在很短时间，而且不容易将信仰者与世俗社会隔离开来。为了满足个人主义的需求，有组织的宗教经常会切断与过去的联系，并会为了多元主义而牺牲神圣的真理。有组织的宗教要想在现代社会中普及开来，还有很长的一段路要走，因为人们日益将其时间和精力转向其他事情；人们首先是坚定地忠实于自我，因此，共同体在如何对待一个人的生活方面还会有一场持续的拔河较劲。个体的选择和个人的灵魂主义也许会一直占有较为重要的地位，但它们既不会为任何共同体效力，也很难将任何神圣的真理传给下一代，后来者会自己在现代社会中追求灵魂主义。

对那些坚持世俗化理论不变的人来说，拒绝这一理论的人会持续不断地面临一些问题：当我们被灌输那些与神圣真理相违背的观点时，我们是否仍能相信神圣真理？我们能否在不加入任何一个宗教共同体的情况下仍然拥有个人的宗教信仰体系？我们能否在宗教中引入如此多的选择后，仍对宗教共同体和宗教过去保持一种坚定的忠诚？人们能否既尊重现代化又接受传统的宗教信仰和实践？选择自身是否会破坏传统——而传统则难道不是宗教的本质吗？

布鲁斯（Bruce，1999）认为，虽然我们仍在谈论宗教共同体的存在，但"现代社会已经毁坏了它"。如今，我们遵守自己选择的传统，上帝被用于个人目的，我们反抗来自过去的控制；其最终结果就是："在一个群体里，个人信仰没有得到有规律的表述和强化，没有得到共同仪式的凝练和滋养，没有成为有规律的系统的展示目标，没有传授给下一代或外来者，所以也就不大可能对信奉它的人们的行为产生太大影响，更不可能产生明显的社会后果。"

原教旨主义的兴起 不管现代化带来了什么，都有很多人受到了原教旨主义的吸引。如今，原教旨主义宗教正在逐步崛起。一些社会学家可能会认为，这就是现代化最终会激发出更加忠诚于宗教生活的反现代化的证据；另一些人则可能会认为，不断世俗化的世界产生的一个后果就是，出现了更多致力于扭转不可能趋势的反对派群体。对原教旨主义的理解，与对传统、现代化和世俗化的讨论密不可分。

原教旨主义是看待现实的一种特定方式，它存在于特定的宗教共同体、特定的个体和特定的社会运动中。它来自于人们试图保留他们独特的身份，试图为反对他们臆想中的敌人而加强自身力量的一种尝试。尽管它有着长久的传统，但这一传统也在不断更新，以此消除存在于它们世界中的威胁。原教旨主义群体通常都是由卓越的、专制的领导人所率领，它的成员严格照规范行事。群体内部与外来者之间存在严格的界限，他们会区分敌人并寻求转变其信仰。他们计划重建社会。人们信仰并遵守按照性别角色进行的劳动分工。披露的真理被人们所看重，科学和科学规范如果违反了那一真理就会受到人们的质疑。个人和家庭的道德规范非常严格。来自外界的批评极为常见，但原教旨主义者认为，跟上帝的评价相比，其他人所做的评价并不重要。

原教旨主义对处在两种社会环境下的人特别有吸引力：那些正在经历恐怖社会状况的人，他们深陷其中，无法逃脱；和那些无法接受现代化的人。对穷人和一无所有者来说，原教旨主义可以帮助他们从自身遭遇中寻求意义，给他们带来希望。对那些反对现代生活势力的人来说，原教旨主义也具有吸引力，因为它试图重拾过去的价值观和真理，给予人们一种未来会变得更加美好的希望。人们能够在上帝话语的确定性中"寻找友谊和全新的意义"。他们并不认为个人主义和多元主义是真正重要的观点，因为这两者会带来孤独、不满、不确定和集体感的丧失。原教旨主义的追随者不会从科学和世俗化里去寻求答案，而是会在"从圣经中寻求教导的牧师的话语中"（威廉·麦克尼尔之语）去寻找答案。两种类型的人们——为自身遭遇寻求理解和解脱的穷人，以及通过共同体、确定性和有魅力的领导人来追求意义的那些人——通常会转向原教旨主义运动，他们更能接受卓越的、专制的领导人。这些运动的严格教义也有助于在世界上建立一个强大的共同体；在这个世界上，现代化正在急遽改变（或威胁）社会中更传统的宗教生活。

如今，基督教、犹太教和伊斯兰教中都存在原教旨主义。许多人都在疑惑这是为什么，因为它们的吁求和体验与他们自己的生活如此迥异；但我们必须记住，我们置身其中的现代化正在威胁着那些受到宗教传统和强大共同体吸引的人们。

小 结

就宗教而言，社会学所提的问题并不是宗教是否会继续对个体发挥作用；因为只要意义是重要的，人们就总是会想出一个精神的、宗教的回答，不管有没有组织，也不管有没有上帝。社会学提出的问题是：有组织的宗教对社会来说是否仍然重要。如果有组织的宗教仍是我们共同体和社会的一个重要组成部分，它就会一如既往地继续完成许多乃至所有功能。如果由于现代化它失去了在社会中的地位，那我们就必须追问：这会对社会造成什么样的后果？也许我们会发现，社会不需要有组织的宗教就能存在；或者是像大多数早期社会学家所认为的，没有有组织的宗教，社会就是不可能的。涂尔干认为："纯粹个人的、自证的信仰方式代表了对所有形式的团结的一种威胁。"群体"让位给了个体的意向"。是否有一个社会能通过"负责任的个人主义"而单独存在呢？

预测未来是很难的，想要客观地理解宗教在现代社会中所起的作用还为时尚早。可能我的同事兼好友阿诺德·达西夫斯基（Arnold Dashefsky）最好地描述了宗教的未来："在现代社会中，有组织的宗教所面临的挑战是在极端个人主义与原教旨主义所展示的充满激情的种族主义之间，给社会和个体提供一个平衡。它必须在共同体与个体之间的鸿沟，和民主多元主义与宗教权威主义的鸿沟之间搭建一座桥梁。"

思考题

（1）宗教对个体来说是否必要？你认为它永远都是对个体必要的吗？

（2）在你看来，什么是宗教？你相信宗教假设的有一个上帝存在吗？你是否认为宗教的定义只应包含有组织的信仰和实践，还是你认为个体的精神性也应算作宗教？你是否认为忠于共产主义或法西斯主义可被视为一种宗教？你是否认为对音乐的热爱、对人类的热爱、对艺术的热爱、对自然的热爱，可以构成一种宗教？

（3）定义宗教是什么有何重要性？

（4）宗教对社会所做的最重要贡献是什么？

（5）宗教在哪些方面可能对个体造成伤害？

（6）宗教在哪些方面可能对社会造成伤害？

（7）宗教的未来是什么？

（8）你认为在现代社会中能影响宗教重要性的最重要发展是什么？

[第十课]

世界正在变成一个社会吗？

全球化和一个世界社会的诞生

在所谓的中世纪（约公元 400 年到公元 1400 年），西欧的经济体系和人民的生活极大地局限在庄园和城镇里。王国的兴起一直持续到中世纪末期，最终民主国家统一了领土，它管理人民，保护人民，并展开农业生产和贸易活动。与其他地方之间也存在一些远距离贸易，但考虑到现有技术和安全缺乏，各种各样的原因都限制了它的发展。16 世纪和 17 世纪，远距离贸易的发展逐步加速：奴隶、朗姆酒、糖、枪、香料、丝绸和其他许多货物，打开了欧洲国家贸易的大门。到了 18 世纪，工业革命在欧洲和美国发生，世界贸易变得更为重要。

贯穿整个 19 世纪，亚非及中东殖民地成为原材料供应地和商品销售市场。这些地方被纳入世界经济体系，随即人们的生活也发生了改变。20 世纪带来了两次世界大战，以及政治和经济上的殖民主义帝国；最终，两次世界大战和革命导致诸多独立国家诞生、社会巨变和世界贸易增加。

世界范围内的互动（相互联系、相互依存、统一、社会网络和交换）在 20 世纪末和 21 世纪初极大地加速了。多国公司变成巨头，爆发了一场交通和通信革命。朝着一个世界体系发展的趋势变得极为重要，它使我们的生活发生了巨变，几位思想家因此将这一加速描绘成绝对是前无古人，惊天动地，他们称其为全球化。对许多人来说，这并不是几百年前社会的一个简单的进化，而是一个经济、政治、社会和文化都发生了真正改变的新世界。

随着海陆空交通和网络通信技术的进步，人们在世界范围内的社会互动日益增加。人们可以进行各种形式的会面：远距离的、面对面的、通过手机的、通过电脑和因特网的、通过卫星的、通过光纤的。这些社会互动还通过贸易、外包、资本转移、市场扩大、企业迁移和移民得到了进一步加强。与世隔绝几无可能；与相隔万里的人们和地域进行联系的意识变得极其普遍。通过电脑、智能手机、因特网、电视，我们可以与世界各地的人们进行交谈，一个世界范围的相互依存出现了。人们的生存不再仅仅与家庭、社区、社会和国家联系在一起，他们的需求还通过那些距离他们万水千山的个体的生活和工作得到了满足。人们对那些拥有与自己完全不同文化的人们越来越熟悉，并能找到更简单的方法来剥削他人或为他人做贡献。地域界线已经无法再限制人们的所作所为了。

全球化是一个过程，是许多活动的集合，是一个指向世界体系的方向——朝向一个统一的、相互依存的世界。世界范围内的个体、组织、社会和国家之间的社会互动所创造的社会模式，可以和几百年来所创造和建立起来的社会和国家模式相竞争。某种程度上，全球化正在创造一个全球社会的结构、文化和制度，它正在逐步确立一个社会组织的新层次，我们姑且将它描绘为"世界社会"。

全球化的三种观念

全球化饱受争议，有关它的辩论主要关注：它是什么？它会创造什么？它是一种积极趋势还是消极趋势？大体上有以下三种观点：

1. 一些个体不相信它正在发生。 变化确实在进行中，但这些趋势至少从16世纪开始就已经有了。这一发展趋势是传统社会变成现代化，现代化社会变成全球化。马克思会说，这就是资本主义的最终高潮；而韦伯则会称之为现代化的终极发展。虽然朝着一个世界秩序发展是一个明确的趋势，但我们首先仍是一个有着独立的国家和社会的世界；当地的和国家的政府是世界上最重要的政治制度；国家主义和民族主义对许多人的情感来说,都比忠诚于一个统一的世界要重要得多;世界文化仍是百花齐放;甚至世界经济也仍被分为国家、社会和社区,每一个都存在自己的问题和长处。

2. 一些个体认为世界实际上正在发生巨大的转变;总体来说,它们是积极的。 通过工业化、新技术、贸易、就业和最终的民主结构、民主文化、民主制度的发展,世界从中受益良多。民主国家正在丧失它的一部分权力。社会间的边界也正在消失。经济不再只是国家经济,通信及交通革命、自由贸易和大型企业,都在发展一个单一世界的社会。弗里德曼(Friedman,2005)认为世界正在变"平",因为全世界的商业机会都在涌现;过去没有机会成为中产阶级或富有阶级的人,如今已能和那样的人进行竞争。全球化被认为对消费者来说是好的,因为商品更便宜;对企业来说也是好的,因为它们能够更有效且成本更低地进行生产。股东也会因此受益,因为公司的利润增加了。最终,全世界的人们都会因为一个更高的生活水平而从中受益。全球化让通过计算机技术获取信息和多种观点成为可能。整个世界都在为每一个人创造资本主义制度、民主文化和更多机会。商业和通信能给整个世界带来和平,民主和富裕是完全有希望的。

3. 一些个体认为世界实际上正在发生巨大的转变,但他们对所发生的事情持消极态度。 他们是全球化的批评者,他们的主张是:企业主和股东是以其他所有人为垫脚石来获取巨额收益。全球化正在成为资本主义的避风港,世界上最富有的人在这里成立了不受任何国家政治制度约束的跨国公司。这些跨国公司可以扩展它们的投资,生产它们愿意生产的一切,在国际环境下运输货物,从所销售的货物中取得更大收益。劳动力储备被扩大了,对工作的竞争面向全世界人开放,通过购买到最廉价的"工资",企业将它们的劳动力成本压得很低。

企业变得灵活起来，如果世界上某个地方不再适合生产或销售，它就会立马抛弃该地，转而寻找下一个目标。反过来劳动力则无法从巨型企业中得到任何保护，因为企业视利润超过其他一切价值观。

反对者指出，全球化是由富有的个体和总部驻扎在美日及西欧等发达资本主义国家的企业所控制。他们认为全球化以国家文化为代价创造了一种世界文化，然而它多半反映的是美国主流的审美和兴趣。比如 G8 这样统一的世界经济制度创立了一种世界经济，但却丢失了民主和多样化。反对者也发现了其他一些严峻问题，包括从工作的不安全性到大规模无调控的迁移；贫富之间的巨大鸿沟；国际犯罪、恐怖主义、色情和暴力；对环境的大肆破坏。

上述三种观点可能都包含一些重要道理。全球化是有很长的历史，但我们正在经历的也的确是一场翻天覆地的变化；就像其他巨变一样，我们有理由对它抱有希望，同时也应对它保持足够的谨慎。尽管全球化仍在不断推进，但也存在一股相反的趋势，即一些国家正在努力巩固自己的边疆。

我们很难知道未来会变成什么样子。历史已经无数次重演过这样的情节：人们认为变化最终会给所有人带来和平、正义和机会，结果没过多久就发现旧的问题还没消灭，新的问题就已出现。不过，历史上也有很多关于变化的例子表明，我们有能力应对许多严重的问题，扑灭预测的灾害，从而诞生一个更加美好的世界。

关于全球化的讨论，实则是一场关于价值观的讨论。这是一场到底是坚持资本主义的价值观和制度，还是让价值观控制资本主义（即价值观胜过利润）的冲突。对社会学家来说，存在的问题就是，当我们置身其中，我们是否能客观地理解这些正在发生的巨变。如果能够回望 21 世纪，将全球化和它的"最终"结果进行对比，那将再好不过，但遗憾的是我们都活不了那么久。费兰特（Ferrante，2008）展示了在评价全球化时所遇到的困难："根据你生活在哪里、你是谁，全球化会发挥不同的作用。一方面，它将那些在经济上、政治上和教育上占据优势地位的人们连接在一起，而将那些处于劣势地位的人们驱赶出局；另一方面，它也将那些挣扎在草根阶层的人们联系起来，保护、重振和培养环境，并确保那些处于劣势地位的人们为了获得体面营生而获取最基本的资源。"

这种理解和评价全球化的社会学视角是有用的，它试图考察全球经济，进而对这个正在被创造的世界社会提出质疑。接下来，我们会从四个主题系统地考察全球化：（1）**技术、通信和全球化**。新技术的诞生刺激了一场通信革命并将继续促进全球化。（2）**资本主义和全球化：新的经济**。投身资本主义几乎让全球化成为一个不可能被扭转的方向。（3）**全球化和一个世界社会的诞生**。全球化不只是经济上的。事实上，这个世界可能正在成为一个社会组织的整体，一个发展出了自身社会结构、文化和社会制度的"世界社会"。（4）**全球化对世界来说是有好处的吗？**一种积极观点认为，几乎每个人都可以从经济进步、民主发展和世界范围的社会运动中获得好处；一种批评观点则强调工人问题和工人权利、社会依存、经济不平等、经济波动、国际犯罪、对人的漠视、均等化、世界范围的疾病和恐怖主义。

新的技术、新的通信和新的全球化

我们所说的"全球化"与通信有极大关系。20世纪末和21世纪初诞生的技术，让人与人之间、国与国之间、社会与社会之间的即时通信变得普遍起来。在经济领域，通信在我们如何生产、流通、消费产品和服务方面都引起了一场革命。整个世界变成企业之间进行竞争、资本被不断投资、市场持续扩大、劳动力被挖掘、巨大的世界财富不断累积这样一个地方。同样，通信在创造、传播和储存信息方面也带来了巨变。我们从社会外的其他人那里学到的知识，与我们的出身教给我们的传统文化相互补充并相得益彰。

弗里德曼在《世界是平的》中详细地描述了这场通信革命、它的经济意义及其增加整个世界巨量知识的能力。他指出，1989年柏林墙倒塌是关键一步，因为它意味着始于1945年贯穿整个冷战时期国与国之间相互隔绝的通信交流再度成为可能；这一事件代表了民主和资本主义能够扩散到世界上更多地方的可能性。人们将会看到这个世界正在逐渐成为"一个单一的市场、一个单一的生态系统和一个单一的共同体"。弗里德曼指出，如果有超越国家边界的信息的自由互动，极权主义就无法存在。他将拆毁柏林墙描绘成一个"世界是平的"的开始；在这个世界里，经济和信息的竞争是开放的，知识对所有人来说都是唾手可得。以前从来没有机会的个体也能开创自己的事业。

在弗里德曼"平的世界"中，大量成果都来自如Windows操作系统、Netscape浏览器、Google、TiVo等技术，和其他一些由因特网而变得可能或得到加强的技术。通过这些及相关发展，我们能够更方便地在全世界进行交流。工作和项目可以低价外包给亚洲那些既受过教育又已开化的白领工人群体。这些"平化者"为全球商业做出了贡献；通过实时的货币和信息转换，工作变得国际化；劳动分工遍布世界各地，在观点和产品的创造方面带来了虚拟团队的项目合作。工厂可以设在中国或印度，厂家或合作方可以将总部设在欧盟，股票可以在纽约股票交易所进行买卖。

与此同时，弗里德曼也强调了在经济方面之外的领域内世界的可能性。在教育、知识、娱乐、政治改革、理解世间差异，以及此前被遗落在世界共同体外的社会和个体获得更好的生活方面，我们也有了更多的机会。他对技术持积极态度，相信技术和其他"平化者"正在建立一个更好的世界。对于美国、英国和西欧，他警告这些世界的传统领导人，如今在面对它们曾经殖民过或统治过的社会，如中国、印度、拉美和非洲时，必须做出改变。特别是美国，面对这一永不停歇的全球化浪潮，它必须成为其中的一分子，而不是将其拒之门外。美国在科学、数学和机械方面所享有的竞争优势，如今正在一步步丧失。我们逐渐面临"数字的鸿沟、野心的鸿沟和教育的鸿沟……这些鸿沟对我们的生活标准最具威胁性"。

除了全球化的新技术，整个世界对资本主义的接受也在变得越来越广泛，技术和资本主义共同打造了全球经济。

资本主义

什么是资本主义？

从理想的角度来说，资本主义是一种鼓励企业在没有政府干涉的情况下进行发展的经济体系。私营企业、财富积累、劳动力问题、价格和竞争都试图在没有中央政府干扰的情况下进行。产品的所有权和流通属于私人而非政府。产品和服务价格由市场决定——价格升降取决于供需，供应量很大价格就会下降，需求量很大价格就会上升。企业主的利润就是资本主义的目标；人们认为成功者理应保留其所积累的一切利润。资本主义假定，公开竞争（没有政府干涉）是对个人、企业和社会来说最好的方式。一些人则将资本主义简单地定义为生产资料的私人拥有。

在一些人看来，资本主义与民主紧密交织在一起，没有资本主义就不可能有民主；一些人则批判过度的资本主义，认为过度的资本主义会伤害民主。许多人都不对这两个概念进行区分，一些人将资本主义看作不可避免的，另一些人则认为它不过是一种起作用的经济体系。资本主义与民主之间的问题高度复杂，充满争议，作为对这些问题的导论，我将发表一下自己的看法：（1）资本主义是一种经济体系，民主则是一种政治体系或一种社会类型（民主政府或民主社会）。（2）资本主义是一个概念、一个观点，或如韦伯所说的一种"理想型"。现实生活中并不存在纯粹的资本主义。因此，经济体系多少都会带有资本主义色彩；真正的经济体系都是资本主义和非资本主义的结合体。政府在经济体系中总是会扮演某种角色，只是每个国家在程度上和政府所扮演角色的种类上有所不同。政府永远都是在为社会上最富裕的人群服务；某种程度上，政府也通过税收给大众提供了重要服务，而且它也会影响如利息税这样的经济政策。政府雇佣私营企业，和它们签订合同，让它们去完成各种项目。（3）一些个体坚持认为资本主义就是民主。他们的意思通常是，资本主义是一个鼓励经济自由的体系；人们有更多机会去外面闯荡，去创立自己的企业，选择他们自己的生活，保留他们挣得的利润和收入。资本主义的批评者则认为，资本主义不但没能促进民主，还经常在贫富之间划下一道深深的鸿沟；它实际上是对有钱有权者的保护。自由企业可能在市场上是"自由的"，但在现实中，极端的经济不平等不可能培养出一个民主的社会。批评者还指出，资本主义的结局就是巨型公司，而不是自由竞争的企业，自由和机会从来都是少数人的特权。(4) 全球形式的资本主义早在几百年前就已发展起来：首先是在西欧，然后是在美洲。19世纪、20世纪和21世纪大大加快了资本主义在世界上大部分地区的发展，几乎所有社会都拥有一些资本主义特质。唯有自由放任的资本主义才是最纯粹的资本主义，但这并不意味着是它就是真的，而只意味着它是一个确定与理想状态远近的标准。那些限制资本主义的经济体是社会主义的；但我要再次强调一下，这只能从程度上去加以理解，因为它也是一种经济体系。

在我看来：(1) 既有高度民主且高度资本主义的社会，也有高度民主且高度社会主义的社会；(2) 既有高度资本主义的经济体是高度民主的社会，也有高度资本主义的经济体却不是非常民主的社会。我承认肯定会有人批评这一描述，但我认为重要的是要理解和区分资本主义、社会主义和民主。我们应该停下来弄清楚我们所说的这些词语到底是什么意思。美国也许是高度资本主义的，但在生活中一些非常重要的领域它也可能是社会主义的，而且它既可能是也可能不是一个非常民主的社会。

资本主义和全球化

全球化确实是资本主义不可避免的结果。经济体系越是变得资本主义化，政府的调控力度就会进一步缩小，更多的企业都会被鼓励去寻找新的方法去降低成本、扩大市场、增加利润。随着技术进步，企业意识到，这个世界，而不是民主国家或社会，才是经济的主战场。为了获得成功，生产、劳动力、资本和市场都在寻求国际决策而非国家决策；当然，其结果就是企业变成世界巨人，全球竞争随着新技术的发展一并繁荣起来。

企业变成越来越大的实体。单就纳税额而言,在美国和世界上存在过的最大公司是沃尔玛,2010年其纳税额达到4.22万亿美元;埃克森-美孚以3.55万亿美元名列第二。沃尔玛是世界上最大的雇主,它有2 100万雇员。在美国,前十名纳税大户,名列沃尔玛和埃克森-美孚之后的是:雪佛兰(1.96万亿美元),康菲石油公司(1.85万亿美元),房利美(1.54万亿美元),通用电气(1.52万亿美元),伯克希尔·哈撒韦能源(1.36万亿美元),通用汽车(1.36万亿美元),美国银行(1.34万亿美元)和福特(1.29万亿美元)。"总体来说,全球[《福布斯》上公布的最大的]前2 000家公司缴纳的税收达到32兆美元……拥有8 000万名员工。"

到2009年,六大主要媒体公司被称为"六大媒体巨头"。它们是:(1) **通用电气**,它控股的媒体包括NBC、环球影业、26家电视台和有线电视、MNBC和科学频道。(2) **沃尔特·迪士尼**,它控股的媒体包括ABC、ESPN、迪士尼频道、A&E、Lifetime电视台、277个广播电台、迪士尼影业、皮克斯动画、试金石影业和主题公园。(3) **美国新闻集团**,包括福尔斯广播公司、商业频道、国家地理、电视指南、哈珀·柯林斯月刊、有线电视频道、杂志和报纸,包括《华尔街日报》和《纽约邮报》。(4) **时代华纳**拥有CW、HBO、CNN、电影频道、卡通频道、TBS、TNT等电视网络、《时代》《体育画报》《财富》《人物》等杂志,以及华纳兄弟等电影和音乐公司。(5) **维亚康姆**拥有MTV、喜剧中心频道、五分钱娱乐场、派拉蒙影业。(6) **CBS公司**拥有CBS、作秀时刻、西蒙与舒斯特国际出版公司、30家电视台、CBS广播公司。CBS还是谷歌电子市场的主要视频供应方。

特利康公司是百胜餐饮集团的分公司,旗下拥有肯德基、必胜客和塔可钟三家公司，它成立于 1997 年，"从那时起，它已在 100 多个国家开设了超过 3 200 家餐厅并计划在可预期的将来每年再开设超过 1 000 家海外门店"（Eitzen, 2009）。如果巨型公司遇到了麻烦，它们就会通过变卖业务、新增业务、出售或融资来进行重组以求成功。

1960 年代，美国的公司开始更深地融入国际经济，它们注意到许多新兴市场唾手可及，它们可以在海外生产商品，然后再将其带回美国供国内消费。一开始，工会认为这不会减少美国的工作岗位并率先支持"自由贸易"。他们认为他们的工会成员所生产的商品会打开新的世界市场。但到 1980 年代，工会意识到，自由贸易最终会牺牲掉美国的生产岗位。到了 1990 年代，美国公司 30% 的利润都来自国外，海外投资剧增，美国的制造业中出现了反对的声音。

拥有资本的人被鼓励在世界上任何地方进行投资（"自由资本"）。全球化就是一股持续的资本流动；企业能够建在它们所选择的任何地方，可以开设在多种社会。如果政府税收过高，或者劳动力和环境问题太糟，企业就会搬往别处。纯粹的资本主义追求利润，而利润也就意味着在生产成本低、生产效率高的地方进行明智的投资。美国企业在全世界进行投资，非美国的个体和公司则在美国投资房地产、公司和金融企业。所有权是没有边界的；人们追求的是利润，而非其总部所在社会人们的生活水平和工作条件的改善。

全球化改变了企业主与雇员之间的角斗场。资本主义追求自由市场体系、竞争、没有政府干涉和利润最大化。大部分企业都依赖于低廉的劳动成本；工人之间的竞争能保证薪水停留在较低水平，能增加工人的依赖性和不安全感："如果你不想干的话，还有大把大把的人在觊觎你的工作，所以闭嘴吧，接受我们赏给你的东西。"（Eitzen, 2009）美国的公司将客户服务中心外包给印度，其平均年薪是 2 667

美元,而美国的平均年薪则是 2.9 万美元。要价低的人赢得了工作;临时工、季节工、女工、童工、缺少工会的保护、恶劣的工作条件处处可见。与工业化程度更高的社会相比,他们的工资更是少得可怜。逐渐地,女性将男性挡在了工厂大门外,因为女性更加脆弱也更加弱势,传统家庭结构被破坏,同工不同酬现象更加普遍。而且女性一旦怀孕就会失去工作。对工作的竞争是来自社会之间的,从一个社会到另一个社会的移民会增加对工作的竞争,所以企业会讨价还价,结果工人的工资也就降低了(Robinson,2007)。

全球化确实是资本主义的产物。随着资本主义出于节约劳动力的目的和为了创造和运输产品的新方式而鼓励技术,全球化几乎不可避免。一旦技术就位,世界经济的存在也就变成可能,个体、企业和公司都会参与其中。比如,美国公司就感受到了将工厂设在墨西哥和中国的巨大好处。不只是蓝领工作岗位被转移到印度和其他亚洲国家,受过良好教育的工人也是随处可见,他们可以从事以前只有美国的国内劳动力可以完成的白领工作。产品可以在西欧工业国家以外的地方生产,服务可以"外包"到亚洲,国家之间相互竞争,海外工人的工资比从前大有提高,世界各地的人们都可以购买到在别处生产的美国品牌。

世界经济体系前所未有地繁荣兴盛,新技术创造了增加利润的更加灵活的方式。日新月异的技术伴随着成功接踵而来。掌握着公司大权的人们意识到,世界变化如此之快,在这一潮流下,不进则退。

世界作为一个经济体系

世界已经成为一个全球化的流水线:"2006 年,美国从中国进口的货物总价值达到 2 788 亿美元(从 1985 年的 39 亿美元上升而来)。

同年，中国向日本出口了917亿美元的货物，向韩国出口了445亿美元，向德国出口了403亿美元，向荷兰出口了308亿美元，向英国出口了242亿美元……[美国]和中国的贸易逆差高达2 325亿美元。"（Eitzen，2009）经济全球化包括"巨额的资本流动"，技术、贸易、市场，相互联系的国家经济体，"巨型跨国公司"和"国际经济制度"（Steger，2003）。

也许我们创造了一个只有一小部分富裕群体有共同的知识、贸易和交流的世界，他们能够制定影响每个人和保护他们自身权力及财富的极端重要的决定。也许世界经济中最有权力的行动者并不忠诚于任何一个特殊的社会或任何世界社会。也许他们通常追求的也并不是民主的价值观，而是资本主义的价值观——一个允许资本家去控制人们大部分行为和思想的世界。埃伦赖希（Ehrenreich，2000）总结了我们可能会变成什么样子："世界上有193个国家，其中有很多表面上看都是民主的，但大部分实际上都被能够独自决定生产什么、在哪里生产、付给工人多少钱的公司削了势。事实上，这些跨国企业已经成为一种公开的世界政府，它们只受利益驱动，而不对任何市民负责。在这个星球上，只有一小撮人（其数量与世界上475个亿万富翁俱乐部的人数重合）统治着全球经济。在受到全球化冲击的地方，不平等加深了。"基于这一观点，全球化被视为一个世界范围的企业体系，而不是一个世界共同体，它将世界当成一个巨大的殖民地来对待并从中追求利润。特别是来自美国、英国和欧盟的个体，他们控制着世界上拥有巨大权力的大型公司。《福布斯》列出了全球前25大公司及其总部所在地：美国有12个，英国有3个，法国有3个，荷兰有2个，苏格兰、德国、俄罗斯、西班牙和日本各有1个。费兰特指出，全球前十大公司联合起来代表了世界上第六大经济体（在税收上）。

从工业革命之初人们就开始与其他社会相竞争。随着全球化的来临，世界范围内的劳动力来源让大型公司能够买遍世界，找到最廉价的劳动力供应。这种搜索就像一个购物狂欢，企业为了寻找最便宜的劳动力，从一个社会转移到另一个社会。谁受益了呢？消费者通常受益了，如果他们有收入的话；那些拥有巨型公司的人受益了；股东受益了。简单来说，有体面工作的工人受益了。但就长远而论则是劳动力获益最少：低廉的工资、高企的期望、更少的权利、依赖和持续的不安全成为常态。很重要的一点是，我们要意识到，全球化的确让很多人受益——但却不是所有人，受益范围仅出现在确实有进步发生的中国、印度和东南亚某些局部地方；世界范围内那些有钱的和受过高等教育的人依然做得风生水起，但绝大多数人都被世界遗忘了。

许多独裁精英也受益了。他们生活的国家是资本主义世界的一员，但他们却不鼓励资本主义在他们自己的社会里发展。一个非常庞大的家族拥有并控制着沙特的大部分石油——像美国这样的资本主义社会所需要的石油。

全球化将所有国家都推向了资本主义世界。全球化如今正处在世界经济的正中心。如今问题已经变成："除了经济全球化，世界上还发生了什么？"世界本身是正在变成一个有自己的社会结构、文化和社会制度的单一社会？还是国家和社会依然相互独立，一个世界社会仍然遥不可及？

全球化正在创造一个"世界社会"？

社会、国家和世界

我们是否创造了一个正在与我们如今所称呼的单独的、独立的社会和国家相竞争，甚至将会取而代之的世界社会呢？

社会是社会组织的一种形式，也是人们认同的最大的社会组织。在社会内部，还有其他社会组织存在。组织具有以下五种特质：社会互动，社会结构，文化，社会制度和情感奉献。国家则是具有实质性边界、法律和军队的政治团体。

社会经常会变成国家，而在一段时间之后，国家又可能变成社会。有时，一个国家（如苏联）统治着好几个社会；而库尔德人、吉卜赛人和巴斯克人则是在一个或多个国家中划分的社会；南非也有十多个不同社会；非洲由民族国家组成，在很多情况下，这些国家的边界都跟殖民地时期一样。

自1648年以来，民族国家已经建立起拥有主权的独立实体，它们有权利统治自己，维护领土，得到他国承认。一战之后，"自决"原则（每个社会都应该有自己独立的国家）在欧洲蔓延开来。二战之后，"自决"原则扩散到欧洲在亚非的殖民地。正如东欧剧变所示，民族自决在今天仍是一条重要原则。接下来还有中东的巴以问题，以及伊拉克的国家建设问题。许多国家都存在少数族群的社会渴望自决的问题，如今在利比亚的革命中，许多社会都卷入其中，其中最重要的问题之一就是利比亚是否应该分裂成一个或两个国家；我们至今仍在争论伊拉克分裂成一个或两个或三个国家的可能性。当然，美国历史上最具破坏性的战争就是内战，它的焦点也是一个国家还是两个国家的问题。但这些例子所展示的是,国家的存在是流动的,有时分裂,有时统一。国家变得更小了,社会也被割裂了。

现在看来,世界的未来会是什么样呢?世界将会变成一个国家或一个社会,还是我们将会继续保持相对独立的国家和社会?

社会互动是全世界的吗?

一个社会始于个体之间长时间不间断的互动。他们之间逐渐形成了统一和互动;他们了解彼此,发展出各种模式和共同的历史。有时在社会互动中也会出现冲突,但更多时候出现的还是合作与统一。

如果想要建立一个世界社会,人们就需要跳出传统的邻里、群体、正式组织、社区和社会,与相隔遥远的个体建立联系、交流和合作。边界、隔绝和不同的人际网络必须让位于全球化。世界的领导们必须进行面对面交流,以及电话和视频交流。个体和家人必须通过手机、互联网和偶尔的长途旅行进行互动。学生们必须在一个世界范围的学生团体中进行学习、交流和交友。人们必须旅游,度假,工作,交流,经商,与世界各地的个体和企业进行买卖。他们必须分享知识,通过写微博发推特来了解彼此的观点。也许某些特定价值观、道德观、历史、真理或常见的神圣的文化将会得到发展;也许一个逐渐国际化的身份会超越社会和国家的身份;一些人可能会认为民主,以及资本主义,会变成世界的文化,但我们中也有许多人都相信,资本主义与民主会相互发生冲突,甚至就连欧洲和美国在资本主义和民主的内涵上也无法达成一致。有时这些词语就跟汽车保险杠上的贴条一样毫无意义。真正世界范围的社会可能是世界上最有钱的人,他们拥有一个结构、一种文化和一套制度。至于世界上的其他人,则依然散落在不同的社会里。

有大量证据表明,世界范围内的互动是存在的。我们讨论和推荐电视、电影、文章、书籍;我们给我们的英雄、政治领袖、老师、教授、朋友、新闻电台、公司总裁和医疗专家写信——通常都是电子邮件;我们加入只存在于互联网上的社区,与那些从未谋面的邻居、工人、朋友和亲戚互动;我们可以通过因特网发起社会运动、抗议群体、抵制或捐钱给政治候选人。突尼斯革命影响了埃及革命,埃及革命又影响了其他中东革命。这些交流大都是在年轻人之间进行的。由于技术的发展,策划者、律师、生产商、发行商、销售员、消费者、广告商和政府管理人员能够通过新的方式进行互动。发明创造、新的观点和创新性产品都能质疑和扩散新出现的知识。

2005年有9 700多万辆卡车和私人汽车穿越美墨边境。自然灾害导致的迁徙促使大量家庭穿越两国边界。想找一份体面工作的愿望将工人从非洲带到欧洲,从墨西哥带到美国。一些外来工人只是暂时离开家乡,然后将所挣收入寄回老家。一些外来工人只是季节性地工作,另一些外来工人则寻求永久定居。寻求在寄居社会安顿下来的工人和只是来挣钱的工人,这两类群体都会鼓励源源不断的新的移民。这就是一种持续活跃的运动和互动。国家之间的边界几乎不复存在。

大量的人口都在不断迁徙,他们离开已有的、农村的、传统的社会,来到现代的、城市的社会。国际经济、交通和通信技术让这一迁徙得以实现。2007年有超过4 200万外国游客来到美国(排除一日游者);与此同时,每年也有超过2 500万美国人出国游览。语言障碍也在土崩瓦解,特别是当世界经济将销售员、CEO、经理、科学家和工人聚集在一起时,他们相互之间就会进行互动,他们用黑莓、用苹果,他们说英语。事实上,语言的种类越来越少。在许多大城市,外来居民的数量都在不断增加；迈阿密有59%的居民都是外来人口，多伦多有44%，洛杉矶有41%，温哥华有37%，纽约有36%。

与世隔绝对绝大多数人来说都不再可能。过去高度本地化的社会和群体，如今已经发展出了广泛的世界范围的社会互动。通过迁徙、求职、交流、互动、买卖、分享和争论，人们可以认识和结交世界上任何一个人。逐渐地，外国人一词的意义也变得越来越弱，国家公民开始变成世界公民。

是否有一种全世界的社会结构？

社会模式来源于社会互动。

随着时间推移，世界范围的互动创造了一个世界的社会结构。个体、国家、企业、阶级、公司、社会和共同体都被安置在相应的位置上：所有的都是固定的，每一个都在世界上有自己的角色、一种身份、一种视角，以及一种基于权利、声望和特权的排序。世界的结构将个体、群体、正式组织、共同体和过去属于社会的一切都安置在一套巨大的相互依存的位置上。世界的这一结构将社会分成各种特定的角色，通过劳动分工创造了相互依存。

社会阶级也变得国际化。亿万富翁控制着大型公司；美国工厂的工人丢掉最有生产力和待遇最好的饭碗；一部分人变成世界范围内的失业一族，被迫搬到其他乡镇、城市、社会和国家去寻找工作。一些企业主和股东变得非常富裕和有权势，一些人创立了新的企业，一些人在公司里找到了新职位，一些人则变成专家。弗兰特采用2007年美国国内收入署的数据指出，超过50万美元收入的账户一共有9 656份纳税申报单，占美国申报可纳税收入的20%。美国中产阶级工人在世界上的地位摇摇欲坠；在墨西哥、印度和东南亚，新兴的中产阶级干着白领工作，又买房又买车；只有当公司在别的社会找到更廉价的劳动力时，他们才可能失业。外来公民成为廉价劳动力的一个来源；作为一个社会阶级，他们更缺乏独立，更容易被剥削，他们缺乏"公民权和政治权、劳动权……极其容易被人操纵"。一个世界范围内的阶级结构因此而变得非常重要。

除了阶级结构，还存在一个国家的结构。社会结构意味着国家在彼此关联的情况下存在。在世界上，所有国家都有自己的定位、作用、身份、视角、权利、声望和特权。美国可能会继续主导世界经济，资本和公司总部会继续留在这里；欧盟、中国、俄罗斯、印度和日本正快速崛起；中国很快就将成为世界上最大的经济体，美国则会退居第二，甚至第三。纵观全世界的国家，我们可能会称它们为欠发达的、工业的、核武器的、自然资源供应地的、金融的、领导的或殖民地的。国家之间的世界的社会结构包括经济的、军事的、政治的、地理的和历史的方面。劳动分工、合作、专业化、相互依存、联盟、安全和环境等，都是国家的国际结构的重要元素。

沃勒斯坦（Wallerstein，1995）研究了从16世纪开始的国家的国际结构的兴起，他称之为"世界体系"。他认为一些国家已变成"核心"国家——那些工业化程度最高、最富有、极其多样化、拥有最强大最稳定政府的国家。比如今天，它们可能指的是G8国家：美国、法国、英国、德国、意大利、加拿大、日本和俄罗斯；一些国家可能是"边缘"国家，它们的特点是人口众多、社会欠发达、经济不稳定，依赖于极其有限的商品或单一矿产资源，结果它们也得依靠这些核心国家；非洲的大部分、拉美的几个国家、缅甸、柬埔寨、越南都是边缘国家的例子。介于核心国家与边缘国家之间的是"半边缘"

国家。它们拥有一定的财富和多样化，但和核心国家相反，它们的社会不公平问题更加突出，而且与其他国家相比，经济权力也要更弱；印度、中国、墨西哥、印尼、巴西就在此列。基于核心、边缘和半边缘这种结构，即可将国家按照专门化和互相依存进行排序：一些国家成为失败者，一些成为赢家，一些高度依赖他人，另一些则处在帮助或剥削他人的位置上。在世界上，每个国家都在发挥着自己的作用，每个国家都会按照权力、特权和声望进行排序，每个国家都有独特的身份。像中国和印度这样的一些国家正在快速发展成为核心国家。

涂尔干强调，现代社会通过劳动分工最终会把人们集中在一起。马克思则见证了世界上不断发展的相互依存：一个终结国家的结构，一个世界范围而不是国家的经济阶级。一个世界结构如今正在搭建；单是在我们所称呼的"社会"里去理解结构已不再有用，我们必须将它们放置在全球背景下，作为全球社会结构的一部分去进行理解。

是否有一种全世界的文化？

文化是我想要讨论的第二种社会模式。文化是在社会互动中发展而来，对任何一个社会来说都是必要的。很多人在想到文化时注意到的都是物质方面，如人们吃的食物、用的工具、生产和消费的商品、他们的建筑、他们的艺术作品，等等。而在本书中我们则是将文化定义为社会里一种共有的视角，一套信仰、价值观和规范。物质文化也很重要，但它实际上是人们共有视角的产物。基于这一原因，我们将文化定义为一种视角，一种人们看待他们所处世界的观点。

并不存在一个简单的世界文化。除了遍布全球各个社会多种多样的文化，我们可能会认为世界上还存在文化主题（或趋势）。各个社会在这些主题的相对重要性上差别极大。它们可能会被称为"现代的－全球的－经济"文化、"传统的－宗教的"文化和"人权－民主"文化。每个社会都是这些主题的一个结合体，每个社会强调的重点都不一样，每个社会都会根据各自的历史经验来做出回答。这三个主题都有极其不同的文化发展方向，而且彼此之间还会经常发生冲突。

"现代的－全球的－经济"文化主题上文已有阐述。除了其他西方国家，美国也教育世界：资本主义、全球化和现代化是无法回避的未来。竞争、物质成功、消费主义、世界的进步、对个人主义的信仰、计算机化、对世界范围的官僚企业的信念、商业、自由贸易、自由劳动力、自由资本、技术、科学、合理性都是这一主题的组成部分；它们几乎在每个社会都会或多或少存在。我们相信物质产品和财富积累；我们读的、我们谈的、我们听的都是关于花费和节约的事情。成功的商业人士成了再理想不过的英雄；名利双收的娱乐圈人士、体育明星、音乐巨星、电脑和网络奇才都受到人们的尊重。那些拥有豪车、游艇、豪宅、各种玩物和高端审美的人也都成为许多人争相模仿的对象。

"传统的－宗教的"文化。现代化反对传统，传统的人则反对资本主义、全球化和现代化。信仰常会与宗教结合在一起，价值观更多是精神上的，更重要的是传统和共同体而非个人主义。科学和世俗的社会受人质疑，此生物质上的进步并不重要，人们需要知道和尊重共同体的历史。虽然这一文化主题强调如家庭、对他人的忠诚、强烈的是非观等价值观，但传统文化也倾向于变成民族主义的、孤立主义的、有时无法容忍差异、通常对它们所相信的东西坚定不移。科学是有用的，但科学本身作为一种视角既不被人理解也不受人欢迎。受人尊敬的人是那些与文化保持一致的人。仪式、规则、道德观和传统受到鼓励，变成人们生活的指南，物质文化可能包括教堂、宗教象征、宗教学派和墓地。神父、牧师、拉比、先知、电视布道者和村中长老都受到人们的尊重与倾听。传统还给我们带来了方向、意义、真理和集体感。大多数非工业世界都有这一传统文化的推力，而在工业世界，持反对态度的人也经常会拒绝资本主义、经济全球化和现代化的文化推力，转而寻求传统。

这两种通常处于冲突状态的文化主题，它们的价值观、规范和信仰可谓是截然不同。每一种都是在对对方的批评中成长起来的，两者都很重要，它们之间的碰撞还会持续很长一段时间。两者的结合体在每个社会中都会继续激发出独特的个人文化。随着时间推移，现代化和资本主义有可能会成为世界的文化，但却绝对不是在现在。

相较于前两者，第三种文化主题可能并不那么引人注目，但它的存在感却是在不断增强，我称之为"人权－民主"文化视角。这一视角承认人类正处于危险当中，如果我们不改变现有做法，这个体面的世界可能也就所剩无几了。赞成这一主题的个体认为，环境和动物王国正在被人类剥削、破坏和毁灭。还有一些人则在谴责和惩罚暴政的领导者。有很多个体和群体，他们的行动方针都不同于传统的和全球的资本主义。他们中有些人是致力于人类未来的积极的宗教分子，有些人是政治自由主义者，还有些人则是保守派。他们是帮助别人和改善这个星球的活动家和志愿者。其中一些是医生、律师、老师、社会工作者、研究人员、护士、商业领袖，他们帮助被虐待的妇女和儿童，关心年轻人，为那些被监禁的人维权，激励私营企业，帮助瘾君子、流浪汉、病人和穷人。这一文化主题相信所有人都拥有权利，保护和倡导这些权利是每个人的责任。

"人权－民主"文化这一主题，是从"现代的－全球的－经济"

文化和"传统的－宗教的"文化中涌现出来的，它已渗入不断变化的美国文化中。除了人权，它还有一个民主的方面强调自由和机会均等，限制政府、军事、商业和宗教的权力，鼓励多样化，尊重少数族裔。在美国虽然我们有时也会出现妥协和破坏这些原则，但我们同样也在无休止地辩论它们到底意味着什么，而且许多人都承认它是美国文化的一个核心部分。

以上三种方向哪一种最终会成为世界文化的主导元素呢？是来自"经济的全球化和资本主义"的文化？是来自"传统和宗教"的文化还是来自"人权和民主"的文化？它们的存在不断地给世界增加了多样化，几乎所有社会都是这三种文化主题的结合体，只要"传统的－宗教的"主题繁荣一天，独特的社会文化就会存在一天。也许还会有第四种或第五种趋势，也许这三种趋势还会被细分为许多小的趋势，但无论如何，想要形成一个世界文化都还有很长的路要走。

是否有一种全世界的社会制度？

一个社会一旦建立起来，就会需要制度、社会结构和文化。社会制度通常是由那些主导着社会结构的个体所创造（和捍卫）的。社会只有在各项制度建立好且能有效地运作以后才能存在。从定义上来看，制度的建立是需要时间的，它们是一个民族都应该遵守的方式方法，人们理所当然地接受它们、捍卫它们。它们是一个组织用来处理政治、经济、宗教、法律、军事、媒体和医疗事务的模式。

许多国家都已携手建立起具有全球影响的经济制度，如自由贸易、外包、市场定价、跨国公司、国际银行、海外制造和私有财产。世界银行和国际货币基金组织就是由美英法德日这五个富裕国家所控制。这些组织借贷款项、对经济事务提供咨询、帮助发展中国家等，不一而足。它们同样也"受到追求自由市场模式的驱动"（Scher et al., 2000）。类似的例子还有 1994 年世贸组织（WTO）的成立，它的作用类似于一个经济法庭，负责解决由于违反自由贸易的国家法律所产生的争端。欧盟和北美自由贸易联盟（NAFTA）是全球化趋势的一部分，它们建立了范围更广的经济联盟。

就劳动力这方面来说，国际劳工组织（ILO）如今已是联合国的一部分，它的建立是为了惩罚那些不能提供合格劳作条件的国家。但与那些发展自由贸易的全球组织不同，ILO 的有效性还有待提高，否则它的权威性也就不会得到许多国家的认可。

联合国已经成为一个重要的国际机构，它负责帮助那些处在危机和贫困中的人，致力于追求和平并提供人道主义帮助，保护种族清洗中的受害者，制止国内战争，努力提高其成员国的教育和医疗保障。它的总部设在纽约，各个成员国可以在此进行探讨、争论、合作和表达它们的关注事项。联合国也加入了在朝鲜和波斯尼亚这些地方的战争并力图在中东和其他地方维持和平。从 1948 年《世界人权宣言》发布以来，联合国在维护人权方面发挥了积极作用。它发展了国际法，并通过联合国国际法庭执行了多项关于环境、难民、有组织的犯罪、毒品走私和艾滋病等的行动。

联合国的批评者认为它不是一个有效的机构、它未能解决世界所面临的主要问题、它的投票政治色彩过浓且不公正、它的财政捐款制度也不公平。一些政府和许多个体都怀疑这样一个国际性的政府，没有国家愿意为了一个世界政府而放弃自己的主权。

此外还存在其他一些跟联合国一样具有国际视野的机构。联合国国际法庭设置在荷兰海牙，它附属于联合国。它起诉和判决了越来越广泛的国际犯罪，包括那些违反人权的独裁国家的领袖所犯下的罪行。不过，这些法庭同样受到来自美国和其他一些国家在国家主权这一问题上的抵制。NATO（北大西洋公约组织）作为一个共同的防御组织始建于冷战时期。但它如今的作用已从西欧扩展到东欧乃至更远。《日内瓦公约》可以追溯到1925年，旨在调控战争进行的方式、阻止战争罪行的发生、保证战犯受到人道主义对待。

宗教制度几乎存在于每一个社会。大多数社会都只有一种主流宗教；在有些社会里，也会有两到三种主流的或相互竞争的宗教；在极少数情况下，一个社会里会有大量极其不同的宗教。每个宗教共同体都有各自的制度——教会与国家或国教的区分；特殊的节日；教堂、犹太教集会、清真寺；仪式、特殊的日子、神圣的文本、牧师的作用、性别角色和生死轮回的问题，等等。它们旨在让每个宗教团体取得成功并保持独特的中坚力量和常规惯例；它们中的每一个都会指引其成员的行为。宗教制度的结局并不是带来一个世界社会，而是大量各有特色的宗教团体，它们相互竞争，相互冲突，每一个都坚称它们是真实的和神圣的。基督教（天主教、东正教、新教的众多教派、摩门教和其他）、佛教（日本的、越南的、印度的、柬埔寨的，以及其他教派和宗派）、伊斯兰教（逊尼派和什叶派）、印度教（至少有四大主要教派）和犹太教（保守派和改革派），这些仅仅是各种独特的宗教团体的开端，它们都有自己的制度。这些区别甚大的宗教仍在不断分化，坚守自己神圣的制度和信仰，它们的存在并没有将世界联合起来。

还有一些社会制度，如艺术团体、娱乐团体、教育团体、科学团体、新闻团体和媒介团体，它们之所以会变成世界性的，大都是因为通信革命和美国的领导。CNN、《纽约时报》《经济学家》、BBC、谷歌、因特网、智能手机和脸书都是一些已经国际化的制度。音乐世界：交响乐团、电视、卫星广播、世界音乐巡演、苹果手机、DVD、摇滚乐、乡村音乐、爵士乐、电子音乐，也是一个例子。博彩业、足球、高尔夫、棒球、网球、橄榄球都是国际化的竞赛；奥运会是一种几乎所有国家都会参与的重要的世界性社会制度，世界各地的人们可以通过观看电视而感同身受。事实上，电视转播的超级碗竞赛可以将全世界的注意力都聚集在同一场比赛中。诺贝尔的各种奖项，和平奖、化学奖、经济学奖、物理学奖、医学奖，都是让人们受到尊重的重要方式。人们可以通过电影、书籍、报纸、广播、电视和计算机来交流新闻、信息、历史、对事件的分析、对生活的不同观点。与世隔绝变得绝无可能；世界的教育制度越来越趋于一致，学生们可以转学到世界上任何一个地方；学科领域也是越来越相似，院士和科学家正在不断地交流他们的研究和著作。

有一些重要的世界制度对世界统一做出了贡献，其中最明确也是最强大的制度就是经济制度。相比之下，政治制度和宗教制度的国际化程度则要低很多；其他一些制度则继续保持国家的或社会的属性，但随着时间推移，它们也在逐渐变得普通起来。冲突、恐惧和自身利益让世界范围的军事制度愈发变得不可能。不过，如今也有一些世界性制度正在飞快发展，如核能、国际公约、国际犯罪合作、国际环境组织。世界性的制度将会日益涌现，我们只需假以时日。

是否忠诚于一个世界社会？

社会上的行动者会有一种公民的感觉，他们需要有一定程度的忠诚与忠心，即一种能将他们的身份铭刻在社会上的机制。社会的存在远不止是规则和惩罚的力量；一般情况下，都是互动和社会模式鼓励了它的存在。这是否是说,有一种对世界社会不断增加的忠诚和对全世界所有人类的忠诚?是否有一种观点认为个人应该对全世界负责?是否有一种不断涌现的世界公民的潮流?也许富裕阶层会有人这么做;但对绝大多数人来说,传统的社会、本地的团体和国家才是他们忠诚的对象;忠诚于一个世界社会不太现实。人们不太可能会去为了一个抽象的人类而放弃民族国家或传统社会。在一个巨大的世界社会中看来,这一观点太过遥不可及,太奇怪,也太没有安全感。

只有结构的相互依存、文化的一致和确定的制度,才能逐渐带来对一个世界社会的忠诚,这不是交流、财富、贸易和斗争可以办到的。虽然没有对一个世界社会的忠诚也可能有互动发生,但那并不是一个真正的社会。

亚历山大大帝追求一个世界社会,波斯人、罗马人、基督徒和蒙古人、伊斯兰人、天主教会、英国人、纳粹德国和苏联也都有过同样的追求;原教旨主义者如今也在追求它,有时美国似乎也在干着同样的事情;资本家则在经济舞台上追求它。

但任何一个世界秩序的联合都不可能从帝国中崛起,而是会在社会互动、现代技术、经济的相互依存、广泛传播的通信中出现。任何联合的出现都是自下而上而非自上而下。事实上,是不断的互动将我们凝聚在一起,只有随着社会结构、文化和社会制度的不断发展,我们才有可能组织起一个世界社会。只有身为世界公民的感受,才能将我们与一个世界社会联系在一起。我们也许与一个世界社会的出现还有漫长的距离,但限制一个世界社会出现的因素则是:对变化所抱有的持续的恐惧,对传统、本地团体、社会、国家和社会运动的信任,对放任自由资本主义的批评,以及对一个国际政府的害怕。

全球化是否对世界有益？

一种积极的理解

全球化的捍卫者争辩说，每一个人，包括那些目前还没有从资本主义所产生的财富中获益的欠发达社会，都会通过工业化和资本主义有所收获，最终民主文化和民主政府将会逐渐主导整个世界。贯穿19世纪和20世纪，许多西方社会都展示了"现代化"这一信仰体系，这是一种通过工业、个人主义和科学来看待经济和社会进步的观点。现代化、资本主义和全球化三者相互影响。技术、更高的生活水平、更多的受过良好教育的（也许更加民主的）中产阶级会给所有社会都带来好处。人们相信，全球化会给每个人都带来机会，它会帮助我们制止疾病、贫困、褊狭和暴君。随着时间推移，社会就会变得民主，这一目标的达成不是简单地通过投票选举，而是通过尊重个体、鼓励自由、限制政府权力和引入更多机会。

全球化的捍卫者并不相信只有富人才能从中获益，相反，他们认为每个人都会得到好处。那些拥有企业或生产货物的人能有更大的销售市场；那些购买货物的人能够改善他们的生活水平；那些有机会去工作的人能对他们的未来抱有更加乐观的看法。更好的教育、更完善的医疗、舒适的住房、更多的选择对每个人来说都是唾手可及。人权的范围扩大了，恐惧减少了；压迫大众的传统通过揭露、谴责和改变得到限制或根除。由于各项政策正在协同合作，正在逐步国际化，所以人们也就能以更合理的方法去处理大面积的贫困、人口爆炸、能源滥用、全球变暖和环境破坏。

通过接触多种多样的文化，个体有希望变得知识渊博，有能力去理解自身与他人之间的不同，能够更加宽容和尊重自身文化之外的事物。吉登斯认为这就是为什么全球化对原教旨主义者来说很危险的原因所在，因为它"潜伏在民主扩张的背后"（Giddens，2000）。因特网让数以百万计的人们能够反对不公平、收集信息、组织运动来消除严重的问题。如果某些社会违反了劳工标准，它将会受到有组织的反抗；如果公司继续破坏环境，一场世界范围的反抗就会对那些需要承担责任的人采取行动。许多国际性的社会运动和志愿者群体，如绿色和平组织、国际仁人家园、无国界医生、国际特赦组织、救世军、红十字会，以及数千私人和公共群体，都在改变着人们的观点，都在乐善好施，都在产生影响变化。教育家、科学家、牧师、社会工作者、心理学家和商人都乐于与那些能够有所收获的人分享他们的各种技能。全球化让人们知晓世界上存在的各种严峻问题，启发人们对此采取行动。全球旅行和媒体培养了人们的这种意识，全球互动则带来了组织和权力。

在对未来的看法上，一方面认为它是一种意识形态，一种针对西方社会和工业社会的剥削和保护富裕个体的借口；但在另一方面，它同样也是学者和乐观的政治领袖们打心里相信的一种理论，和对一个更加美好世界的希冀。"我们目前需要的不是一个反对邪恶的联盟，而是一个追求积极事物的联盟——一个减少贫困、创造更美好环境的全球联盟，一个创造更公平的全球社会的联盟。"（Stiglitz，2000）

一种批判的观点

现代化、资本主义和全球化带来的好处，可能比它们的捍卫者所声称的要复杂得多。除了经济，传统、共同体和价值观仍有很重要的用途。一个现代的、全球的世界社会的崛起,并不一定是其捍卫者们所许诺的。

全球化意味着变化,危险概率非常高,错误通常也难以挽回;每个人都深受影响。过去为了盈利而存在的大型的、官僚制的、非人性化的公司,如今正在做着会影响每个人的决定。于是问题也就变成,更少的个体能够做出会影响更多人的更多的决定。公司发展壮大、合并、歇业,会影响到全世界的工人和其他公司;为了更有效地进行竞争,他们会把办公室或岗位搬到其他社会。因而,当有一个新的国家提供了更廉价且更优质的劳动力资源时,这些公司就会再次搬迁,留下中间国家的工人处于失业状态。这些都是影响深远的变化,由于有很多人胜出或失败,而且这些胜出或失败的人无法控制自己的未来,因此任何建立民主制度的尝试都只能是空谈。

全球化对工人来说尤其艰难,不安全感和无助感也弥漫得更为广泛,因为人们必须按照在世界上另一个地方的少数人所做的决定来改变他们的整个人生。当然,这一现象从资本主义初期就开始了,但全球化则无限放大了这个问题。家庭、共同体、社会和国家的未来都取决于竞争性的工资、竞争性的技术和运气。就连那些在欣欣向荣的公司里工作的人也会发现自己失业了,只因世界上有另一个人干得比他们好而要价却比他们低。弗里德曼警告说,工作保障在全球化经济里并不被看重:"如果你是一个美国人,你最好擅长多愁善感的服务内容,因为任何能被数字化的东西都会被外包给更机灵或更便宜或两者兼备的生产商。"通过外包和在他国设厂,全球化已经"牺牲掉"美国的许多蓝领工作。服务性岗位也被外包出去,或者被电脑和受教育程度更低的专业人员所替代。全球化给工人造成了许多麻烦,他们成为这个巨大世界的无名小卒。罗宾逊(Robinson, 2007)总结了工人们（包括外来工人和城市工人）最终会变成什么样子："世界各地的全球精英和主流群体已经根据劳动力控制和劳动力减价这些新的压迫性体系，将新的资本－劳动力关系强加在所有工人头上。这涉及……劳动力贬值，包括转包、外包、有弹性的工作、去工会化、临时工制、非正式化、兼职、钟点工和合同工、稳定的全职工作的减少、救济金的损失、工资的缩水、更长的工作时间。"罗宾逊将工人描绘成"货物"，他们能够在"整个北美"像资本商品一样摆台销售，并"在此过程中彻底地去人性化了"。

全球化加剧了世界各国的专业化。中东生产石油，非洲提供自然资源，工厂建在中国和印度，银行开在美国和欧洲，这威胁到了那些不能独自取得成功的国家的处境；这是一种重要趋势。甚至美国的国防用品都卖到了海外，而且我们飞机的零部件也是在海外生产的。

虽然无人确知世界的社会结构最终会变成什么样子，但它却无疑将会分化成巨大的贫困和巨大的财富。悲观论者预见了体面工作的丢失；对穷人的不断剥削；一小群财富不断增加的亿万富翁；一个饱受教育、富有学识、充满才智的精英阶级；有远大抱负却毫无现实机会的人民大众。资本成为全球经济中的战争武器。在国际化的阶级体系下也可能有救助贫困社会的机会，但更大的可能则是，国际上流社会将会自由地控制他们的收入和投资，既无须交税也无须忠诚于一个社会或国家。我们可以称这个世界是资本主义的或者民主的或者自由的，但现实却可能会逐渐染上适者（或幸运者）生存的特点。其问题在于，利润胜过了健康的环境，利润胜过了工人，利润胜过了消费者，只要公司还能想到很多办法搬往世界各地，它们就不会关心共同体或社会里的人。使用税收的方法为人类提供服务，毫无疑问将会变得不再常见。

批评家认为"自由资本"和专业化不可避免地会引起经济波动。巨大的成功也会带来巨大的失败。投资掌握在少数人手里，既可能载誉而来，也可能遗憾而归。世界上一个地方的不稳定和不景气也会影响到其他地方，全球化增加了世界范围不景气的可能性。世界范围的经济危机、失业、新技术、人口迁徙、不断变化的市场和不断增加的公开竞争，意味着更大的危机和世界经济持续不断的起起落落。

随着经济变得全球化，国家政府不再能够调控公司和企业。全球化给公司提供了多种逃避环境监管、寻找廉价劳力、出售不安全或劣质商品的途径。从公司的角度来看，调控有失民主，效率太低，无法盈利。此外，犯罪也变得更加全球化，政府也更难应对。而且在全球化中还出现了新型犯罪：据中情局统计，每年约有2万人被当成性奴走私，约有"3万名妇女被走私到美国的血汗工厂或充当女佣"（Eitzen，2009）。犯罪也存在于网络上，在盗版DVD、赌博、黄色网站、毒品交易、诈骗犯和恐怖分子方面"有太多黑暗的危险角落和太少的法律与秩序"。

政治的全球化可能意味着更多的危机，可能会增加冲突与问题，而不是建立起一个和平的、民主的世界。主权国家的衰亡并不一定意味着世界上就会有更多的民主。更多的政治联合、威胁和恐惧，一个或几个超级大国，强大的公司和军队，残酷无情的个体和群体，甚至会比我们今天所面对的情况还要糟糕得多。有时候，在一种高度抽象的层面上，如果我们所有人都能心平气和地走到一起团结起来，那将会是再好不过。但在现实中却有太多证据表明，一个真正的世界政府不可能更好，而只可能更糟。终结世界上的多样化、终结我们对社会的承诺、终结我们不同的传统和各自的利益，并不意味着就会出现一个民主的世界社会。

许多全球化的批评者都将注意力集中在世界的"同质化"上。失去了色彩各异的多样化，我们只会生活在一个千篇一律的时代。不管你去哪里旅行，你都会发现一个整体的同一性几乎存在于每一个角落。麦当劳、星巴克、盖普、达美乐是我们传播到世界各地的品牌。当世界性的企业代替了本地企业，多样化就会大打折扣；一个城市的色彩和特点将会变成灰蒙蒙的一片。受到美国极大影响的流行文化如今遍布全球，音乐、舞蹈、玩具、食物、饮料、服饰、英雄、俚语、电影、艺术、文学、游戏和电视全都变得越来越趋于一致。

全球化也意味着世界范围的瘟疫和其他危险。飞机、火车、轮船、巴士、汽车（每种交通工具都能把人们集中在一起，让他们从一个国家去往另一个国家），也增加了出现灾难性的世界范围的可传播疾病的可能性。"HIV-AIDs 病毒自从 1960 年代从黑猩猩身上传播到人身上以来，全球已有超过 6 000 万人被感染。从 1970 年代中期以来，出现了三十多种新的疾病，造成上千万人死亡，其中包括 SARS、西尼罗河病毒和埃博拉出血热。"（Eitzen，2009）除了疾病，全球化还随之带来了不安全的食物、玩具和在一个地方生产的然后传播到世界各地的产品。

在世界上的自由迁移也刺激了恐怖主义的发展。我们赞不绝口的技术也让一小撮人就能轻易地谋杀上千乃至上万人，一个小规模群体或卧底根本不需要军队就可以恐吓整个人口。当专业化存在的时候，当人们的迁徙变得容易的时候，恐怖主义也能更轻易地取得成功。事实上，在一定程度上，全球化、现代化和资本主义也都成了恐怖分子的攻击目标。那些追求传统社会和那些批判现代社会的人都被怂恿去摧毁被他们视为威胁的事物。

小结　全球化和一个世界社会

朝着一个世界社会发展的趋势也许是不可避免的，特别是考虑到当今的社会互动、交流和经济活动情况；然而，存在一种趋势并不一定就意味着有一天一个成熟的世界社会就会变为现实。有些力量也在阻止全球化的不可避免性，让它变得不那么剧烈。

民族主义仍在和全球化竞争，人们仍在致力于从属于一个特定的国家或社会；许多社会也仍在追求国家地位。独立、地方团体、追求多样化的渴望正在限制全球化的成长；种族中心主义也限制了全球化。一个人的身份通常比经济利益更为重要。放弃或批评一个人自身的种族划分和国家根源，对很多人来说都是不容易做到的。

害怕变化也会带来反对全球化的行为并有可能降低它的加速。人们已经习惯于某些社会的经济、军队、政府、法律、制度和文化；通常很难去改变一个人已经拥有的一切，哪怕他或她所拥有的很少。社会模式倾向于坚持不变。

传统也限制了全球化。对许多人来说，科学发现、物质主义、急速变化和有效的组织都没有太大吸引力，一个民族的历史将他们拖离世界的发展方向。他们认为全球化是不正确的，既不是他们过去做事的方式，也不是他们的家庭、他们的上帝、他们的社区存在的方式。他们与家族中的村镇生活、农村生活、熟悉的行业紧密联系在一起，他们与亲手制造的工艺品而非现代技术制造的工艺品紧密联系在一起。

人事代理和社会运动同样限制了全球化。是全球化本身让个体和群体欢迎和反对全球化成为可能。许多右翼的国民警卫队员害怕和反对全球化，是因为他们害怕国家独立；许多左翼群体反对全球化则是因为他们害怕资本主义会盖过其他所有价值观。劳动力、宗教群体、少数族裔群体、女性群体、小企业组织，以及担心他们未来的中产阶级、工人阶级和弱势阶级，全都变成积极的全球化的批评者。

很难对全球化进行总结，但我仍然试着将其归纳如下：

- 资本主义和技术突破是经济全球化的基础。
- 经济全球化是全球化最为发达的一种类型。
- 全世界持续进行的社会互动是朝着一个世界社会发展的非常确定的趋势。
- 一种世界层面的社会结构已经高度发达。
- 一种世界文化并非不可避免，并不存在一种单一的世界文化。存在三种相互冲突的文化主题，每个社会都是这些趋势的一种个性鲜明的混合体。
- 虽然一些全球化制度已被创造出来，特别是在经济世界里，但科学的和国家的制度仍然保持繁荣。宗教、传统、历史、种族中心主义和不安全感都限制了全球制度的发展。
- 对一个全球社会而言，最严重的限制也许就是缺乏一种对世界的忠诚；我们大部分人仍然只忠诚于共同体、社会和国家。
- 全球化的捍卫者和批评者的态度都很坚决，因此很有必要客观地去理解双方。

思考题

(1) 你认为世界是否真的正在变成一个单一的社会?

(2) 你认为有一天会有一个世界政府吗?我们应该害怕它还是欢迎它?

(3) 联合国是一个值得我们拥护的国际机构吗?

(4) 你认为美国在经济全球化过程中是受益了还是受伤害了?

(5) 什么是资本主义?全球化是资本主义世界一种必然的结果吗?

(6) 从最根本上来说,全球化是否应该承担起对环境的责任?

(7) 由于全球化的影响,流行文化是正在同一化还是多样化?

[附录]

为什么学习社会学?

理解、质疑和关心

无知是福，这一说法也许是真的；人们应该抛弃他们在与别人的互动中拾获的谬论，这也可能是真的；不能直接产生实用价值的文科教育毫无用处，这也有可能是真的。

我并不相信上述任何一种观点，但我对它们却也思考颇多。

我相信大学应该是一个能让人们为其日后就业做好准备的地方，但学校也必须给学生提供一种能让他们更好地理解自身、社会、这个世界和这个宇宙的教育。如果大学教育的最终目标就是鼓励这种广泛的理解和驱使学生去思考、调查和仔细考察自己的生活与其所在社会的关系，那么社会学就是最重要的学科之一。

社会学的整体目标就是处理本书中提出的问题。它鼓励学生们仔细而系统地去学习他们生活中的一个方面，一个大多数人只会随意或偶尔进行批判思考的方面。社会学会让人们明白文化是什么，并意识到他们所相信的东西大都是其文化的产物。它会让他们明白，他们是出生在一个有着悠久历史的社会中；他们在社会中被排列了顺序，被指定了角色；最终，他们还会被告知他们是谁、他们应该想些什么和做些什么。它会让他们明白，他们所遵守的和通常情况下所接受的制度，并不是社会能发挥作用的唯一途径——选择总是会有的。它会让他们意识到，那些被他们认为有病的、邪恶的、有罪的人通常只是与己不同。它会让他们明白，他们所憎恨的那些人通常都是社会环境的产物，应该更有同情心地去理解那些人。

简言之，社会学的目的就是要让人们对他们的生活和他们的社会进行客观考察。这一过程会让人不太舒服，有时甚至会让人厌烦。当我在讲授社会学的见解时，我一直在问自己："为什么不放手让学生自己去做呢？"坦白地讲，对这个问题通常我都无法回答。既然我们是通过社会化进入社会的，为什么我们不能简单地接受我们在社会化过程中所相信的一切？如果人们相信谬论，对社会来说是否更好？让人们自行其是，对人们的幸福来说是否更好？

我经常回想起许多人所声称的大学教育的主要目的是什么：人文学。对我来说，人文学应该是"自由的"。大学教育应该是让人自由的，它应该通过教育人们理解他们所身处的囚笼来帮助个体逃离监禁的束缚。我们应该读文学，懂艺术，学社会学，旨在冲破那些社会的捍卫者对我们的蒙蔽，攀上一个新的高度，让我们能从一个更公正的角度去看待社会。最后，社会学也许是学术界最有自由潜力的学科：它倾其所能让个体去坦然面对他们的观点、行为和存在。一旦我们将社会学引入生活，我们也就不再是从前的自己。生活会被仔细审视。真理则会变得更具不确定性。

社会学与民主

民主的意义

正如你可能意识到的，自由与民主相互关联。民主显然是美国人所声称的一种理想，但它通常并未得到明确的界定和深入的探索。不过，社会学则探索了民主，它提出了极少有人会去考察的问题——关于民主在这个或任何一个社会的可能性的问题。对很多人来说，民主仅仅意味着"多数人的统治"，我们经常肤浅地认为，只要人们去投票站投票，民主就已建立起来，大多数人就会进行统治。但事实上，民主远不止是多数人的统治，多数人的统治也远不止是投票站的存在。

民主极难获得。没有哪个社会能变得完全民主，极少有社会能在民主的进程上取得很大的进展。杰出思想家托克维尔在1831年周游了美国大部分地方后写下了《美国的民主》，他相信美国的民主正在蓬勃发展，未来具有极大的潜力。托克维尔也指出了我们的许多缺点（其中最重要的就是奴隶制的存在），但他相信，我们仍有可能比世界上其他任何一个社会都拥有更民主的未来。托克维尔所做的就是考察我们社会的本质：我们的结构、文化和制度，然后展示了我们社会的哪些特质能够鼓励民主的发展。例如，他指出了以下几种特质：我们愿意加入会影响政府的志愿组织、强烈的地方纽带和对中央政府的极少需求。虽然自从托克维尔那个年代以来情况已经发生了巨变，但其持续不变的重要性就在于，它提醒了我们：民主社会很难建立，某些社会条件可以让它成为现实，某些社会模式则会支持它的持续存在。与此同时，托克维尔也写道，民主转瞬易逝。

民主也很难进行界定。每当我试图界定民主时，到头来我通常只会列出四种特质，它们描述了一个完整的社会，而不是那个社会里的政府。虽然并非每个人都认同它们是一个民主社会的基本特质，但我认为它们给我们提供了一个很好的出发点。（1）**一个民主的社会是一个个体的思想和行为都是自由的社会**。人们控制着自己的生活。在社会鼓励自由的情况下，我们可以称之为一个民主的社会。（2）**一个民主的社会是一个政治和经济权力受到社会中所有人限制的社会**。那些在政府中任职的人既不能随心所欲地做他们想做的事，也不会受到拥有巨大财富或组织权力的少数人的控制；相反，投票、法律、人们各种各样的组织（代表每个人的利益）和宪法有效地限制了他们的权利。在政府和大型的经济、军事、宗教及其他社会组织被限制了它们对社会和对人民的权力的情况下，我们称之为一个民主的社会。（3）**一个民主的社会是一个人类差异得到尊重和保护的社会**。人们普遍认同，不管大多数人的爱好是什么，都应该为那些不同于大多数人的个体和少数群体保留某些权力。多样化得到尊重乃至鼓励。在个人主义和多样化都得到尊重和保护的情况下，我们可以称之为一个民主的社会。**（4）一个民主的社会是一个所有人都有平等机会过上一种体面生活的社会。**特权不是遗传的，法律面前人人平等，人人都有受教育的机会、取得物质成功的机会、得到社会中被认为重要的一切事物的机会。在真正平等的机会存在的情况下，我们称之为一个民主的社会。

以上四种特质组成了这里所描述的民主的定义，但它们只是一些尝试性的描述，人们应该对它们的相对重要性进行辩论。有些人可能会认为其他特质更重要，还有人则可能会认为只有其中几种是必要的。这里我只是想要列出在我看来行得通的、能够指引我去评价美国和其他社会是否是民主社会的特征。

但民主远不止是允许人们参加投票选举这样的孤立行动。民主要想取胜，生活在社会中的人们就需要一种民主的文化，一套人们愿意遵守的信念和规则。对我来说，民主是一种哲学，它不是从美国《独立宣言》、美国宪法、法国《人权宣言》和林肯的葛底斯堡演说中衍生而来，而是从众多的法律、备忘录、演讲、文章、政策、书籍、法庭决议和条约中得来的。在我的观念中，没有哪个社会可以称得上是一个完美的民主社会；但我认为，社会的结构、文化和社会制度需要这些原则进行引导。当然，这一点也是极难办到的。

如果你现在回头再看本书，你就会发现民主是本书中一个占据主导地位的主题。由于社会学的焦点集中在社会组织、社会结构、文化、制度、社会秩序、社会阶级、社会权力、社会冲突、社会化、社会变化、宗教和相互依存的世界上，所以社会学必须继续考察那些与理解一个民主社会相关联的话题。除此之外，由于社会学批判考察了人们和他们的社会,所以它鼓励人们进行思考,一种对人们在一个民主社会里生活和工作来说必要的思考。如果你再一次细读本书中的问题和思考,民主的主题就会跃然而出。也许会有人争论说,社会学的研究就是对理解和生活在一个民主社会的相关问题的研究。但就像接下来我将会指出的,情况远不仅仅如此。事实上,本书中所写的一切都暗示着如何去理解民主社会,理解它的发展、它的可能性、它的局限性和它的未来。

社会学:理解民主社会的一种方法

本书尝试通过提出问题来介绍社会学,然后对它们做出社会学家应有的回复。在试着解答这些问题时,我意识到每个问题都与如何理解民主社会相关联。下面是我的一些想法。

一开始我们讨论了人类的本质、社会化和文化。对人类的本质提问题就是在对一个民主社会的可能性提问,一个民主社会就是一个建立在社会中稀缺特质上的社会:尊重个体差异,妥协,关注不平等,关注自由的缺失。用社会学方法来研究人类,虽然没有假定任何固定的特质,但它却是倾向于将人类视为生活在一种对他们身上许多最重要特质的形成负责的社会环境里。一个社会容易培养出特定类型的人和特定的社会环境,鼓励这种或那种价值观、道德观和做事方法。顺从、控制人类、暴政、追求纯粹的自利都可能受到鼓励;即便这样,自由、尊重他人所拥有的权利、约束政府和平等也会得到鼓励。对一个人来说,能过上民主生活的可能性和限制性,是社会学对文化、社会化和人类本性问题进行研究的一部分。

那些对社会进行思考的人不可避免地会考虑到社会秩序这一核心

问题：我们允许在社会中存在多大程度的自由和个性，或者说社会中已经存在多大程度的自由与个性？那些赞成更大程度的自由的人偶尔可能也会猜想，社会中真的会有有意义的自由吗？只要有社会存在，在不破坏其背后秩序的情况下，我们能鼓励多大程度的自由？是否存在任何限制？如果有的话，我们怎样才能发现它们？如果民主社会也需要为其付出代价，这些代价又是什么？那些害怕混乱和社会崩塌的人则可能会问：个人应如何感激社会？这样的问题真的很难回答，但社会学这门学科已经对它们进行了研究；它们能够推动那些认真思考的学生在秩序与自由之间找到一种精妙的平衡。人们常常打着秩序的名号主动放弃自由，人们常常声称太多的自由让他们看起来一点也不关心社会的持续存在。社会学家研究了这些问题，并推动学生一再对这个遗传自所有社会的困境进行反思，特别是那些自称有着民主传统的社会。涂尔干提醒我们，没有社会就没有自由，因为统治必须先于自由而存在。那么问题又来了：多少人统治？需要多少自由？对那些偏好民主的人来说，没有比这更为根本的问题了；对社会学这门学科来说，也没有比这更为核心的问题了。

　　社会秩序问题也将我们引至两个问题上：国家由什么组成？社会由什么组成？这些问题貌似与民主关系不大，实则相互关联。那些主张民主的人很容易偏向多数人统治，但任何国家想要形成尊重其边境内所有社会的权利则要困难得多。国家是一个政治实体，统治着一个或多个社会。如果它是民主的，这个国家就不是简单地统治这些社会，而是需要对它们的需求和权利进行回应，包括从真正的政治代表到体面的生活水平；如果它是民主的，这个国家面临的问题就不是我们是否可以将这个社会塑造成一个主导的社会，而是我们怎样才能创造一个许多社会共存的秩序；如果它是民主的，这个国家就必须平衡每个社会对独立的需求和对维护社会秩序的需求。作为一个社会的整体意义,以及与其相关联的秩序和独立问题,都是社会学(和民主)的重点关注所在。

社会力量对人类的控制这一问题,恰好将社会学置于民主所关注的范围内。社会学上的大部分内容都在质疑存在大量自由的可能性。民主教育人类能够并应该为自己着想。但社会学的大部分目的都是为了向我们揭示,我们的思想和行为是由我们的社会生活创造的。虽然我们可以声称我们的观点和行为是自己的,但实际上它们都是来自于我们的文化、我们在社会结构中所处的定位、我们的社会制度、我们的社会化和社会控制。就连宣称"我们是民主的!"也不过是意识形态的一部分,一种被我们接受的夸张的说法,因为我们是各种社会力量交织作用的牺牲者。社会学让民主看起来就像是一个不可企及的梦;某种程度上,一个人对社会学了解得越是深入,想要实现民主看起来就越发困难。但重要的一点是要记住,社会学也试图揭示自由是怎样成为可能的和必要的。社会学将自由与理解联系在一起:除非一个人理解了我们受到控制的各种不同方式,否则他绝无可能自己进行思考或自由选择行动。比如,只有当我看到我提出的"作为一个人"的概念如何在社会里逐步形成,我才能独立于社会进行思考和行动;只有当我明白无所不在的广告已经培养了我的审美和价值观,我才能后退一步控制我自己的生活。它带来的是相对的自由:绝对没有完全自由的社会、完全自由的行动者和完全自由的行动——只有不同程度的自由。从社会学视角来看待自由,它会变得更加复杂、困难和有限;同样,它也让民主本身看起来变得更加复杂、困难和有限。

对社会不平等的研究,可能是社会学的核心切入点和理解民主社会可能性的首要问题。社会的本质看起来就是不平等的,有多种力量促成并加剧了不平等。事实上，甚至是在我们的群体和我们的正式组织中也存在巨大的不平等。为什么？它为什么会出现？它对民主暗示了什么？如果社会上充斥着财富和权力的巨大不平等，自由的思想和自由的行为又如何能在它的人群中得到推广？如果一个社会只有一少部分精英主导着政治决策，投票选举又有何用？如果大部分人都因为贫困而需要耗费所有精力去勉强维持生存，他们的自由在哪里？他们影响社会方向的机会在哪里？他们改善自己生活的权利又在哪里？如果社会上充斥着性别歧视，对那些受害者来说，他们又怎么可能享有民主？和其他任何视角所不同的是，社会学让我们意识到，阻挡在通往民主社会道路上的诸多问题，都是有关社会不平等、经济不平等和政治不平等的问题。

这一对社会不平等的关注，使得许多个体超越政治领域去理解民主。一个民主的社会不仅要求受约束的政府，同样也要求受约束的军队、受约束的上流社会、受约束的公司和受约束的利益群体。受约束的政府也许能给个体带来自由，但它可能只是给社会上的经济精英创造了更多不受限的权力，进而产生一种对个体自由更加无情的专制统治。社会学因其研究主题是社会而扩大了我们关注的范围，不但从政治制度方面研究了个体，还从许多权力来源方面研究了个体；这些权力确实限制了真正的民主并控制了我们大部分的思想和行动。

民主的精神关注所有人的福祉；它尊重生活，看重个人权利，鼓励有质量的生活，为所有人寻求公正。社会学研究社会问题并解决了许多问题，但在本书中我们主要关注与人类苦难有关的问题。许多人都过着悲惨的生活：贫困、犯罪、糟糕的工作、受剥削、自我价值缺失、压力、受压迫的制度、具有破坏性的冲突、不充分的社会化和各种各样的异化。这些问题远非人类的生物基因所致，也不是个体行为者的自由选择所造成的。通常来说都是一些社会的东西导致苦难的发生。虽然社会学——或一个民主的社会——不可能让世界摆脱这些问题，但是理解它们、提出相应的建议、找到解决它们的办法，则是两者共有精神的一部分。如果大多数人继续过着悲惨的生活，民主就是肤浅冷漠的。

种族中心主义与民主又有何关系？社会学的核心关注点与理解和生活在一个民主社会是否有关系呢？种族中心主义不可避免，某种程度上甚至是必要的，但它却是通过对民主的基本原则（尊重人类的多样性和个性化）采取一种敌对的态度，来看待自身文化和他人文化的一种方式。宣称我们的文化比他人的文化要优越，就是不尊重地对待他人的文化，拒绝接受他人的现状，认为每个人都必须像我们一样。这样的观点很容易引发暴力冲突和战争，并为歧视、种族隔离和剥削提供借口。社会学挑战我们，要求我们以一种小心谨慎的态度去对待种族中心主义；我们必须明白：它是什么？它的起因是什么？它是如何发挥作用的？对种族中心主义的理解将会挑战我们提出这样的问题：我对他人的评价是否只是基于自身的文化使然？它们是建立在一些更可靠的标准（如民主的标准）之上的吗？我的评价是否是狭隘的和不宽容的？它们是经过审慎思考得出的吗？即便如此，对种族中心主义的理解也不允许我们在不对我们的评价进行严格质疑的情况下就对与我们有差异的人做出评价。社会学和民主是推动我们去理解人类差异并在谴责这些差异时需要谨慎行事的两种视角。

我们还考察了社会变化和个体的影响。这些讨论也对关于民主的许多我们习以为常的"真理"发出了挑战。社会学家认为，个体作为变化的发出者，作用并不大。如果民主意味着个体对社会的发展方向握有重要发言权，那民主就真的只是一种幻影。但若说社会学教会了我们任何与民主相关的变化的事情，那就是，只有在权力基础上刻意而为的变化才会成为可能。如果民主想超越书面的存在，那些渴望社会发生变化（朝着更多的自由、受约束的政府、机会的均等和对个人权利的尊重）的人们就必须联合起来，在权力的基础上展开行动，并承认现有政治制度通常是与他们为敌的。而且我们还应记住，我们的努力也可能会带来意料之外的变化，甚至可能失去我们现在所拥有的一切民主。社会变化是复杂的，它取决于社会权力且很难按照我们预想的方式出现。社会学家会考察在一个民主社会里有意识的社会变化的可能性，并排除每个社会在面对真正的社会变化时所设立的种种障碍。

宗教和社会也与民主有着密切关系。宗教与民主的价值观是否一致？随着宗教在全球化的影响下发生改变，我们的个人主义是否会让宗教共同体成为不可能？如果宗教是烙印在过去的真理，那么怎样才能有足够的思想和行动自由呢？如果一些更传统的社会受到一种强势宗教的主导，民主还能繁荣发展吗？事实上，这些相关问题要求我们反思民主的先决条件，以及这些先决条件会怎样对宗教产生意义。社会学家会考察传统、现代化、宗教与民主之间的复杂关系，强调民主并不会主动发生，只有通过创造重要的社会条件，民主才能存在。

全球化如今正在影响民主的未来。资本主义与民主之间的关系是什么？什么趋势在引领我们朝着一个世界社会发展？它是否会给更多的人带来更多的机会、尊重人类差异、减少暴力、增加合作和民主的政治机构？还是说它会带来更大的不平等、个性的丧失、文化的同一化、源自全球政治制度的世界范围的暴政、巨型公司和超级富翁？劳动者权益、工作前景、贫困、多样化、移民、政府、自由、暴力、合作、人类价值观和社会权力，等等，这些都是全球化强调的诸多要点，它们都涉及民主，它们也是社会学研究和教学的对象。

对我们通过文化所学到的知识进行评价和批判，只是民主的精华的一部分。一个民主的社会应该是一个人们能够对他们所相信的事物进行理性争论的地方。只有通过仔细调研，人民才能追求真理，才能对真理进行概括、分类、理解，抛却成见，抛却自身傲慢的驱使。思想和言论自由（这是一个民主社会最基本的支柱），只有当人们生活在一个各种观念能够相互碰撞、证据得到评估、"真理"永远向质疑开放的社会，才有可能存在。科学和民主的原则是相似的。在这一点上，没有哪门学科能比社会学做得更好。

社会学不止是对民主的研究

行文至此可能会有读者问了："难道社会学所包含的内容不是应该比研究民主更多吗？"上面我展示了本书十堂课都可以民主为主题组织起来。这对我来说很重要；当然，我们也应该讨论其他一些主题，因为对许多社会学家来说，民主可能是一个太过狭窄的话题。

任何对理解秩序、法律、道德、犯罪、顺从和偏常感兴趣的人，都会从社会学视角获得灵感。社会学家想要理解犯罪的意义、犯罪的起因、犯罪的后果和对待犯罪的方式。法律与社会一样，也是社会的产物；因此，理解各种各样法律的起源和功能，以及法律本身，都是社会学的一个重要部分。从社会学视角对警察、法庭、监狱、缓刑和假释进行的研究，对那些想要理智地理解这些问题的人来说极为重要。一个有秩序的社会不是自发的；正如许多人在过去十年中所学到的，社会也有可能受到威胁、变得混乱、毫无法纪和犯罪丛生。社会的秩序（建立社会秩序的尝试、无序的威胁、政府及各种个体和群体发动的恐怖主义行动、内战和国家间的战争）是社会学中一个占据主导地位的主题。因此，许多社会学家都会争论说，社会学的首要目的就是研究社会秩序。

我们每个人都生活在一个社会的世界中，传统非常重要。当我们慢慢老去，我们的传统就会受到下一代人的挑战；曾被我们视为说一不二的事物，如今只不过是人们的一种选择。在我的生活里，我曾不得不逼着自己去理解不断变换的男女角色，以及性传统、音乐、艺术、工作、民族国家、宗教、教育、政府的角色等方面发生的变化。我也曾不得不接受高等教育中发生的广泛变化，从放弃黑板、使用PPT到承认电脑和网络学院的作用。我们都生活在一个不断变化的世界中，世界各地的人们都在受到变化的影响。变化对大多数人来说都很难接受，所以我们会尽力捍卫已经取得的事物不会发生任何变化。那些志在指引变化的社会运动，对我们许多人来说都会成为正义的来源，但对另一些人来说就是邪恶的来源。对每一个体、每个群体、每个共同体和每个社会来说，变化一直都是人们所担心、讨论、欢迎、为之努力和试图阻止的事情。对许多人来说，社会学的首要目的就是理解社会变化。

几乎所有人都想认为我们所相信的东西是真的。但我们所受的教育和拥有的经历则质疑了这一观念；过去我们认为是真实的东西，如今已不再真实。理解现实、意识到追求真理过程中的困难，以及我们通常容易接受非真理的事物，都是我们经常要面对的重要问题；特别是我们当中那些看重发现新观念的人，几乎总是会习惯性地遭遇这些问题。谁在向我们展示"真理"？谁会从这些"真理"中获益？科学的视角是什么？它是否在揭露"真理"？在我们所信奉的"真理"中，文化的作用是什么？社会学并不否认真理的存在，而且它还向我们展示了我们的社会生活、我们的社会互动、我们的社会组织、我们的社会在塑造我们认为什么是真理的过程中发挥了多么重要的作用。对我们大部分人来说，社会学真正潜在的主题就是，尝试对我们自己和我们的社会进行批判性的、分析性的理解。它是理解和质疑那些对我们进行社会化的人的一种尝试。

我们生活的这个社会强调身体大脑、人类本质、DNA 和生物学因素的作用。如今，我们很容易忽视社会，然而，任何一种对事情起因的平衡看法都必须处理社会和社会化呈现给我们的各种力量。我们很难对社会进行研究，因为它不像其他实体一样具有物质存在。但不对我们生活中的社会角色进行理解，就会遗漏我们作为人的最重要特质的来源。不管我们对人类的生物学情况有多么了解，那一因素都不会将人类与其他动物区分开，尽管后者会像狗和羊一样被克隆。在一定程度上人类也可被克隆，但他们仍将保持彼此不同。每个人一出生就会受到来自生物学的影响，但是很快，随着与他人互动，加之他们置身于一个特定的共同体和社会中，他们也就逐渐获得了自己独特的社会历史，并学会了使用语言、自我和心智去决定自己的价值观、目标、思维和方向。不管我们出生时的智力如何，都会有许多不同的使用 [智力] 方式；不管我们出生时的天赋如何，都会有许多可能的表现方式。不管我们出生时具有什么样的智力和天赋，它们都是在社会中培养出来的，受到社会的鼓励、忽视或阻碍。根据社会学家的说法，一直到我们死去的那一天，我们才有可能忘掉社会、社会问题、社会化、社会制度、文化和社会结构。任何想要理解人类的人都必须理解社会，这在许多社会学家看来才是社会学关注的焦点。所以对许多人来说，社会学就是研究人类社会本质的学科，它承认社会本身就是人类的本质，也是促成人类变化的主要起因。

社会中的每一代人都会面临属于他们自己的危机,对我们的子孙后代来说也是同样道理;但想要区别和预测这些危机却有很大难度。社会学家努力尝试去找出即将到来的这些危机的起因和后果,并提出了许多建议好让个体能够很好地进行调整,进而让社会缓和这些危机,好让人们的生活变得更好。在我看来,如今美国面临三大危机:体面工作的大面积衰落、服务于绝大多数人的体面教育的衰落,以及那些自认为担负着使命不惧使用恐怖暴力去完成使命的个体给许多人造成的日益增加的破坏性。当然,在每个人眼中,未来的危机都不一样。有些人认为危机就是现代化本身,是权威的终结,或者是世俗生活的持续;另一些人则认为危机是宗教在政治领域的持续影响、人们隐私的失去、种族不平等、日益加剧的贫困、性剥削,或者是不断恶化的性别不平等;还有一些人则将危机视为家庭、政府、宗教和经济制度的不断衰败。但几乎每一种我们可以辨认的危机都与社会的运作相关联。理解、描述、解释、预测和缓解社会问题,对许多学习和使用社会学的人来说,绝对是社会学的本质。当然,政治科学、经济学、心理学和文化人类学,以及优秀的小说、哲学、艺术和新闻,它们也都能告诉我们许多知识。但对许多社会学家来说,社会学的核心仍是*理解、描述、解释、预测和缓解社会问题*。而这也就是学生们发现社会学有意思和有价值的主要原因所在。

所有人的一生都是在社会关系中度过的,他们拥有社会历史,加入许多群体和组织。我们的生活完全是社会性的,如何确立关系、交流、合作、分享、爱、互动、谈判、彼此理解、一起玩耍和工作、成立家庭、睦邻友好、进入企业、建立友谊、参与冲突和协商——所有这些都是构成社会和社会生活的核心所在。这也是我们大多数人每天体验社会的方式:通过与学校、社区、企业、大街上、网上遇到的人进行社会互动和在世界上其他地方旅行。作为一门研究和教授人们与周围其他人各种互动方式的专业学科，对许多社会学家来说，实际上主导整个社会学的就是对社会互动和人类关系的研究。

每次我加入一个新的群体或组织时，我都会问一个问题："谁是这里真正掌权的人？"我读研究生时的专业是政治社会学，我在课上教授的也经常是社会权力。所以我对"社会权力"尤为敏感，它是大多数人都认为他们知道但又无法定义的一种概念。我同样也意识到，几乎没有人能够理解它在每一段社会关系中所起的普遍作用。我深受英国哲学家罗素言论的影响：社会科学说到底是对社会权力的研究。

在米尔斯的《权力精英》和1960年代及1970年代诸多研究的启发下，我开始研究在我们的社会中作为权力所在的公司，它会影响雇员、政府、社区和世界经济。米尔斯意识到在我们的历史中有三大核心权力，每一个时代都见证了其中之一登上成功的巅峰：有时是总统的政治权力，有时是那些掌管主要大公司的经济权力，有时则是那些控制武装力量的军事权力。苏珊娜·凯勒（Suzanne Keller）关于现代社会中精英作用的书籍让我印象深刻，她区分了在美国相互争夺控制权的七大精英阶层；我还研究了托克维尔、利普赛特、罗斯对美国多元民主可能性的描述，以及多姆霍夫对处在社会最顶层的一个强大的传统的社会阶级的描述。我的毕业论文讨论了权威在社会中的作用，我也逐渐对人们能够成功行使权力的方式产生了兴趣。在我作为社会学家的大半辈子生涯里，我最感兴趣的就是权力。我意识到，任何对社会的分析，如果缺少对社会权力的理解，就会失去所有社会生活中都会包含的一个极其重要的方面。家庭生活、公司生活、政治生活、经济生活、社会阶级和社会制度的创造和维护，都有一种强大的社会权力的因素在里面。马克思将社会描绘成一个由有钱有势者为了他们自身利益所建立的系统；韦伯认为合法权力是社会秩序的本质，他预言了官僚主义将会在20世纪创造出人类历史上前所未有的强大的政府和军队。米歇尔斯则描绘了权力精英如何不可避免地出现在每个组织里。我意识到，那些将美国称为民主社会的人，是那些无视与社会权力相关的问题、拒绝将贫困视作无能为力或是在不触及它的权力结构的情况下描绘家庭生活的人。社会学中很重要的一点就是对社会中的权力进行研究。如果我们忽视了人类组织中权力的普遍重要性，学生们也就永远不会了解有组织的生活是什么了。

当我在图书馆里看到我以前读过的书籍和我曾经认为重要的章节，我会觉得社会学关注的焦点就是阶级不平等。关于阶级的研究和理论几乎贯穿每个主题。对社会学家来说，美国和世界上的所有发展趋势都与阶级结构有所关联。外包、工会权利减弱、计算机化、高等教育中不断变化的模式，它们之所以对美国社会非常重要，原因就是它们会影响阶级，而阶级的变化反过来又会影响我们的社会最终会变成什么样子。社会学家逐渐认识到，中产阶级的数量和权力无疑存在一种下降趋势。贝鲁奇和威索在《新阶级社会》中认为，我们已经分化成了一个"两个阶级"的社会：一个是"特权阶级"（占总人口的20%），另一个是"新工人阶级"（占80%）；这两个阶级又可进一步细分为五个小的阶级：处于顶端的是一个占总人口1%～2%的"超级阶级"，处于社会底层的则是一个占总人口10%～15%的"被排除的阶级"。他们在书中描绘了这种阶级结构，强调中产阶级的衰落，旨在考察这种新的阶级结构对社会的各个方面意味着什么。还有两本佳作，一本是埃里克·莱特的《阶级很重要》，另一本是斯坦利·阿罗诺维茨的《阶级怎样发挥作用》，它们都强调了各个阶级之间的权力关系。这三本书提醒了我，社会学就是对社会阶级的研究：它的根源；它在生活机会和生活方式上所造成的结果；它与政府、宗教、教育、犯罪和健康的关系；它的未来；它的历史；它的功能；以及它在社会变化中的作用。

我也相信社会学可以鼓励人们去关心：关心那些处于劣势地位的人、那些受压迫被剥削的人，以及那些犯罪者和受害者。它对我们理解为何会有恶事发生、为何公平会被忽视很重要。在对个体行动者的研究中，社会学总是会分析社会背景，所以我们也就很少会去责备那些成为牺牲品的人。在这背后隐藏的观念就是：一些人比另一些人更加幸运；而不是：社会是一个公正的体系，好人会得到奖励，坏人会得到惩罚。在社会学的视角内还存在这样一种信念：如果我们能够理解让一个特定社会变成现在样子的那些力量，我们就能做得更好。我过去经常告诉我的学生，社会学就是进行仁慈的"社会互动"。一个人若是忽略了社会在创造无人应得的状况上所起的作用，也就不可能真正理解社会学视角。对我们许多人来说，关心并不仅仅是去理解，它已变成我们社会学视角的一部分。所以我们许多人都相信，社会学就是去理解和关心那些被遗忘在诸多社会福利之外的人。

| 小 结 |

每个社会学家都会对"社会学是什么？它为什么如此重要？"持有不同见解，每种不同见解也都会有一个不同的侧重点。在如何挑出两到三个我赞同的侧重点上，我真是绞尽了脑汁，这是因为这些侧重点都是合乎逻辑的。我将社会学作为对民主的研究来进行的讨论，在本书前几版中看起来是非常正确的回答，直到一位批评家善意地提醒我，他认为

社会学远不仅仅是对民主的研究。虽然直到现在我仍然相信民主是一个占据主导地位的主题、一种总结社会学是什么的方法，但在列举了其他那些形式多样的主题之后，我也意识到它们都是言之有理的；如今我愿意承认，如果我们想要理解社会学是什么和我们能获得什么，它们必须被赋予同等重要性。

1. 社会学是关于民主的研究。
2. 社会学是关于社会秩序的研究。
3. 社会学是关于社会变化的研究。
4. 社会学是关于我们自身及社会的批判分析研究。
5. 社会学是关于人类社会本质的研究。
6. 社会学是理解、描述、解释、预期和缓解社会问题的尝试。
7. 社会学是关于社会互动和人类关系的研究。
8. 社会学是关于社会权力的研究。
9. 社会学是关于社会阶级的研究。
10. 社会学是关于理解和关心那些被遗忘在社会的诸多福利之外的人的研究。

社会学是一种非常宽广有趣和多层面的专业视角。那些逐渐理解和使用它的人会投身其中一个或多个主题。只用一种方法去描述它，很难满足那么多学习社会学的人心目中关于社会学的含义。而回到标准的定义上："社会学是对社会的研究"，又会错失许多社会学家在其生活中所感受到的奇妙之处和激动人心之处。

思考题

(1) 我们可以从社会学中学到的最重要观点是什么?

(2) 社会学是否是一门大学必修课?

(3) 民主是否是一个值得我们为之奋斗的好的社会方向?

(4) 什么是民主?

(5) 社会学视角是否会对个体或社会造成伤害?

(6) 一位大学校长可能会怎样回答这个问题:"社会学重要吗?"

[后记]

我们是否应该对人一概而论？

概化、分类、成见和社会科学的重要性

在全书的后记中，我想讲述一下人类对真理的追求，以及在追求真理的过程中人类所遇到的困难。同时我也会讲述什么是客观性、什么是好的思考和坏的思考，以及如何去理解和评价人们。我在后记中所讲的内容触及社会科学是什么的核心；在某些方面，它将我们带回了本书第一课中所讨论的科学这一问题上。这是一个值得认真思考和辩论的重要问题，对它的处理关乎根本。可以说，这也是本书中我觉得最难写的一章。

实际上，它是隐藏在关于人类的几乎每一次讨论背后的一个主题。每当我们试图去理解人们（所有人、一些人或特定某个人）的时候，它都秘不可见；而不论何时我们想要给他人贴标签，或者是别人想要给我们贴标签时，它又会不期而至。它是每一次关于偏见、美国生活的本质、俄国人、中国人、男人、女人、年轻人、自由主义者的讨论中都会包含的一部分；在这些讨论中，通常都会涉及想要对人们进行分类的尝试。这一问题突出了一个几乎我们所有人都会遇到的冲突：我们通过对他人进行分类去理解他们；然而，每当他人试图对我们进行分类时，我们却又会大声反对他们这样去做。"我就是我。我与其他任何人都不一样！请按照我的实际情况来对待我。不要以为我像任何类别的人！"

科学家会对自然进行分类并会对自然界中的事物进行推理概括。社会科学对人类也做了同样的事情，这是否有利于促进人与人之间的理解呢？它是否会激发我们的成见并让我们不近人情地去对待那些与我们不同的人呢？这就是我们在后记中所要考察的问题：我们是否应该对人一概而论？

分类和概化

分类和概化对人类所具有的重要性

社会学是一门社会科学,所以它对人们及其社会生活进行了推理概括:"经济结构和政治结构中的顶层位置更有可能被男性而非女性所占据。""一个人越有钱,就越有可能投共和党的票。""美国黑人生活在贫困中的可能性要高于白人。""美国社会是一个种族隔离社会。""和其他工业社会一样,美国社会也有阶级体系,超过75%的人从生到死都待在同一个社会阶级里。"

但是,这样的概括经常会给我造成很多麻烦。我知道社会学家必须了解人类,必须对他们进行概括,但我也会问自己:"这样的概括有价值吗?我们难道不应该把人作为个体来进行研究和对待吗?"我所在大学的一位英语教授,因为向他的学生做出了下面这样的解释而出了名:"你不应该概括人们——因为那等同于成见,每个人都知道受过教育的人不该有成见。每个人都是一个个体。"(具有讽刺意味的是,这一评论本身就是对人的一种概化。)

然而,我越是深入考察情境,我就越是意识到所有人都在进行分类,都在进行推理概括。几乎是每一天,在每一种情境下,我们都在重复这样的行为。事实上,我们在这个问题上别无选择。"玻璃打碎了很危险。"我们知道"玻璃"是什么,"危险"意味着什么,"打碎"又是什么,这是我们在所碰到的情境下所运用的分类,以便我们能够明白该如何采取行动。我们根据过去的经历做出推理概括。"感冒的人会传染,除非我们想感冒,否则我们就不应离他们太近。"在此我们正在概括"那些得感冒的人""人们怎样患上感冒""我们应该怎样对待身边得感冒的人"。事实上，我们使用的每个词语都是一种概化，都是一个指引我们行动的指南。现实情况就是，我们无力挣脱对我们的环境进行推理概括，这是我们作为人类的本质和力量的一个方面，这是语言对我们施加的结果。有时我们的推理概括会相当准确，有时也会毫无根据。但实际情况却是，我们几乎随时随地都在进行推理概括。因此，"我们是否应该对人一概而论？"这并不是一个有用的问题，因为我们毫无选择，一个更好的问题应该是："我们怎样才能更好地对人进行推理概括？"

社会科学的整体目标就是实现对人类准确的分类和概化。事实上，几乎所有专业追求的目标都涉及学习、理解和发展准确的分类和概化。

这里我们可以停下来考虑一下其他动物。多数动物都是受本能驱动或简单的条件反射的作用，按照特定方式对周围环境做出反应。例如，当一条小鲦鱼在水中游动时，突然碰到一条饥饿的大鱼，大鱼立马就会感应到那条小鲦鱼的存在并一口将其吞下。大鱼能将这一类刺激与别的刺激区分开，这样无论何时，一旦有与其一模一样或相似的东西出现，它就会立马做出反应。鲦鱼是一个具体的、可以立刻被感知到（被看到、被嗅到、被听到、被触摸到）的物体；所以在一定范围内，大鱼很容易就能分辨出像鲦鱼这样的物体并排除不同的物体。当然，一个带钩的诱饵也会欺骗鱼儿上当——一个小小的认知错误就会葬送自己的生命。

人类跟鱼和其他动物不一样，因为我们有词语可以指代环境中的物体和事件。这使我们可以去理解环境，而不是仅仅做出反应。通过使用词语，我们能够找出更多区别，能够更容易地将知识从一种情境应用于另一种情境。我们对直接物理刺激的依赖程度就更少了。例如，我们开始了解鱼是什么、乌龟是什么、金鱼是什么，以及鲦鱼、小虫、诱饵、船是什么。我们阅读和学习所有鱼类的共同特质是什么，如何区分鱼和鲸鱼，以及不同鱼之间的区别是什么；我们学会了如何捉鱼，我们能够将我们所学的东西应用在某些鱼而不是另一些鱼身上。我们开始理解所有鱼的行动：碧古鱼、大碧古鱼、大的雌性碧古鱼。我们中的一些人决定去研究痛楚，我们试图找出是否所有鱼都会感觉到痛楚，是否有一些能，有一些不能。这样一来人类就并非只对环境简单地做出反应，而是还会给环境贴上标签，研究和理解那一环境，对该环境中的各种物体进行分类和次分类，然后不断地试着将他们在特殊环境中所学到的分类进行总结。通过理解一种分类，我们能够发现一些重要的、细微的异同之处，而对那些无法用词语进行分类和推理概括的动物来说，这都是不可能办到的事情。

概化能让我们将在别处学到的知识应用在不同的环境中，去理解其中的事物。当我们走进一间教室，我们知道"老师"是什么，然后我们就会给站在讲台上的那个人贴上"老师"的标签。根据过去的经验，我们知道，老师会给学生打分；对我们即将在那个教室里学到的知识，他们通常知道的要比我们多；他们比我们受过更加正规的教育；他们经常会用考试来检验我们是否学到了他们认为重要的东西。我们可能也会学到老师们通常都是和蔼的（或严厉的）、敏感的（或不敏感的）、专制的（或民主的）；或者我们可能与老师有过很多不同的交往，一个特定的老师是否符合这样的标准将会取决于那一特定个体自身。如果我们最终判定某位老师是专制的，我们就会看到一位"专制的老师"，并将我们过去对这类老师的认知应用到现在。

这是一种非比寻常的能力。我们能够推算出在我们所处的情境里该如何行动，因为通过应用我们过去学到的相关知识，我们能够理解我们在这里所遇到的许多事物。这让我们能够在各种情境下采取理智的行动，其中有些情境甚至与我们过去经历过的相去甚远。如果我们保持坦诚的心态和自我反思，我们就能评价我们的概化到底是充分的还是薄弱的，并且当我们从一种情境进入另一种情境时，我们还能改变我们的认知。

但对我们绝大多数人来说，真正的问题在于，我们的概化通常既非深思熟虑而来，也远非准确无误；而且有时我们还很难意识到这一点并加以改变。实际上，我们的概化经常会阻碍我们的理解，特别是当我们在对人类进行推理概括时。

为了更好地理解人类的行为，以及他们的行为又是怎样招致麻烦的，我们先来更仔细地看一下什么是"分类"和"概化"。

分类的意义

人类会对他们所处的环境进行分类；也就是说，我们会从我们的环境中孤立出一块，将那一块与环境中所有其他部分相区别，给它起个名字，将特定观点与它联系到一起。我们的那些一块一块的（分类）都来自互动，它们是社会创造的。我们讨论我们的环境，我们用在社会生活中学到的词语对它们进行分类：生命体、动物、爬行动物、蛇、毒蛇、响尾蛇。分类是被创造出来的，一旦我们理解了它们，我们就能将所遇到的情境中的事物进行对比。我们能在环境中做出区分的数目会不断增多；不仅是名词能代表分类（男人、男孩），人称代词（他、她、她的、他们）、动词（跑、走、听）、副词（慢、快）和形容词（衰弱的、强壮的、有智慧的、有志气的、乐观的、已婚的）也都能代表分类。实际上，几乎每个词语存在的目的都是将它的意义应用到一整个系列的例子中——去概化它的意义。我们在学校和社会上所学习的大部分内容,其目的都只是尽可能去理解各种不同的分类所代表的意思,其中就包括理解组成这些分类的各种特质,以及与它们相联系的观点。

通过了解关于人们(一个分类)的知识,我们逐渐意识到"所有人"都拥有一些特定的特质,其中有些是他们与其他动物所共有的(细胞、大脑、生殖器官),另有一些看起来则是独一无二的(我们的DNA、对语言的依赖、立体的视觉、良知)。我们明白,人们可以被划分成年轻和年老、白人和黑人、男人和女人、单身和已婚。我们大多数人都很清楚男人是什么,女人是什么。在被问到的时候,我们也会解释哪些人是同性恋和异性恋。我们并不只是简单地去识别那些属于或不属于其范畴的物体,我们还能通过描述我们相信属于那些适合和不适合事物的特质去理解分类。我们可能会说男人有阴茎,任何年满70岁(或65岁或60岁)的就是老人,老师是那些传递知识的人,人类是拥有灵魂的动物,等等。

我们经常会对这些定义争论不休;我们对它们理解得越是透彻,这些定义就越是会变得复杂。但分类和定义在我们所有人的生活中都是一个不可或缺的部分。只有具备了这些,我们才能以一种错综复杂的方式去分割我们的环境。我们看到一个物体,判断它是什么(即,它属于哪一类),由于我们对该分类有所了解,所以就能将我们已有的知识应用在那一物体上,进而使得我们在许多不同情境下都能采取恰当的行动。

对所有人来说,对他们的环境进行分类、定义和理解都是必要的。(这一表述本身就是一个对所有人的概化。)如果我们坦诚地对待自己,我们就会意识到,我们已经创造和学习了上千乃至上万种分类,所以在看待周围发生的事情时就会用到它们。生物课的目的就是给生命体进行有用的分类,以便我们能够更好地理解它们是什么——它们相互之间何其相似,它们与非生命体有何不同,它们彼此之间又有何不同。音乐家、艺术家、棒球选手、政治领袖、学生、父母、科学家、骗子和警察——我们所有人的生活都是以我们在与他人的互动中所学到的分类为基础,对我们的环境进行假设。

角色是我们用来理解我们所遇到的情境的一种类别,它是人们对处于某一社会情境中某一定位的行动者的一整套期望。如果你是售票员,我会期望你让我出示我的车票;如果你是剧院里卖糖果的雇员,我会期望你问我是否要买些糖果;如果你是看电影的观众,我会期望你保持安静;如果你是诊所接待员,我会期望你告诉我什么时候我可以看到医生;如果你是护士,我会期望你问我一系列问题;如果你是医生,我会期望你尊重我的身体。我们对他人和对自己的每一类角色期望都是将人们进行分类的一种尝试。它可以帮助他们明白该做些什么;它也可以帮助我明白他们将会做些什么,我因此应该做些什么。这些期望是我们生活中不可或缺的一部分。

概化的意义

类别是我们注意到并区分出来的我们环境中的一个独立部分。随着我们通过具体事例来理解这一类别,我们就将这一类别与一些特质联系了起来。我们得出了一些能够应用于其他事物的普遍的想法、区别、起因、作用和各种信息,来适应这一类别(以及那些并不匹配者)。我们看到鸟儿筑巢就假设所有鸟儿都用树枝来筑巢(但不包括知更鸟和麻雀)。我们继续观察,然后注意到有些鸟儿不用树枝而是用其他一些物品来筑巢，于是我们就会明白，有些鸟儿是用泥土来筑巢，有些鸟儿会寻找能够满足需要的洞穴或者干脆就鸠占鹊巢。更多时候，概化是观察和向他人学习的混合物：我们了解到有钱人经常开大奔，警察通常都会随身带枪。在对一个类别进行推理概括的基础上，我们就能预测符合那一类别的未来的事件。当我们看到一个有钱人，我们期望看到他开着一辆大奔（或者是价钱与大奔不相上下的豪车）；当我们看到一个警察，我们则期望看到他身上别着一把枪。这就是概化的意思所在。

概化描述了一个类别。它是一种表述，描绘了包含在那一类别中的事物，界定了它们与其他类别的相似及不同之处。"受过教育的人就该这样！"（和没受过教育的人相比。）"这就是有钱人为了将他们的特权传给其子孙后代所做的事情。""这就是美国总统的共同之处。""这就是天主教徒所信仰的。"

我们很快就会看到，概化有时超越了对类别的描述。它会解释为什么一种特殊的特质会得以发展。换句话说，对一个类别的概化通常都会演变成一种对起因的陈述。"犹太人在社会事务上是自由的，因为他们在欧洲社会中处于少数族群的地位。""美国总统是男性，因为……""有钱人会送他们的孩子去上私立学校，因为……""工人阶级的孩子能够进入上层阶级的很少，因为……"

因此，人类会用词语对他们所处的环境进行分类。在观察和学习的基础之上，他们会对哪些特质与哪些类别相关联形成自己的观点，他们同样也会得出为什么那样的特质会得以发展的观点。描述属于这一类别的特质的观点，以及解释为什么那些特质会存在的观点，就是我们所说的概化。

成　见

每当涉及人的时候，概化就很难做得理想。这主要是因为我们太过主观臆断。我们所做的推理概括很容易变成去评价（谴责或表扬）他人的目标而不是去理解他人的目标。一旦我们这样做了，我们也就掉入了成见的陷阱。

成见是一种特定的分类。它是具有以下特质的一种分类和一套概化。

1. 成见是判断性的。它的特点不是试图去理解，而是试图去谴责或表扬某个类别。它会做出价值评判，带有强烈的情感偏好。它并不是对差异的简单描述，而是在对那些差异进行道德评价。人们会因其各自所属的类别而被判断为好的或坏的。例如："穷人都是懒鬼。""男人没一个好人。""如今的学生都是一群骗子。"蠢货、疯子、异教徒和肥猪是我们安在一些人头上的名称，在这些充满情绪化的名称下，我们很难真正去理解他们。

2. 成见倾向于是一种绝对的分类。也就是说，那些包含在该类别中的人与被排除在外的人之间有着极其严格的区分。人们很少认识到这一类别只是帮助我们理解的一个指南，而在现实中这一类别中的许多个体（甚至大部分个体）都不属于任何概化。例如："男人都是专横的。""女人都是有同情心的。""政治家都是不诚实的。""所有有道德的人都是基督徒。""黑人都是穷人。"

3. 在观察者的心目中，成见倾向于以一种类别掩盖所有类别。一个人所属的其他所有类别很容易被忽视。成见将人类视作简单的、单向度的，只属于一个类型。事实上，我们属于各种不同类别。一旦假设一个人属于一个特定的类别，那就会是人们对他的所有了解。例如："他是个同性恋，因此他过着一种同性恋的生活。""她是个女人，因此她对那个男人一定很有吸引力。""他是个教徒，因此他肯定不会去犯罪。"不管一个类别有多么精准，我们仍要记住我们是众多类别复杂的混合体，这一点尤其重要。毕竟，谁是一个离过婚但又是一个才华横溢的黑人诗人？谁连大一都没读完？谁是一个浸礼会教徒、双性恋、有三个孩子和四个孙子？在这当中，哪一个类别最重要呢？当我们带着成见去看待他人时，这就是一个在情感上对我们很重要的类别，但对该行动者来说却不一定如此。

4. 成见并不会随着新证据的出现而改变。一个人一旦接受了一种成见，与之相关的类别和观点就会深深地扎根在其头脑中，持有这一成见的人通常都不愿做出改变。成见一旦被人接受就会变成一个滤网，透过它，新证据被接受或反对。例如，"我认为学生们就是不再关心上大学——我毫不在乎你的研究结果是什么。"

5. 成见的出现并非刻意而为。它要么是从文化中学来并简单地被个体所接受，要么就是从不加批判地接受一些具体的个人经历中所生成。例如："政治家都是些官僚，他们只关心保住自己的职位。""胖人都没有意志力。我妹妹很胖，她总是吃个不停。"

6. 成见并不鼓励人们去寻求理解：为什么人与人会有所不同。它不是去寻求理解为什么某些特质会在特定类别的人身上表现得更为明显，而是不遗余力地去夸大和评价差异。通常有一个基本假设：人们这个样子是有原因的、这是他们本质的一部分、试着进一步理解这些差异的起因是没有意义的。例如，"犹太人就那样。""穷人就是很懒。""女人不知道怎么开车，她们就那样。"

成见是对现实过于简化而夸张的看法。它们对于那些喜欢对他人评头论足、喜欢谴责与自身不同的人来说特别有吸引力。成见一直被用作种族歧视、战争和种族清洗的挡箭牌。它们远非来自细心而系统的分析，而是来自有限的经验、道听途说和文化。它们非但不能帮助我们理解人类，反而常会阻碍我们对他人获得准确的理解。

通常很难将成见与一个准确的类别区分开来，最好的办法可能也就是将成见与其对立面视为一个连续体的两个极端。在现实生活中，大部分类别都不会绝对准确，但也并不完全就是成见的例子；因此，我们对成见的程度应该有清醒的认识。

成　见	准确的分类
判断性的	描述性的
毫无例外	存在例外
包罗万象的类别	众多类别之一
拒绝新的证据	随着证据而改变
没经过细心创造	细心创造而来
对起因不感兴趣	对起因感兴趣

最后一点：成见是主观臆断的。它们的本意是用来简化人们，以便我们知道哪种类别的人是好人、哪种类别的人应该避而远之或受到谴责。这是成见与偏见之间的联系。偏见是对某种类别的人持有的一种态度，这种态度会让该行动者去歧视那些属于那种类别的人。类别其实就是一种成见（主观臆断的、绝对的、重要的、固执的、文化的、对原因不感兴趣的）。当一个带有偏见的行动者确认了一个属于该类别的个体时，他就会认为他所设想的都是真的，他会不喜欢该个体并会做出负面回应。一旦他或她以一种负面态度对待该个体，就会出现一种现成的辩护：成见（"我歧视他，因为他就是这个样子！"）。

成见是对现实的过分简化处理，它既是偏见的必要组成元素，也是对其合理化的必要元素。不幸的是，成见通常也是对那一类人的一套角色期望，那些受到负面评价的人在此影响下也会相应地评判他们自己。

社会科学：对成见的回应

创造关于人们的分类进而做出明智的推理概括是很难做到的，除非我们一直为此不懈努力。大学教育的很大一部分就是教会学生如何去揭露成见和批判评价成见，以便能更好地理解现实。每门学科都会以自己的方式教育学生要慎重对待分类和概化。

因为本书主要关注社会学和社会科学的视角，因此我想向大家揭示，社会科学是如何通过仔细考察关于人类的准确分类和概化，让我们摆脱了成见。社会科学是一个具有高度条理化的探索过程，旨在质疑许多我们不加批判就接受的成见和概化。当然，社会科学之路永远都不会是平坦的，其间也会有许多谬误的例子，甚至是伪科学得出的成见，或者是科学家对自身偏见不够敏感所得出的成见。因此，对我们来说重要的是要意识到，虽然科学家在试图准确描述现实的过程中偶尔也会犯错，但整个社会科学的全部主旨和精神却是要尽最大限度控制个人的偏见，揭露对人们所做出的毫无根据的假设，并尽可能客观地去理解现实。以下是社会科学用来对人类达成准确分类和概化的一些方式：

1. 社会科学努力不去评判不同类别的人。 我们承认，绝对不能用概化和类别去谴责或表扬他人，而是只能将其作为一种理解的指南。

对他人产生成见就是强调他们身上一些我们不喜欢的特质，或者强调他们身上那些跟我们相似受到我们欢迎的特质。说一类人是懒惰的就是对他们产生成见，说一个群体的失业率高于其他群体就是细心的推理概括；说一个群体富得流油或穷得叮当响就是一种成见，说一个群体的平均收入高于其他群体就是细心的推理概括。在成见和对人们的概化之间很难划下一条清晰的界限，但总体来说，这两者具有不同的目的：推理概括只为理解他人；而成见则是将理解抛置一旁，为了对他人采取一种立场——通常都是一种负面的立场。成见会阻碍人们去理解现实。

我并不是宣称人们就不该对人的分类做出有价值的判断。我们所有人都有自己信奉的价值观，当我们与人互动时，我们必须考虑到这些价值观。我会试着与有暴力倾向的人保持距离，我会试着改变种族歧视者和性别歧视者，我会对抄袭的学生和不尊重雇员的雇主做出判断。但这些判断必须是谨慎而明确地得来的（公开的），只有在分类和概化是从一个旨在理解的过程中发展出来的之后。理智的社会科学会将对人们做出有价值的判断与理解人们区别开来，因为如果两者同时进行，其不可避免的后果就是成见。也许谴责他人的某些特质是有道理的，但这一做法必须建立在客观分类而非成见之上。也许学生的学习目的之一就是，学会做出有根据、有价值的判断。

2. 社会科学中的分类和概化极少是绝对的。社会科学家一开始就会做出假设：很难对人们进行推理概括，每一次我们这样去做，都有可能出现例外（通常会有大量例外）。从定义上来看，所有无神论者都不相信上帝，但除此之外，我们对所有无神论者就再无定论。然而，我们却可能会声称无神论者通常受教育程度更高（也有大量没受过教育的人），男性多于女性（有不计其数的例外），成长在无神论家庭（也有不计其数的例外）。经过对无神论者的仔细研究，我们可以梳理出对他们的概化，但除了他们都不信上帝这一点外，我们再也找不出一个所有人都符合的特质。对我们试图理解的每一类人来说，情况皆是如此：那些自杀的人，那些吸毒的人，那些虐待孩子的人，那些连环杀手和大学都没读完的学生。我们能够进行推理概括，但我们一定要小心，一定要在我们创造的每个类别中提前假定会有例外存在。

科学的概化应被当成一种可能性，而不是一种绝对论。例如我们可以说，年轻人中有不超过 10% 的人经常吸食毒品。而成见则不允许有例外，它在人们之间划下了牢固的、绝对的界线，假设这一类别中的每个人都具有该特质。（"如今的年轻人都是一帮瘾君子。"）声称"犹太人都有钱"是一种成见，宣布在美国的犹太人拥有所有宗教群体中排名第二的人均收入就是细心的推理概括。当平均数被用于对比时，我们必须留意概率：我们承认犹太人有各种各样的收入，只是他们的平均数比大多数人要高而比另一些人要低。某一犹太个体是否是有钱人并不是一个容易预测的问题：大部分犹太人都不是有钱人，许多人都是穷人（对"有钱人"这一概念必须进行仔细界定）。

理智的社会科学甚至会试图准确地区分一个种类当中实际上存在多少例外。我们会努力让例外变得更加准确：比如，1993 年有 11% 的白人是穷人（89% 不是），另有 33% 的黑人和 29% 的拉丁裔是穷人。我们不承认"如今每个人都在离婚"。相反，我们会说，"如果离婚率仍像现在这么高，那么在下一代人中，每两对结婚的夫妻中就会有一对离婚"（这就是约 50% 的例外相对于"每个人都在离婚"）。

3. 社会科学中的分类并不是理解个体的最重要因素。成见本身就是一种假设，即一种特定的类别必然会主导一个人的生活。我们可能会碰到一位年轻黑人、单身、男性、艺术家。对该个体来说，这些类别中的每一个角色都可能是重要的或不重要的。对一些人来说，作为男性或单身或作为一名艺术家并不是最重要的；对另一些人来说，重要的可能是作为一名黑人。对那些抱有种族成见的人来说，黑人这一身份就最重要。同性恋者可能生活在工人阶级的世界中，也可能生活在中产阶级的世界中；可能生活在商业世界中，也可能生活在专业世界中或艺术世界中；可能生活在城市社区里，也可能生活在乡村社区里；可能生活在宗教社区里，也可能生活在非宗教社区里。如果我们想要做到尽可能准确，我们就绝不应将人固定在一个种类中。

4. 社会科学想要通过细心地收集证据来创造分类和概化。 成见通常都是文化的；也就是说，它们是由周围人教给我们的，这些人把他们从别人那里不加分析所接受的或是根据个人经验所总结的进行了推理概括（通常都是范围极其有限的、不系统的、屈从于个人和社会的偏见，并且没有经过批判观察）。科学鼓励通过明确地描述概化应该如何取得来进行准确的概化。事实上，那些带有成见的人几乎都不知道他们的分类到底从何而来；通常当他们受到逼问时，他们会承认那是他们随意拾来的，或者是建立在有限的经验之上。另一方面，科学家则十分清楚他们的概化到底来自何处。他们通常都会提出一些证据，这些证据来自一些已经报道过并经过反复分析的研究。科学家（及大多数知识分子）都对概化的过程（观点是怎么得来的）抱有信念；而我们其余大部分人（通常都会带有成见）则极少会去质疑我们是如何得出概化的过程，相反，我们只是简单地予以接受。

5. 社会科学中的概化是不确定的和容易改变的，因为新证据会持续不断地得到检验。 另一方面，成见也在无条件地被人接受。一旦被人接受，成见就会让个体选择那些会不断强化该成见的证据；成见拒绝改变。当我们相信白人拥有比黑人更卓越的能力时，我们就会倾向于去留意那些支持该成见的个案。如果我们相信政客们都是些自私的官僚,我们就会倾向于忽视所有那些无私的、办实事的政治领袖。(注意:"政客"这一类别就暴露出这个人正在生成成见,而不是在进行推理概括,因为"政客"所蕴含的意思就是一些人不值得我们尊重。)由于成见的目的就是为了谴责或表扬一种类型的人,因此很难让它去评判证据。成见深深地扎根在观察者的头脑中,它带有一种情感偏向,那些与之相对立的证据是不可能被它接受的。

在社会科学里,随着新证据被不断发现,对一类人的概化就会发生改变,但最终的真理则从未被人触及。概化永远都是被视为理解他人的一种暂时的指南,而不是一种永恒的特征。

6. 科学家的目标不是分类本身;相反,科学家之所以会进行分类,是因为他们追求一种特定类型的概化:他们追求理解起因。在社会科学中,这意味着我们想要去理解:为什么某种类型的人往往具有某种特质?我们想要去理解精神分裂症的起因,但只有在我们了解了患有精神分裂的人的特点之后我们才能办得到。我们想要去理解:这类人跟其他人有什么不同?比如,我们追求理解为什么社会上会有贫困。首先,我们必须明白贫困是什么(即,我们需要描述那些被我们称为穷人的人的生活)。这些人所具有的共同点是什么,如果有的话?他们的生活跟别人的生活有着怎样的不同?然后我们会继续追问:是什么给他们带来了贫困?比如,有多少人来自贫困家庭?有多少人来自单亲家庭?有多少人是孩童?有多少人的职业技能已经过时?通过我们的研究,我们能否确定一些给这些大部分人或小部分人带来贫困的社会条件?这是社会科学试图去理解的内容。

那些带有成见的人通常则并不关心起因,他们认为单是类别本身就很重要。根据布朗(Brown, 1965)的研究结果,通常只需相信一个特定的特质就是他们的"本质的一部分",然后忽视它的起因,这就足够了。

为什么美国人的个人主义越来越强烈?为什么有的人大学毕业了有的人则没能毕业?为什么女性很难在美国人的生活中占据最高的政治和经济职务?为什么有些女性却能成功地攀爬到巅峰?为什么美国社会中有越来越多的人正在经历向下的社会流动?为什么年轻人的自杀率节节攀升?在以上每个例子中我们都能找到一种类别,我们会描述组成那一类别的人,我们会试着概化为什么一个特定的特质会在那一类别中存在。这是判断吗?不是。这对该类别中的所有人来说都是真实的吗?不是。这一类别是唯一重要的吗?不是。这一固定类别可以清楚而绝对地将一个群体与另一个群体区别开吗?不能。我们能否毋庸置疑地将一个概化视作真实的呢?不能。

| 小 结 |

社会科学有时也会遭到公众误解。请记住,我们中那些带有成见的人会找寻证据来支持我们的成见,而忽视所有对我们不利的证据。尽管社会科学足够细心,但科学家所发现的东西还是有可能被误用。比如,有证据显示,黑人在标准化智力测试上比白人做得差。对社会科学家来说,这是一个不确定的概化,它让人迷惑,需要做出更多解释。社会科学家想知道这是为什么并会去查找测试中任何固有的偏见和会造成这一差异的社会条件。但对种族歧视者来说,这可能又会是表明白人是更优等民族的证据并可能被用来强化这一成见。这就是为什么那些谨慎而客观的人(就像社会科学家一样)常会被那些为了支持他们的成见而夸大

和歪曲证据和理解的人所打败。

在我们忘记我们是从哪里开始进行讨论之前，让我再次提醒一下：

- 人类会进行分类。
- 我们会进行概化。
- 进行仔细的推理概括很重要；在对人们进行概化时，如果我们想要理解他们，就要尽力避免成见。
- 我们对人们进行概化的目的必须是试图去理解；我们的概化必须被视作只是特定人群中的一些趋势；它们必须被视作是公开的、不确定的概化；我们必须意识到我们是怎样得出我们的概化的，并要始终记住好证据的重要性。

概化必须尊重个体的复杂性；我们应该进一步去寻求理解为什么人与人之间会有所不同，并警惕那些对人进行简单分类只为指责别人的人。

作为成见的牺牲者，我们完全明白草率概化的危险性。对植物、岩石或星星的成见是一回事，对人的成见则是另一回事。当我们对人们抱有成见，我们的粗心大意就会在属于特定类型的个体身上产生负面效应。我们将他们置于一种不公平的弱势地位上，剥夺了他们作为个体的机会，在不准确的和我们不愿对自己的概化进行批判评价的基础上对他们进行判断。

就算我们中的有些人不是成见的牺牲品，我们偶尔也会大声呼叫："我是一个人！请不要将我分类。"我们是个体，没人跟我们一模一样。然而，如果我们是诚实的，我们就必须意识到那些不认识我们的人可能会被迫对我们进行分类；那些真心实意想要更好地理解人类的人可能也不得不为之。对我们来说，这并不是一个类别是否被精心创造的问题，这也不是一个该类别是否是正面的问题。如果我们是在找工作，我们会希望雇主能将我们分类成可靠的、工作卖力的、知识渊博的、聪明的，等等。事实上，在那种情况下，我们甚至会控制自身表现，这样我们就能影响他人将我们归入受欢迎的那一类："我很酷，我很聪明，我为人敏感，我运动细胞发达，我受过良好教育。"在给我的学生写推荐信时，我会将其归入好几个不同类别，这样收信人就能将他/她对那一类别的了解应用在该学生身上。一个医生可能会告诉人们"我是内科医生"，这样人们就会高度评价他或她这一个体。一个自称是拳击手的人是在告诉我们他很强壮；一个自称是摇滚音乐家的人是在告诉我们她很有天赋——很多情况下，即使我们被分类了，情况看起来也没那么糟。但对我们大多数人来说，负面分类都是我们竭力想要避免的。这种想法是有道理的，因为没人想被归入被人负面评价的一类，进而失去证明他或她作为个体的机会。

关于别人对我们的分类，以及运用他们已有的知识来理解作为该类别成员的我们，无论我们有何感受，事实都是，除了那些我们极为熟悉的人，人类只有通过分类和概化才能被人理解。如果我们认真谨慎地去做这件事，我们就能加深对他们的理解；如果我们草率任性而为，我们就无法达成理解，最终则会不合理地建立起价值判断，没有机会去了解作为个体的他们。

我们也不应该打着将所有人都当成个体来对待的旗号而抛弃细心的概化。正如每个人都值得作为一个个体来理解和对待一样，关于任何事物（包括人类在内）的知识都只有通过概化才会成为可能。HIV病毒会在性接触中通过体液传播，通过输血和吸毒被扩散开来——这是一个一旦被忽视就会导致死亡的概化；黑人的历史是一部充满由白人群体所主导的歧视的历史——这是如今想要理解美国社会中诸多重要问题的关键所在；美国社会中的上流阶级在政治、教育和法律体系上比其他任何一个阶级都拥有更多的特权——这是让个体对我们民主的局限性更加敏感的一种重要概化。以上概化既没有哪一个是绝对的、无法变通的或确定的，也没有哪一个意在谴责或捍卫任何一种类别的人。它们都不是成见。

社会科学，以及作为一门社会科学的社会学，都是分类和推理概括人类和社会的一种尝试，但它们采用的常常是一种更加仔细的方式。它的目的是反对成见；它意识到，对人们进行推理概括是必要的、不可避免的；但成见却不是如此。

如果我们必须进行概化，我们务必尽可能小心。成见非但不能达到目的，反而会阻碍理解，而且对我们对其抱有成见的人也没有帮助。

思考题

(1) "理解"某一事物的确切含义是什么？

(2) 如果一个人想要对他人进行理智的推理概括，他需要遵循什么原则？还是说，对他人进行推理概括本身就不是一种理智的行为？

(3) 一个人能否不带成见地去评判一个群体？

(4) 社会科学家若是做出过度概化，会带来什么样的危险？

(5) 一个诗人会怎样回答这个问题："我们是否应该对人一概而论？"一个心理学家又会怎样回答这个问题？

参考文献

第一课

Adorno, Theodor W., Else Frenkel-Brunswick, D. J. Levinson, and R. N. Sanford. 1950. *The Authoritarian Personality*. New York: Harper & Row.

Bales, Robert F. 1950. *Interaction Process Analysis*. Reading, MA: Addison-Wesley.

Berger, Peter L. 1963. *Invitation to Sociology*. Garden City, NY: Doubleday.

——. 1969. *The Sacred Canopy: Elements of a Sociological Theory of Religion*. Garden City, NY: Doubleday.

Berger, Peter L., and Thomas Luckmann. 1966. *The Social Construction of Reality*. Garden City, NY: Doubleday.

Clark, Candace. 1997. *Misery and Company: Sympathy in Everyday Life*. Chicago: University of Chicago Press.

Durkheim, Émile. [1893] 1964. *The Division of Labor in Society*, translated by George Simpson. New York: Free Press.

——. [1895] 1964. *The Rules of the Sociological Method*, translated by Sarah A. Solovay and John H. Mueller. New York: Free Press.

——. [1897] 1951. *Suicide*, translated and edited by John A. Spaulding and George Simpson. New York: Free Press.

Fine, Gary Alan. 1987. *With the Boys: Little League Baseball and Preadolescent Culture*. Chicago: University of Chicago Press.

Gelles, Richard J., and Murray A. Straus. 1990. *Physical Violence in American Families: Risk Factors and Adaptations to Violence in 8, 145 Families*. New Brunswick, NJ: Transaction.

Kanter, Rosabeth. 1977. *Men and Women of the Corporation*. New York: Basic Books.

Kozol, Jonathan. 1991. *Savage Inequalities*. New York: Crown.

———. 2005. *The Shame of the Nation: The Restoration of Apartheid Schooling in America*. New York: Random House.

Lynd, Robert S., and Helen Merell Lynd. 1929. *Middletown: A Study in American Culture*. New York: Harcourt Brace.

———. 1937. *Middletown in Transition: A Study in Cultural Conflicts*. New York: Harcourt.

Marx, Karl. [1845—1886] 1956. *Selected Writings*, edited by T. B. Bottomore. New York: McGraw-Hill.

———. [1867] 1967. *Das Kapital*. Vol. 1. New York: International Publishers.

Marx, Karl, and Friedrich Engels. [1848] 1955. *The Communist Manifesto*. New York: Appleton-Century-Crofts.

Mead, George Herbert. 1934. *Mind, Self and Society*. Chicago: University of Chicago Press.

Mills, C. Wright. 1956. *The Power Elite*. New York: Oxford University Press.

———. 1959. *The Sociological Imagination*. New York: Oxford University Press.

Myrdal, Gunnar. 1944. *An American Dilemma*. New York: Harper & Row.

———. 1969. *Objectivity in Social Research*. New York: Pantheon.

Phillips, Bernard S. 2001. *Beyond Sociology's Tower of Babel: Reconstructing the Scientific Method*. New York: Aldine de Gruyter.

Phillips, David P., and Gwendolyn E. C. Barker. 2010. "A July Spike in Fatal Medical Errors: A Possible Effect of New Medical Residents." *Journal of General Internal Medicine*, 25(8).

Sewell, W. H., R. M. Hauser, and D. L. Featherman. 1976. *Schooling and Achievement in American Society*. New York: Academic Press.

Stouffer, Samuel A., Arthur A. Lumsdaine, Marion Harper Lumsdaine, Robin M. Williams, William I. Thomas, and Florian Znaniecki. [1918] 1958. *The Polish Peasant in Europe and America*. New York: Dover.

Thrasher, Frederic. 1927. *The Gang*. Chicago: University of Chicago Press.

Weber, Max. [1905] 1958. *The Protestant Ethic and the Spirit of Capitalism*, translated and edited by Talcott Parsons. New York: Scribner's.

———. [1919] 1969. "Science as a Vocation." In *Max Weber: Essays in Sociology*, translated and edited by H. H. Gerth and C. Wright Mills. New York: Oxford University Press.

———. [1924] 1964. *The Theory of Social and Economic Organization*, edited by A. M. Henderson and Talcott Parsons. New York: Free Press.

Wilson, William Julius. 1987. *The Truly Disadvantaged: The Inner City, the Underclass, and Public Policy*. Chicago: University of Chicago Press.

第二课

Coles, Robert. 1977. "Entitlement." *Atlantic Monthly*, September.

Mead, George Herbert. 1925. "The Genesis of the Self and Social Control." *International Journal of Ethics,* 35: 251—277.

——. 1934. *Mind, Self, and Society*. Chicago: University of Chicago Press.

Spitz, R. A. 1945. "Hospitalism: An Inquiry into the Genesis of Psychiatric Conditions in Early Childhood," pp. 53—74 in *The Psychoanalytic Study of the Child*, edited by Anna Freud et al. New York: International University Press.

Sumner, William Graham. [1906] 1940. *Folkways*. Boston: Ginn & Co.

Weber, Max. [1905] 1958. *The Protestant Ethic and the Spirit of Capitalism*.

第三课

Durkheim, Émile. [1893] 1964. *The Division of Labor in Society*.

——. [1895] 1964. *The Rules of the Sociological Method*.

——. [1915] 1954. *The Elementary Forms of Religious Life*.

Hobbes, Thomas. [1651] 2010. *Leviathan: Or the Matter, Forme, and Power of a Common-Wealth Ecclesiasticall and Civill,* edited by Ian Shapiro. New Haven, CT: Yale.

Kerner, Otto (Chair), United States Commission on Civil Disorders. 1968. *Report*. Washington, DC: U.S. Government Printing Office.

Marx, Karl. [1845—1886] 1956. *Selected Writings*.

——. [1867] 1967. *Das Kapital*. Vol. 1.

Marx, Karl, and Friedrich Engels. [1848] 1955. *The Communist Manifesto*. New York: Appleton-Century-Crofts.

Olsen, Marvin E. 1978. *The Process of Social Organization*. 2nd ed. New York: Holt, Rinehart & Winston.

Parsons, Talcott. 1961. *Theories of Society*. New York: Free Press.

Shibutani, Tamotsu. 1955. "Reference Groups as Perspectives." *American Journal of Sociology*, 60: 562—569.

——. 1961. *Society and Personality: An Interactionist Approach to Social Psychology*. Englewood Cliffs, NJ: Prentice Hall.

——. 1986. *Social Processes: An Introduction to Sociology*. Berkeley: University of California Press.

Weber, Max. [1905] 1958. *The Protestant Ethic and the Spirit of Capitalism*.

——. 1969. "The Social Psychology of the World Religions." *Max Weber: Essays in Sociology*, translated and edited by H. H. Gerth and C. Wright Mills. New York: Oxford University Press.

Wuthnow, Robert. 1987. *Meaning and Moral Order: Explorations in Cultural Analysis*. Berkeley: University of California Press.

第四课

Bowles, Samuel, Herbert Gintis, and Melissa Osborne-Groves. 2005. *Unequal Chances: Family Background and Economic Success*. Brunswick, NJ: Princeton University Press.

Domhoff, G. William. 2010. "Wealth, Income, and Power." Retrieved September 15, 2010, from http://sociologyucsc.edu/whorulesametica/power/wealth.htm.

Michels, Robert. 1915 [1962]. *Political Parties*.

Noel, Donald. 1968. "A Theory of the Origin of Ethnic Stratification." *Social Problems*, 16: 157–172.

Perrucci, Robert, and Earl Wysong. 1999. *The New Class Society: Goodbye American Dream?*, 2nd ed. Landham, MD: Rowman & Littlefield.

Rousseau, Jean-Jacques. [1755] 1913. "A Discourse on the Origin of Inequality." *The Social Contract and Discourses*, translated by G. D. H. Cole. New York: Dutton.

Turner, Jonathan H., Royce Singleton, and David Musick. 1984. *Oppression: A Socio-History of Black–White Relations in America*. Chicago: Nelson-Hall.

Turow, Scott. 2002. *Ultimate Punishment*. New York: Farrar, Straus, & Giroux.

U.S. Bureau of the Census. 2006. *Current Population Survey, Annual Social and Economic Supplement*. Washington, DC: Government Printing Office.

U.S. Congress, Joint Economic Committee. 1986. *The Concentration of Wealth in the U.S.* Washington, DC: U.S. Congress, Joint Economic Committee.

Wolff, Edward N. 2010. "Recent Trends in Household Wealth in the United States: Rising Debt and the Middle-Class Squeeze—an Update to 2007." *Working Paper No. 589*. Annandale-on-Hudson, NY: The Levy Economics Institute of Bard College.

第五课

Baldwin, James. 1963. *The Fire Next Time*. New York: Dial.

Berger, Peter L. 1963. *Invitation to Sociology*. Garden City, NY: Doubleday.

Berger, Peter L., and Thomas Luckmann. 1966. *The Social Construction of Reality*. Garden City, NY: Doubleday.

Blumer, Herbert. 1969. *Symbolic Interactionism: Perspective and Method*. Englewood Cliffs, NJ: Prentice Hall.

Durkheim, Émile. [1895] 1964. *The Rules of the Sociological Method*.

——. [1915] 1954. *The Elementary Forms of Religious Life*.

Feagin, Joe R. 1975. *Subordinating the Poor: Welfare and American Beliefs*. Englewood Cliffs, NJ: Prentice Hall.

Freud, Sigmund. [1930] 1953. *Civilization and Its Discontents*. London: Hogarth.

Fromm, Erich. 1941. *Escape from Freedom*. New York: Holt, Rinehart & Winston.

——. 1956. *The Art of Loving*. New York: Harper & Row.

——. 1962. *Beyond the Chains of Illusion*. New York: Simon & Schuster.

Goffman, Erving. 1959. *The Presentation of Self in Everyday Life*. Garden City, NY: Doubleday.

Lukes, Steven. 1973. *Individualism*. New York: Harper & Row.

——. 2005. *Power: A Radical View*. 2nd ed. Oxford, UK: Palgrave Macmillan.

Mannheim, Karl. [1929] 1936. *Ideology and Utopia*. New York: Harcourt Brace Jovanovich.

Marcuse, Herbert. 1964. *One-Dimensional Man*. Boston: Beacon.

Mead, George Herbert. 1925. "The Genesis of the Self and Social Control." *International Journal of Ethics*, 35: 251–277.

——. 1934. *Mind, Self and Society*. Chicago: University of Chicago Press.

Mills, C. Wright. 1959. *The Sociological Imagination*. New York: Oxford University Press.

Thoreau, Henry David. [1849] 1948. "On the Duty of Civil Disobedience." *Walden: On the Duty of Civil Disobedience*. New York: Holt, Rinehart & Winston.

Weber, Max. [1905] 1958. *The Protestant Ethic and the Spirit of Capitalism*.

Whorf, Benjamin Lee. 1941. "Languages and Logic." *Technology Review, 43*: 250–252, 266, 268, 272.

第六课

Shibutani, Tamotsu. 1970. "On the Personification of Adversaries." *Human Nature and Collective Behavior*, edited by Tamotsu Shibutani. Englewood Cliffs, NJ: Prentice Hall.

——. 1986. *Social Processes: An Introduction to Sociology*. Berkeley: University of California Press.

Simmel, Georg. [1908] 1955. "Conflict." *Conflict and the Web of Group Affiliations*. Translated by Kurt H. Wolff. New York: Free Press.

第七课

Cooley, Charles Horton. [1909] 1962. *Social Organization*. New York: Schocken Books.

Durkheim, Émile. [1893] 1964. *The Division of Labor in Society*.

——. [1897] 1951. *Suicide*.

Fromm, Erich. 1962. *Beyond the Chains of Illusion*. New York: Simon & Schuster.

Kushner, Harold S. 1981. *When Bad Things Happen to Good People*. New York: Avon.

Liebow, Elliot. 1967. *Tally's Corner*. Boston: Little, Brown.

——. 1993. *Tell Them Who I Am: The Lives of Homeless Women*. New York: Simon & Schuster.

Marshall, Thurgood. 1979. Address delivered November 18, 1978. *Barrister*, January 15, p. 1.

Marx, Karl. [1844] 1964. *Economic and Political Manuscripts of 1844*. New York: International.

Marx, Karl, and Friedrich Engels. [1848] 1955. *The Communist Manifesto*. New York: Penguin.

Simmel, Georg. [1902—1903] 1950. "Metropolis and Mental Life." *The Sociology of Georg Simmel*, edited by Kurt Wolff. New York: Free Press.

U.S. Bureau of the Census. 1999. *Current Population Survey, March*. Washington, DC: Government Printing Office.

Weber, Max. [1905] 1958. *The Protestant Ethic and the Spirit of Capitalism*.

第八课

Durkheim, Émile. [1893] 1964. *The Division of Labor in Society*.

Marx, Karl, and Friedrich Engels. [1848] 1955. *The Communist Manifesto*.

Weber, Max. [1905] 1958. *The Protestant Ethic and the Spirit of Capitalism*.

———. [1924] 1964. *The Theory of Social and Economic Organization*.

———. 1969. "The Social Psychology of the World Religions." *Max Weber: Essays in Sociology*, translated and edited by H. H. Gerth and C. Wright Mills. New York: Oxford University Press.

第九课

Adams, E. M. 1993. *Religion and Cultural Freedom*. Philadelphia: Temple University Press.

Aldridge, Alan. 2000. *Religion in the Contemporary World: A Sociological Introduction*. Malden, MA: Blackwell.

Aron, Raymond. 1968. *Main Currents in Sociological Thought*. vol. I, Garden City, NY: Doubleday.

Bell, Daniel. 1980. *The Winding Passage*. Cambridge, MA: Abt Books.

Bellah, Robert N. 1967. "Civil Religion in America." *Daedalus*, 96: 1—21.

———. 1975. *The Broken Covenant*. New York: Seabury.

Bellah, Robert N., Richard Madsen, William M. Sullivan, Ann Swidler, and Steven M. Tipton. 1985. *Habits of the Heart: Individualism and Commitment in American Life*. Berkeley: University of California Press.

Berger, Peter L. 1969. *The Sacred Canopy: Elements of a Sociological Theory of Religion*. Garden City, NY: Doubleday.

———. 1970. *A Rumor of Angels: Modern Society and the Rediscovery of the Supernatural*. Garden City, NY: Doubleday.

———. 1992. *A Far Glory: A Quest for Faith in an Age of Credulity*. New York: Free Press.
Bruce, Steve. 1996. *Religion in the Modern World: From Cathedrals to Cults*. Oxford: Oxford University Press.
———. 1999. *Choice and Religion: A Critique of Rational Choice Theory*. Oxford, UK: Oxford University Press.
Durkheim, Émile. [1915] 1954. *The Elementary Forms of Religious Life*, translated by Joseph Swain. New York: Free Press.
———. 1972. *Selected Writings*, edited and translated by Anthony Giddens. Cambridge, England: Cambridge University Press.
———. 1974. *Sociology and Philosophy*, translated by D. F. Peacock with an introduction by J. G. Peristiany. New York: Free Press.
Fenn, Richard K. 2001a. *Beyond Idols: The Shape of a Secular Society*. Oxford, UK: Oxford University Press.
———. 2001b. "Editorial Commentary: The Sacred and the Profane." pp. 3—22 in *The Blackwell Companion to Sociology of Religion*, edited by Richard K. Fenn. Malden, MA: Blackwell.
Greeley, Andrew, ed. 1995. *Sociology and Religion*. New York: HarperCollins.
Lipset, Seymour Martin. 1994. "The Social Requisites of Democracy Revisited." *American Sociological Review*, 59: 1—22.
Marty, Martin E., and R. Scott Appleby. 1993. "Introduction: A Sacred Cosmos, Scandalous Code, Defiant Society." Part 1 in *Fundamentalisms and Society: Reclaiming the Sciences, the Family, and Education*, edited by Martin E. Marty and R. Scott Appleby. Chicago: University of Chicago Press.
Marx, Karl. [1845—1886] 1956. *Selected Writings*, edited by T. B. Bottomore. New York: McGraw-Hill.
———. [1867] 1967. *Das Kapital*. Vol. 1. New York: International Publishers.
Marx, Karl, and Friedrich Engels. [1848] 1955. *The Communist Manifesto*. New York: Appleton-Century-Crofts.
McNeill, William H. 1993. "Epilogue: Fundamentalism and the World of the 1990s." pp. 558—574 in *Fundamentalisms and Society: Reclaiming the Sciences, the Family, and Education*, edited by Martin E. Marty and R. Scott Appleby. Chicago: University of Chicago Press.
Stark, Rodney, and Roger Finke. 2000. *Acts of Faith: Explaining the Human Side of Religion*. Berkeley: University of California Press.
Weber, Max. [1905] 1958. *The Protestant Ethic and the Spirit of Capitalism*, translated and edited by Talcott Parsons. New York: Scribner's.
———. 1969. "The Social Psychology of the World Religions." pp. 267—301 in *Max Weber: Essays in Sociology*, translated and edited by H. H. Gerth and C. Wright

Mills. New York: Oxford University Press.

Wilson, Bryan. 1982. *Religion in Sociological Perspective*. New York: Oxford University Press.

Wolfe, Alan. 1998. *One Nation, After All*. New York: Penguin.

———. 2001. *Moral Freedom: The Impossible Idea That Defines the Way We Live Now*. New York: Norton.

第十课

Aronowitz, Stanley. 2003. *How Class Works: Power and Social Movements*. New Haven, CT: Yale University Press.

Domhoff, G. William. 1967. *Who Rules America?* Upper Saddle River, NJ: Prentice Hall.

Durkheim, Émile. [1893] 1964. *The Division of Labor in Society*.

———. [1895] 1964. *The Rules of the Sociological Method*.

Ehrenreich, Barbara. 2000. "Forward." pp. ix-x in *Field Guide to the Global Economy*, edited by Sarah Anderson and John Cavanaugh. New York: New Press.

Eitzen, D. Stanley. 2009. "Dimensions of Globalization," pp. 37—41 In *Globalization: The Transformation of Social Worlds*. Ed. D. Stanley Eitzen and Maxine Baca Zinn (eds.) 2nd ed. Belmont, CA: Wadsworth Cengage Learning.

Ferrante, Joan. 2008. *Sociology: A Global Perspective*, 7th ed. Belmont, CA.: Wadsworth Cengage Learning.

"Fortune 500: America's Largest Corporations." *Fortune*, May 23, 2011.

Ferus-Comelo, Anibel. 2006. "Double Jeopardy: Gender and Migration in Electronics Manufacturing," Eds. In *Challenging the Chip*, Ted Smith, David A Sonnenfeld, and David Naguib. Philadelphia: Temple University Press, pp. 43—54.

Friedman, Thomas L. 2005. *The World Is Flat: A Brief History of the Twenty-First Century*, New York: Farrar. Straus & Giroux.

Giddens, Anthony. 2000. *Runaway World: How Globalization Is Reshaping Our Lives*. New York: Routledge.

Keller, Suzanne Infeld. 1963. *Beyond the Ruling Class: Strategic Elites in Modern Society*. New York: Random House.

Marx, Karl, and Friedrich Engels. [1848] 1955. *The Communist Manifesto*. New York: Appleton-Century-Crofts.

Michels, Robert. 1915. *Political Parties: A Sociological Study of the Oligarchical Tendencies of Modern Democracy*, translated by Eden and Cedar Paul. New York: Hearst's International Library.

Mills, C. Wright. 1956. *The Power Elite*. New York: Oxford University Press.

———. 1959. *The Sociological Imagination*. New York: Oxford University Press.

Perrucci, Robert, and Earl Wysong. 2003. *The New Class Society: Goodbye American Dream?* 2nd ed. New York: Rowman & Littlefield.

Robinson, William. [2007] 2009. "Globalization and the Struggle for Immigration in the United States." Keynote Presentation for "El Gran Paro Americano II Immigration Rights Conference. Feb. 3—4, 2007, Los Angeles. In *Globalization: The Transformation of Social Worlds*, edited by Stanley Eitzen and Maxine Baca Zonn. 2nd ed. Belmont, CA.: Wadsworth Cengage Learning, 2009: 99—105.

Rose, Arnold. 1967. *The Power Structure*. New York: Oxford University Press.

Russell, Bertrand. 1938. *Power*. New York: W.W. Norton.

U.S. Department of Commerce. Office of Travel and Tourism Industries. 2007. "International Visitation in the United States" (http://www.tinet.ita.doc.gov/outreachpages/inbound.general_information. inbound_overview.html).

Scher, Abby. 2000. "The ABCs of the Global Economy." *Dollars & Sense: The Magazine of Economic Justice*, March/April (http://www. dollarsandsense.org/archives/2000/0300collect.html).

Steger, Manfred B. 2003. *Globalization: A Very Short Introduction*. New York: Oxford University Press.

Stiglitz, Joseph E. 2002. "Globalism"s Discontents: In *The American Prospect*, Winter, Vol. 13, No. 1, pp. A16—A21.

Tocqueville, Alexis de. [1840] 1969. *Democracy in America*. New York: Doubleday.

Wallerstein, Emmanuel. 1995. *Historical Capitalism with Capitialist Civilization*. London: Verso.

Weber, Max. [1905] 1958. *The Protestant Ethic and the Spirit of Capitalism*, translated and edited by Talcott Parsons. New York: Scribner's.

——. [1919] 1969. "Science as a Vocation." In *Max Weber: Essays in Sociology*, translated and edited by H. H. Gerth and C. Wright Mills. New York: Oxford University Press.

——. [1924] 1964. *The Theory of Social and Economic Organization*, edited by A. M. Henderson and Talcott Parsons. New York: Free Press.

Wright, Erik Olin. 1997. *Class Counts: Comparative Studies in Class Analysis*. Cambridge, UK: Cambridge University Press.

后记

Brown, Roger. 1965. *Social Psychology*. New York: Free Press.